中国房地产业百年史论
（1840—1949）
第2版

赵 津 著

南开大学出版社

天 津

图书在版编目(CIP)数据

中国房地产业百年史论：1840－1949 / 赵津著.—
2 版.—天津：南开大学出版社，2021.1
ISBN 978-7-310-06023-8

Ⅰ.①中… Ⅱ.①赵… Ⅲ.①房地产业－经济史－中
国－1840－1949 Ⅳ.①F299.29

中国版本图书馆 CIP 数据核字(2021)第 000563 号

中国房地产业百年史论：1840－1949(第 2 版)
ZHONGGUO FANGDICHANYE BAINIANSHILUN：1840－1949 (DI-2 BAN)

南开大学出版社出版发行
出版人：陈　敬
地址：天津市南开区卫津路 94 号　　邮政编码：300071
营销部电话：(022)23508339　营销部传真：(022)23508542
http://www.nkup.com.cn

三河市同力彩印有限公司印刷　全国各地新华书店经销
2021 年 1 月第 2 版　2021 年 1 月第 1 次印刷
230×155 毫米　16 开本　15.5 印张　219 千字
定价：55.00 元

如遇图书印装质量问题，请与本社营销部联系调换，电话：(022)23508339

作者简介

　　赵津，女，1953 年 12 月生于天津，祖籍山东泰安。1982 年 1 月毕业于南开大学经济学系，留系任教；1993 年获南开大学经济学博士学位；1999 年晋升为教授、博士生导师。历任经济史与经济思想史教研室主任、南开大学经济史研究中心副主任、中国经济史学会近代经济史分会副主任。研究方向为中国经济史、城市史、企业史。先后主持国家社科基金、教育部人文社科规划基金、天津市社科规划及国际合作项目。在《改革》《历史研究》《中国经济史研究》《南开学报》《南开经济研究》《中国房地产》等刊物发表论文 60 余篇，专著《中国城市房地产业史论（1840—1949）》多次获省部级奖励。

前　言

　　当代中国的房地产市场正成为最富吸引力的投资热点，对城市土地经济运行规律的探索，已成为今日经济理论界的前沿课题。在这时候，人们往往急于寻找"他山之石"，却忽略了19世纪中叶就开始起步的中国房地产业自身积累的历史经验。这是一段鲜为人知的行业史。正是在1840—1949年这长达一个世纪的时间里，在中国沿海沿江城市崛起的近代房地产业，带动和促成了传统的土地制度向现代城市土地使用制度的转变，奠定了中国城市化最初的物质基础，形成了沿用至今的众多开埠城市的土地利用格局。它不仅留下了一座座建筑作为历史的见证，也为今天留下了许多弥足珍贵的经验。在房地产市场人为地中断了几十年后，重新审读这一笔丰富的历史遗产，从中分析与总结在中国国情下形成的房地产经济运行规律，对今天城市用地制度及住房商品化等方面的改革，更具直接的借鉴意义。

　　本书共十章，拟分三篇：

　　第一篇，记述了1840—1949年中国城市房地产业的主要史实，对百年行业史的起始阶段、黄金阶段和衰落阶段进行了尝试性划分。

　　第二篇，侧重对房地产业发展史中的几个重要问题进行专题论述，着重研究房地产业的经营方式、房租及租赁关系、金融业与房地产业的关系和政府行政干预的手段及其作用。

　　第三篇，对城市土地价格问题进行评价与研究。这是对房地产业史及其有关问题探讨的深化，也是本书力求突破的重点。在当前，城市土地定价已成为制定政策方面最现实、最迫切的难题。因此，详细了解地价形成及变迁的诸种因素，揭示城市土地经济运行的内在规律，能够为今天的房地产经营与管理提供定量化的决策参考依据。

　　迄今为止，在学术界还未有人对近代中国房地产业史进行过整体考察，并以经济理论为基础来从事宏观研究。正是从这个意义上讲，这项工作是具有开创性的。

接触这一课题以来，最令我感到困难的是史料的缺乏。几年来，我在调查中走过北京、上海、南京、武汉、福州、厦门、广州、杭州、天津，对十几个城市的历史档案和有关图书报刊资料进行了大量的搜集工作，目前已有约 700 万字的文字与数据资料。通过对这一领域的"实地踏勘"，我方知道，有价值的系统性的材料不是太多，而是太少。许多地方要从处理原始数据这一浩繁的计算工作着手。近代中国土地和货币计量单位复杂多变，地价种类不一，标准迥异，为保证其科学价值，就需要从头开始进行大量缜密、复杂的数据鉴别与统一换算处理，这本身就足以令人殚精竭虑。这些，或许正是令人望而却步，致使这一课题至今仍属空白的原因之一。

在我刚刚开始为本书搜集材料的时候，整个国内房地产业还是一片沉寂。所到之处，档案馆和房地产管理局的资料尘封土盖，许多都是入档多年来第一次被人查阅。随着中华人民共和国成立后房地产市场逐步消失，这个课题在学术研究领域中也受到冷落。然而，时至今日，当本书即将付印时，一场骤然升温的房地产热已蔓遍全国，要求授课、索要材料者络绎不绝。这一变化，使我讶然，更令我欣慰——它本身就说明了这一选题的研究价值。

需要再一次说明的是，论述这个在年代与地域上跨度如此之大的涵盖全国的研究课题，我常深感个人的精力与水平极为有限，加之近代中国房地产业所能保留下来的史料本身就不完整，能够搜集到的资料亦有缺憾，因此，行文中的疏漏与误差之处肯定在所难免，在理论上的探讨也仅仅是初步的。

再版前言

这是一本 27 年前写的书。

在再版前言里，我只想说一件事，为什么一本 27 年前写的书，今天还要再版？

恐怕还是因为这本书的预见性。准确地说，是本书揭示的一条规律——当时为了写这本书，我实地踏勘了国内十几座沿海沿江大中城市，特别是近代中国划定过租界的城市；系统翻阅了各地百年房地产发展史，集纳了 700 万字的文字与数据资料，调研之后得出了一个结论：发展中国家政府手中最大的财富，就是土地，尤其是城市土地。

本书及系列论文发表后，即被国内经济史学界誉为"填补空白之力作"。正因为如此，《中国城市房地产业史论 1840—1949》的资料被不断引述，印数有限的书籍早在 20 年前即已售罄，至今还不断有人向我索要。

27 年前，中国没有几个人能说清什么叫房地产。27 年后，几乎每一个城市的政府，都在大搞"土地运作"。历史上最大规模的一轮城市化浪潮席卷中国大地，东西南北中的城市不断上演"竞售土地"的活剧。27 年来，"土地出让金"果然成了各级"政府手中的一笔最大财富"。城市的天际线为之大大改观，个别管理者也因"经营城市土地"陷入黑幕锒铛入狱。

证明本书在城市土地问题上的些许前瞻性并不难。在这里，我把当年初版《中国城市房地产业史论 1840—1949》"结论"一章的最后一页原文摘录于此，就教于学界同仁：

"根据土地价格增值的规律，城市土地价格在不同阶段增幅不同。城市化初期，土地由生地到熟地的过程中，是地价增长最迅猛的时期，但是在经过相当长的发展阶段的纽约、伦敦这样的大城市里，地价的增长已趋于平缓。

越是新兴城市，特别是对外开放、经济活跃的沿海城市，如上海、广州等地，地价都呈翻番增长趋势。1844 年至 1933 年，上海黄浦滩地价从每亩 42 两上升到 36 万两白银，90 年间增长 8570 倍。可惜，由于战乱等诸多原因，这一发展进程被迫中断。而同时发展起来的一些国家和地区，房地产业却进入突飞猛进的增长阶段。

据日本不动产研究所调查，以 1936 年的地价为基数，1936—1980 年，45 年间日本市街地价约涨 9000 多倍，而普通农田价格也约涨 1900 倍之多。

发展经济学家做过这样的论断：对贫穷国家来说，土地是最重要的财富。可以预测，随着对外开放和经济的持续发展，在今后几十年内，中国的地价会出现惊人的增幅，土地的收益将是政府的重要财源。房地产业本身，也终将成为带动国民经济发展的支柱产业。"

短短 25 年，这个结论，就已被实践所证实。

这就是我再版此书的原因。

赵津

2020 年 10 月

摘　要

"土地是财富之父"。随着城市化进程的日趋加速，土地的价值愈发引起人们的关注。今天，我们重新回溯中国近代房地产业史，从发生在这块土地上的长达一个世纪之久的行业史中总结得与失，无论在学术研究上还是在现实生活中，其意义之重要都是显而易见的。

本书约二十万字，共十章，分为三篇。

前三章为第一篇，是对 1840 年至 1949 年近代中国房地产业史的纵向回顾，将百年行业史的起始阶段、黄金阶段和衰落阶段进行了尝试性划分。

第一章论述了近代房地产业发端的过程，指出这种按照资本主义生产方式和交换方式进行经营的行业，不是从封建土地制度中自发产生的，而是"舶来品"。鸦片战争后沿海沿江开埠城市的各国租界，是中国近代房地产业的发祥地。

第二章分别记述了上海、天津、广州、厦门、汉口、南京六城市房地产业在 20 世纪初至抗日战争前夕的繁荣历程。在当时中国社会经济呈现短暂增长的时代背景下，各大城市房地产业虽然起步时间与条件不尽相同，但均在 20 世纪二三十年代进入了发展的黄金阶段。

第三章记述的是近代房地产业的衰落结局。抗日战争的爆发，直接造成房地产业的全面停滞。1949 年后，房地产市场逐渐消失了。

第四、五、六、七章为第二篇，是对贯穿于整个近代房地产业发展史中的几个重要问题的专题论述。

第四章侧重研究近代房地产业发展过程中业已形成并行之有效的几种经营方式。

第五章研究房租及租赁关系，从动态考察中证明，房租是土地价格的转换形式，也是调剂市场供需的有力杠杆。

　　第六章揭示房地产业与金融业的特殊关系，同时指出，除银行之外，一个重要的资金来源亦不容忽视——它竟支撑了厦门、广州这两个重要城市的近代房地产业，至今仍在沿海侨乡城市发挥着巨大影响——这就是侨汇。

　　第七章阐述了"看得见的手"——政府的作用，说明单纯的市场经济，并不能解决所有问题。政府最有影响力的手段不仅仅在于对城市基础设施方面的直接投资，也包括立法、税收及其对土地的行政管理。

　　最后三章是本书的第三篇，集中研究了城市土地价格问题。因为只有触及地价问题，才能使本书对房地产业的研究进入更为科学化、定量化的层面。这是对上述中国近代房地产业史及有关问题探讨的深化，也是本书力求突破的重点。

　　第八章综述了全国十一个城市的各个发展时期的地价对比资料，用浩繁的数据论证，一座城市的地价表，不仅是房地产业本身，而是整个社会政治、经济生活的晴雨表。

　　第九章详尽研究了地价形成及波动过程，分析了影响地价的诸种因素，从而揭示出城市土地价格变动的内在规律。

　　第十章进一步研究了地价这只"看不见的手"的作用。土地作为商品在市场上流通，就要受供求关系的影响。正由于价值规律产生的市场机制，地价像一个无形的城市规划师，将城市土地功能区域井然有序地划分成市中心金融商业区、相对安适的住宅区与环境质量较差的工业区，并保持了各区域内的"均质性"。日渐昂贵的市区地价还形成对旧式建筑业的冲击，引起了一场建筑向空间发展、建材向现代化迈进的建筑业变革，从而用钢筋水泥构筑的新式楼宇再塑了城市容貌。

　　在全书论述的基础上，结尾就近代中国房地产业在国民经济中的地位、在世界性城市化浪潮背景下的发育程度及城市地价变动的历史趋向，做出结论性的评介。

说　明

近代中国土地面积计量单位因各地区习惯有所不同：

例如，上海、天津等地以"市亩"为单位；南京、厦门等地多用"方丈"，即平方丈；广州用"井"；日租界用"坪"。其换算公式如下。

每市亩＝660 平方米＝60 平方丈＝60 井＝183 坪

房地产价格的货币单位，本书主要涉及银两、银元及法币，外币主要是美元，其他很少用到。

1840 年至 1933 年，在政府正式"废两改元"之前，各城市基本是银两与银元并行流通。1933 年 4 月 6 日"废两改元"之后，全国统一用银元作为流通货币，银两与银元的兑换率为：上海规定银两 7 钱 1 分 5 厘折合银元 1 元。1935 年 11 月 4 日，开始实行法币制度，流通货币由银元改用法币。银元与法币在当时的兑换率为 1∶1。因抗日战争前币值变动不太大，因而本书没有进行统一折算，尽量保持资料原貌。本书房地产价格使用的货币单位中，凡标出的"两""元"即银两、银元、法币元，1935 年 11 月 4 日前"元"为银元，之后为法币元。

本书引用较多的一项资料来源，即萧铮主编《民国二十年代中国大陆土地问题资料》，（台）成文出版社有限公司、（美）中文资料中心合作出版，1977 年版。这套 200 卷册、6000 万字的大型资料丛书，是按照南京国民政府中央政治学校地政学院学生对 19 个省市 180 余县市房地产问题所做的论文和调查报告原始手稿影印出版的，极其珍贵，具有很高的史料价值。本书引用资料出处凡页数为 5 位者，均引自此丛书，不另注明。

本书注释和参考文献中包含非正式出版物，按照发行年代分为两个时段：

1. 1949 年以前编印资料。政府统计资料，如《天津市捐税概况》，天津市政府统计委员会编制，1935 年；《上海市年鉴》，上海市年鉴委员会编，1935 年。地政机构和银行编印，如《广州市土地局年刊》，广州市土地局编印，1928 年；《天津特别市土地局行政汇刊》，天津市土地局，1930 年；《银行周报三十年纪念刊》，银行学会编印，1936年。作者署名的，如陈炎林《上海地产大全》，上海地产研究所，1933年等。

2. 1978—1992 年间编印资料。房地产机构，如《上海市第三次住房调查资料汇编》，上海市房管局，1985 年；《当代天津市房地产经济》，天津市房地产管理局编，1985 年；《当代南京房地产》，南京市房地产管理局编，1986 年（内部版）；《福州市房地产史料编年》，福州市房地产管理局编志办，1991 年。文史研究机构，如《天津历史资料》第2、3、4、5、10 辑，天津社会科学院历史研究所编，1980—1982 年；《天津市工商史料丛刊》第 1—4 辑，天津市民进工商业联合会编，1985年等。

在这两个时段中，由于条件限制，上述资料均属内部出版，作者、出版机构等标注不够规范，但它们具有珍贵的史料价值。

目　录

第三篇　城市土地价格分析

第 一 篇
中国房地产业史回溯

第1章　近代房地产业的发端

第1节　租界土地章程的特殊意义

所谓房地产业，是指把房地产作为商品、以盈利为目的、按照现代生产方式和交换方式进行经营的独立于其他行业之外的一个专门性行业。在中国，这一行业的产生并不是从传统社会自发而来的。

1840年以前，中国作为一个历史悠久的农业大国，土地和房屋一直被视为基本的生产和生活资料，是财富的象征。土地及房屋的买卖由来已久，出租、典当、抵押亦不足为奇。土地的租佃有一整套完整的制度，土地买卖也有契约、中人、地保等一系列约定俗成的手续和做法。特别值得注意的是，到了近代，在人口稠密的江南地区，还出现了土地所有权与使用权的分离形式——田底权与田面权。这两种可以单独让渡且互不干涉的权利，为土地的自由流通创造了一个新的途径。

但是，在1840年以前，所有这些房地产买卖活动均未超出传统经济结构的制约，也没有形成独立的行业。原因如下：

第一，在自然经济条件下，购买土地的人不是为了卖而买，目的并非是为资本增值，而是把土地房屋作为有使用价值的生产资料和生活资料，作为保值的财富积累，供自己或后代消费。因此，城镇的绝大多数土地房屋，为自产自用的祖遗财产，交易并不普遍与经常，为出售或出租而建造商品房的专门行业尚未形成。

第二，主要作为消费性城市存在的传统社会的城市，与周围的农村结为一个大范围的自给自足实体，城市土地房屋大部分仅是宅基地和店铺，并没有显示出特殊的经济价值，因此交易的对象主要是农田，土地的利用方式仍是农业生产。农地的价格变化缓慢，不适合作投机对象，所以也很少有人以此谋生。

第三，由于传统租佃关系相对固定，人身依附关系、封建特权等超经济因素在土地买卖、兼并、租佃方面普遍存在，成为自由竞争的市场经济的严重障碍，不利于房地产市场的形成与发育。

由此可见，要改变传统经济这种迟缓的发展进程，产生资本主义性质的不动产市场，需要一个能跨越历史时差的契机。这个历史的契机，是在给中华民族带来巨大屈辱的鸦片战争的硝烟散后，同租界的诞生如影随形而来的。

1842 年 8 月，中英《南京条约》订立后，外国人获得了在广州、福州、厦门、宁波、上海五口岸的通商权，并获准携眷属在中国通商口岸登岸旅居。1843 年 10 月的中英《五口通商附贴善后条款》规定："中华地方官必须与英国管事官各就地方民情，议定于何地方，用何房屋或基地，系准英人租赁；其租价必照五港口之现在所估高低为准，务求平允。华民不准勒索，英商不许强租。英国管事官每年以英人或建屋若干间，或租屋若干所，通报地方官，转报立案。"[①]当时中外双方都主张"华洋分居"，为外国人专辟一特定区域。中方认为这样可避免散居各处，无法控制；外方认为经管一个集中居住区域，可以获得更多的便利。

这一规定在上海首开先例。中国近代史上第一份关于对外出租土地的章程即《上海土地章程》（亦称《上海地皮章程》，以下简称《土地章程》），[②]订立于 1845 年 11 月 29 日，主要内容如下：

（一）划定界址。东以黄浦江为天然界限；南到洋泾浜（即今延安东路）；北止李家场（即今北京东路），唯独西面在 1845 年的章程中没有确定，至翌年 9 月 24 日，方由上海道台与英国领事议定以界路（Barrier Road，即今河南中路）为界。

（二）实行华洋分居。界内土地专供洋商租借，当地中国居民"不得自相议租"，把土地或房屋租给中国商人。

---

① 王铁崖. 中外旧约章汇编：第 1 册[M]. 北京：生活·读书·新知三联书店，1957：35.
② 王铁崖. 中外旧约章汇编：第 1 册[M]. 北京：生活·读书·新知三联书店，1957：65.

（三）租地办法实行"永租制"。由租地人直接与中国业主商议，然后由双方分别呈报上海道台与英国领事。经办理核查手续后，"出租人与承租人之凭件，系一种契纸形式，须呈道台审查，加盖钤印，然后移还关系各方收执"。年租与押手（保证金）均由原业者收执，每年完租时期定为阴历十二月十五日。外国商人租定土地及建筑屋舍后，经呈报可在任何时候退租，退租时中国原业主须将其保证金如数退还，而中国业主则"不得任意停止出租"。这种办法，后来称为"永租"，即无限期租用。

（四）容许外商在界内进行市政建设。章程第十二条规定："洋泾浜以北之租地与赁房西人，须共谋修造木石桥梁，清理街路，维持秩序，点燃路灯，设立消防机关，植树护路，开疏沟渠，雇用更夫。"费用由租地人承担。其中除雇用更夫外，均由外商自己议定，中国政府概不过问。

（五）英国在界内拥有部分行政权。章程规定，其他国家的外商，要在界内租地建房，或租屋居住，存贮货物，"宜先向英国管事官说明能否议让"，经英国领事许可。包括中国人在内的各国商人在界内开设餐厅、酒馆、旅店，也须经英国领事"先给执照，始准开设"。

显然，这个《土地章程》已是租界法典的雏形，其问世的意义不仅仅在于租用土地本身。不了解这一点，就不了解中国房地产业何以会从租界起步。对此，本书在后面将加以评述。

值得指出的是，随着外商势力在上海的扩张，在此之后又曾对这个《土地章程》不断推出"修正案"，其中应予注意的有两次较大修正。

一次是 1854 年 7 月 11 日，英、法、美三国公使在事先未经清政府认可的情况下，草拟并通过了《上海英法美租界地章程》，其对 1845 年的《土地章程》所作重要改动如下：

一是扩大租界土地范围。

二是改变租地办法，租地人押租一次性交付中国业主后，年租直接交给中国政府。

三是承认"华洋杂居"，其背景是 1853 年太平军及小刀会占领上海县城后，大批中国人（主要是富有者）涌入英租界避难，此章程修订之时，英国租地内已居华人两万之众，原章程中关于华洋分居的规定消失了。

四是变"更夫"为巡捕，掌握了界内警权。

五是成立工部局。当时清政府中掌管市政工程项目的部门被称为"工部"，英界借用这一含义，成立工部局，名义上是市政管理机构，实质是总揽租界全局而独立于中国政权之外的行政机构。

正是由于这一行政机构的成立，英法美租地正式发展为租界。

此后，1869 年 9 月 24 日，英美租界再次修改《土地章程》，推出《上海洋泾浜北首租界章程》，进一步扩大了工部局权力，使其不仅拥有征收捐税之权，还拥有对租界章程制定附则之权，而这种附则经领事批准，可不受主权国约束，便能作为法律在界内行使。这样，租界当局创造了自己的一系列法律。

与此相适应的是将租地人会议扩大为纳税"西人会议"，其成员不再限于租地人，凡在租界内居住的西方人，"所执产业地价计五百两以上，每年所付房地捐项照公局（工部局）估算计十两以上，或系赁住房屋，照公局估每年租金计在五百两以上而付捐者"[①]都有选举权。选举人资格的放宽是为自治制度创造政治基础，使纳税人会议成为英美租界的议决机关，更接近于西方的"市议会"制度。

在此五个月之前，即 1869 年 4 月颁布的《上海洋泾浜设官会审章程》中，还确立了有关司法权的条款。至此，英美租界基本具备了立法、司法、行政这些西方国家机器的重要职能，构造了一个事实上的"自治政府"。

英国作为当时实力最强的资本主义国家，在中国建立租界最早、数量最多、占地面积也最广。其中最具代表性、发育最完备的是上海英租界，它的一切规章、制度与做法，一直是后来各国租界效仿的范例。从 1843 年至 1902 年，长达半个多世纪时间里，西方列强在中国

---

① 王铁崖. 中外旧约章汇编：第 1 册[M]. 北京：生活·读书·新知三联书店，1957：219.

通商口岸先后开辟了近 30 个租界，分布在上海、天津、汉口、厦门、广州等城市。继《上海土地章程》之后，又有一系列租界章程问世，但都是以上述三个土地章程为典范的。因为它基本上完成了英租界"根本法"模式，从而作为"租界法典"存在了 100 余年。

不难看出，《上海土地章程》的内容已远远超出了土地租赁的范畴，是一个"国中之国"所须具备的统治权力的汇总和概括，毫无疑问，这是对中国主权的践踏。

然而，正是通过对这些权力的窃取，西方列强在客观上获得一种可能，引进与中国传统制度迥然不同的现代城市管理制度，建立了使资本主义经济能够正常运行的社会机制，甚至包括一种必不可少的社会政治制度，从而使租界像一块资本主义的"飞地"，楔入一个封建的东方古国的土地。日后的史实证明，这一特定环境，对中国房地产业的产生和发展是至关重要的。

第 2 节　永租制的"媒体"作用

房地产业诞生的前提是农地大规模转化为市地，土地作为商品进入流通领域。在中国，这一开端体现在租界获取土地的过程之中。

租界建立之初，由于中国官员不明了土地所有权与领土管辖权的区别，误认为土地所有权一经出卖，就等于割让领土，所以坚决反对将中国土地卖与外国人，只同意出租。出于无奈，捷足先登的英国商人为在上海建立立足点，就借用了中国江南早已流行的租地方式——永租制。

这种制度允许土地的所有权和使用权发生分离，业主保有土地所有权，将土地使用权永远租出，其条件是承租人先向业主交付一笔押租——按时交租的保证金，承租后每年秋后向业主交纳年租。押租的数量有的相当于一年的年租，叫"对押对租"；有的多收押租，少收年租，叫"重押轻租"。业主通过永租的方式从土地获得的年租，往往高于其每年向官府缴纳田赋的数额，余额便为业主的年收入。租地人通过永租的方式获得永久性使用权，业主不得擅自索回土地，也不得添加租价。双方的权利均可单独转让他人，互相不能干涉。

这种永租制，在中国土地的传统租佃关系向现代土地买卖关系转变的过程中，起到重要的"媒体"作用。

1844年，最早在上海租地的怡和洋行租地18.6亩，每亩地的押租钱为7,058文，年租钱为7,058文，这是"对押对租"。同年四五月间，宝顺洋行租地13.8亩，每亩的押租钱为99,880文，年租钱为3,574文，这是"重押轻租"。①（制钱1,000文＝银两1两）

由于每一块土地年租额差异较大，在拟定上海租地章程时，中英双方议定，所有外国人占用的土地应按统一比率交付年租。当时田赋大约为每亩1,300文，②中英双方就将年租定为每亩1,500文，并通过"年租减钱一千，增重押租十千"的做法，来补偿原业主由于年租减少蒙受的损失。这样，年租基本与田赋等同，并规定租地人不再将年租交给中国业主，直接交付"官银号"，由英国领事交给中国政府，形式上无异于交纳地税。如此这般，出租便等于出卖，押租相当于地价，中方业主在获得押租后，实际上已与出租的土地割断了一切联系。

这时的"永租制"，已不是原来意义上的"永租制"了。租地人的权利，虽不能与土地所有权等同，也已远远超出了田面权的范畴。这种变了形的永租制成为向土地商品化过渡的一种特殊形式。

除上海英租界（即公共租界）外，采用这种租地方式的还有上海法租界，天津的法、意、奥租界及英、德租界扩展区域，汉口的法、德、日租界和厦门鼓浪屿公共租界。第二次鸦片战争后，外国人收买土地的现象比比皆是，已是既成事实，清政府不得不予以默认。至甲午战争之后，这种形式的永租制开始被直接购买所取代，开辟天津日、比等国租界的章程中，已将"收买""永租"两词并用，《天津比国租界合同附约》中，还将二者合二为一，称向比利时"租卖"界内土地。

---

① 上海市房地产管理局档案：英册道册第3号，英地册第1份；英册道册第1号，英地册第8份。转引自费成康. 中国租界史[M]. 上海：上海社会科学院出版社，1991：87.

② 兰宁等《上海史》（Lanning and Conling, A History of Shanghai），1912—1923年上海，第1卷，第279页。转引自费成康. 中国租界史[M]. 上海：上海社会科学院出版社，1991：89.

《天津意国租界章程合同》规定，界内已为意国占用的原中国盐商所有"盐坨之地"即由意国购买，界内中国业主拥有的土地，意国也可"随时公平购买"。[1]在最后开辟的几个租界和天津日租界的扩展界内，外国人已经直接通过购买方式获取土地。天津开辟俄、意、奥租界时，列强甚至迫使清政府无偿出让中国官地。

还有一种永租土地的方式，即由租界开辟国向中国政府承租该界全部土地，然后再由该国政府把土地分租给本国与别国商民。租借土地的当事人为两国政府。例如《天津英租界土地章程》指出："租界系指该区域由中国政府永租与英政府，名为英国租界，而可转租于市民者。"[2]划入这一地界范围的中国业主的土地，都必须按官方规定的价格，在租界开辟时全部租出，而租界开辟国往往不把永久使用权转移给租地商民，而是将期限规定为 99 年，例如，天津、广州等地英租界所发的"皇家租契"，其租借期均为 99 年。

采用这种租地方式的有天津、汉口、广州的英、法租界等。

综前所述，"永租制"的变形，实际上就是从农地向市地，从佃农与地主之间的封建租佃关系向土地所有者与政府之间的资本主义的税务关系转变的过渡形态。无论这种转化过程如何扭曲，毕竟反映了土地经济运行的内在要求和历史发展趋向。同时，它还证明，土地的所有权与使用权的分离并不妨碍土地的商品化，而且还是其存在的前提条件之一。

第 3 节　"道契"与土地商品化

房地产作为一种特殊商品，最大的特点就是物质上的不可移动性。拿到市场上进行交换时易手的并不是土地房屋本身，而是这种财产权

---

① 王铁崖. 中外旧约章汇编：第 1 册[M]. 北京：生活·读书·新知三联书店，1957：797.
　王铁崖. 中外旧约章汇编：第 2 册[M]. 北京：生活·读书·新知三联书店，1959：34，36，150.
②《驻津英国工部局所辖地亩章程》（1918 年），第 1 条。转引自费成康. 中国租界史[M]. 上海：上海社会科学院出版社，1991：93.

益的法律凭证。为了便于流通，这种凭证必须是科学、简单和明确的。因此，不动产权益的明晰是房地产市场运行的一个必要条件。

这就是我们关注随租界的产生而出现的新型土地契证——"道契"的原因。

在中国传统社会中，买卖土地当然要立契据。经官方收税盖印的，谓之"红契"，有法律效力，否则谓之"白契"，不能生效。经办此事的官方大都为各地县衙。登记税契后，土地所有人保有地契，县衙则绘制土地册籍，又称"鱼鳞册"，作为收赋税凭据。天津市房地产管理局至今保存着一份明代朱元璋时所绘制的天津县"鱼鳞册"，上面记载的鳞次栉比的地产历历在目。延续到近代，官方发放的土地契证名目颇繁，规格式样也不一致。下面以上海地区主要地契——田单为例。

田单，1855年制发，为早期上海民间拥有土地执业权的凭证。这是在当时小刀会起义军焚烧官方土地册籍，失去征税依据的情况下，重新登记造册时发行的。单上注有某保、某区、某图、某圩和某号，面积、亩分和执业人姓名。由于丈量不精确，四至往往含混不清，原业主或为逃税而少报面积，出现"单小地大"，或勾结地保，多报亩分，以侵占他人土地，造成"单大地小"，实际地亩与契纸常常不符。年深日久，保管不善，有些地契水浸发霉，破烂残缺，称为"烂单"。还有的田单，由于家庭成员分家析产，被裁剪成几片，几方各持一片，甚至一角，人称"割单"。也有的田单损毁遗失，另立一笔据为产权依据，称为"代单"。有的土地所有权虽经多次转移，而地契上业主名字从不更改，已无从根据地契来确定土地的归属。

类似的情况同样存在于当时通行的其他土地契证，诸如方单、印谕、部照、县照、司照、节课执照等。各种地契常常真伪难辨，只能凭当地保甲含糊作证，有时还会出现一地两属的现象。在出租、抵押时，买主常常为确认其可靠性大伤脑筋。为此，纠纷迭起，涉讼经年，难以判决。

传统社会遗留下来的上述弊端，成为近代土地流通的一大障碍。梅光复先生曾在20世纪30年代初对汉口市的情况做一调查，描述了如下情景："即旧市区域，经过辛亥兵燹及继续变迁，至凌乱不清。官厅既无整理土地之详细图册，以资考查，在人民方面仅凭相传老契，以辗转管业，土地四至，多与契据不符，且各种印契，自前清至今，有一二十种式样，各各不一，情形复杂，因之弊端丛生，土地信用丧失。重复典卖之事，时有所闻，四至不符之地，随时发现，正当之业主，不能获得产权之保障，典卖土地者，易滋欺伪之纠纷，故近年银行界，对于汉市土地投资，不愿放款，即土地买卖，亦多不易成交，几视买卖土地，为可畏之途，即或勉强成交，押款卖价均日趋低落，此实由土地信用未能巩固之所至也。"[①]

需要说明的是，在近代中国，房地产的产权主要指土地。地上建筑物，虽视为不动产，但不如土地固定。因此，从清政府一直到民国政府，所确认的不动产产权主要是土地产权，所发给的产权证也只有土地产权的证件。有建筑物的称为宅地，无建筑物的称为基地。在发生产权转移时，如地面上有建筑物，就在契纸上分别标明地价与建筑物价（一般称改良物价）若干，合共价若干，以凭申报纳税。因此，对于房屋产权，没有专门颁发的凭证。

直到 1847 年，为适应租界的需要，一种全新的土地契证才在上海诞生，就是所谓"道契"，即永租契。

道契是中国官方为解决外国人在上海租界永租土地所需，制作的一种特殊契证，因为此证只有上海海关道有权制发，所以俗称"道契"。道契的样式于 1847 年由中外双方共同认可，办理道契的手续是：由租地外国人与原业主商定地价，原业主将执业田单或方单交给外方，同时，双方订立永远出租契两纸，并由当地值年地保证明，附带草图，划出地形，详载四至，再由租地外商呈请领事馆转换道契。领事馆一面将此件送中方办理道契机关查核，一面咨照租界工部局丈量出图样一纸，交租地外商查看无误后，由领事馆备文给中国办理道契机关，并附契纸三张及地图，中方核实后，在此契纸上盖印。这三张契纸左角分别注有"上、中、下"字样，以中契存中国机关，上契存领事馆，

① 梅光复. 汉口市地价之研究. //萧铮. 民国二十年代中国大陆土地问题资料. 台北：成文出版有限公司，（美国）中国资料中心，1977：44722. 本书引用资料出处凡页数为 5 位者，均引自此丛刊，不另注明。

下契由租地外商保存，手续方完毕。

道契依照西方现代立契方式，与中国传统地契相比，有如下进步：

1. 采取科学测绘方法，附有精确图纸，四至明确，避免纠纷；

2. 交割手续简单，避免了保甲、中证人等含混舞弊；

3. 道契证件易于验证，切实可信，很难伪造。

上述特点符合房地产市场的要求，大大便利了房地产流通，一时成为受人高度信任的土地凭证。加上道契作为外商的财产凭证，受到租界特权的保护，持有道契者除向租界当局交纳年租外，没有任何其他税费，比持有田单的中国人负担轻得多。这就使得上海租界内中国业主也希望将自己的田单、方单转换为道契。由于道契只对外国人发放，后来就出现了"挂名洋商道契"，即由外国人出面，挂名代为中国业主领取。因请求转换道契的华人越来越多，代领道契的手续竟然发展为一项专门的营业，涉及的土地也超出了租界的范围，一些外商因从中收取手续费而大发其财。直到抗战前后，道契的身价有增无减。

不仅仅是上海，在厦门鼓浪屿公共租界、汉口的法租界、天津的日租界，也出现了类似的立契方式，只不过有的是叫"县契"，由县衙盖印而已。在天津和广州英租界，则通行用英文出具的租期99年的"皇家租契"。

章乃器先生在《上海地产之今昔》一文中曾经感叹："上海过去的情形是怎样呢？在半殖民地经济组织下，外商银行负起一大部分中央银行的任务；而外商银行所认可的周转工具，就是'道契'和外商产业证券。只要你手里有道契或者上海电力公司和上海电话公司一类的债券，资金的周转往往不成问题。钱庄股东只要能拿的出道契，钱庄就不至周转不灵；银行或者钱庄受押下来道契一旦需要资金，马上可以拿到外商银行里去转押。在那个时候，道契的地位，几乎和别国金融市场里的第一流票据或者证券差不多，成为上海金融市场上数量最大而流通最易的信用工具。"[1]

由于道契成了像金条一样受人欢迎的资产抵押物，能随时在银行

---

[1] 章乃器. 中国货币金融问题[M]. 上海：生活书店，1936：369.

抵押换钱，便可在市场上畅行无阻地流通了。当时的上海成为国内最活跃的房地产交易市场，很大程度上与道契有关。

道契出现的意义非同一般。它标志着从传统土地契证到现代土地契证的飞跃。

按照土地经济学市场学派的观点，产权明晰的土地凭证，是土地市场有效运行的前提。道契的关键特征，在于它的产权明晰且受到法律保护，具备了作为商品进行自由买卖的前提条件。

在过去的学术研究中，人们只看到道契的信誉高，便于抵押，但还未有人从土地经济学的角度，注意它的这种特征在土地商品化过程中的重要意义。而这一点，恰是本书的关注点。由此意识到，当年中外双方在订立租界土地文契的同时，不仅创造了一种新型的不动产权益凭证，而且引进了一整套从土地申报、测绘到注册等较为科学的地籍管理制度，从而为土地商品流通奠定了基础。

第 4 节　租界的扩充与房地产业的初兴

在城市化初期，城市的聚集作用，主要表现为人口的不断集中和城市土地面积的迅速扩展。这是城市化发展的必然过程，在 19 世纪中国沿海沿江的表现形态，是租界土地的急剧扩充。

租界从某种意义上讲，也是东方近代史上极特别的一种城市现象。它一旦出现，就必然遵循城市发展的自然规律，产生聚集效应。当人口的集聚达到一定程度时，就会产生对空间占有的强烈需求。租界界桩所到之地，农地变为市地，生地"炒"成熟地，统统标价出售，纳入现代商品交换的领地；也正是在这种扩张之中，形成了具有一定规模的新型房地产市场，完成了土地商品化的原始积累过程。

毋庸置疑，租界的扩展与租界的设立一样，都是对中国主权的侵犯，严重损害了中华民族的利益与尊严。

回溯发端于租界的中国房地产业的"原始积累"过程，我们还能寻觅到第一号道契的持有者姓名。这纸道契发于 1847 年 11 月 24 日，是英国著名鸦片贩颠地（Lancelot Dent，1799—1853）向中国农民奚尚德等租定土地后领取的。该地面积 13 余亩，每亩押租 99,880 文，另付年租每亩 3,574 文，按后来的统一规定年租每亩 1,500 文，多余年租按一作十加入押租，所以该地实际押租应为每亩 120,620 文。[1]折合白银 120 余两。

在开埠最初的十多年里，租界内还在实行"华洋分居"，集居的外国人开始在这片土地上加紧建设一种完全西式的生活。纳税人会议、警察署、市政工程管理、市民选举等制度已经建立或正积极筹建，社区已按新的规划图纸进行设计，一个"国中之国"初具雏形。刚刚萌发的房地产市场受到租界狭窄地域的局限。

房地产业的崛起，条件具备，只待时机。

就在这时，1853 年上海的小刀会起义，以及 1851 年爆发的太平天国革命，给期待崛起的房地产业提供了一个意想不到的机遇，成为土地大面积商品化的催化剂。

小刀会起义军占领上海县城长达 17 个月。在此期间，祈求庇护的大批城乡居民避入租界，冲破了"华洋分居"的规定，致使英租界的华人人口从 1853 年的 500 余人（买办、外商雇员和原地居民），一下子增至 2 万余人。[2]形成对住房的迫切需求，给外商制造了一个出乎意料的赚钱机会。最初，租界领事极力反对华人涌入，造成"华洋杂居"，但洋商却联合起来，在利润的驱使下，冲破"华洋分居"的戒律，从贩卖鸦片、棉布的贸易活动转向房地产经营。在 1853 年 9 月到 1854 年 7 月不到一年的时间里，他们在广东路和福州路一带，建造了 800 多幢简易住房，用于出租。[3]这类房屋都是木板结构，成本低，建造速度快。因房租高，一般三五个月的租金，足够新建一所同样的木屋。

1860 年至 1862 年，太平军三次进军上海。江浙一带的地主、富商及官僚纷纷涌向上海租界避难，使上海租界人口又一次骤增，1860

---

① 上海市政协文史资料研究委员会. 旧上海的房地产经营[M]. 上海：上海人民出版社，1990：141.

② 蒯世勋. 上海公共租界史稿[M]. 上海：上海人民出版社，1984：347.

③ 蒯世勋. 上海公共租界史稿[M]. 上海：上海人民出版社，1984：347.

年达到 30 万，1862 年一度曾达 50 万。^①于是，又有数以千幢的木板
房建成。在小刀会起义期间制定的租地章程，已取消了不能向华人转
租界内土地的限制。此时随华界人口的大量涌入，房租地价开始上升，
房租收益可获 30%—40% 的利润，比贩运贸易周转快而稳。^②更多的贩
卖鸦片老牌洋行，对投资房地产产生极大兴趣，大都设立地产部，兼营
房地产。其中，最早最著名的洋行老沙逊、怡和、仁记等，都曾最大限
度地向房地产投资。这一时期，租界建房区从最初的广东路、福州路，
伸展到汉口路、九江路，直至南京路以北。有记载的房屋数字就达 8,740
幢，其中西式建筑 269 幢。^③这是房地产业初兴的第一个阶段。

　　1864 年，太平天国革命失败后，上海租界人口曾回降到 10 万人
以内，出现大批房屋空关。但这只是暂时现象。随着 1869 年苏伊士运
河开通和上海—伦敦之间的海底电缆接通，日趋开放的上海与世界结
为一体，进出口贸易逐年增加。1865 年上海进出口贸易总额不过 3,000
多万两白银，1894 年增至 8,000 多万两，1899 年升至 1.2 亿两。同一
时期，上海工业也开始发展，^④租界人口有了稳步增长，地价持续上
升。工商业的发展，人口与财富的聚集，使房地产市场逐渐稳固，并
在这一阶段逐步形成独立的行业。因此可以说，自 1870 年以后，上海
租界房地产业进入稳定发展时期。此时的发展是以这座城市经济发育的
一定水平为基础的，而不再依赖于突发事件的刺激与特殊机遇的赐予。

　　这个阶段的标志之一是专业性的房地产公司出现。其中业务范围
最大的是英商业广地产公司，开设于 1888 年，其产业主要在苏州河以
北虹口一带。老沙逊洋行的产业在广东路、福州路一带，新沙逊洋行
在南京东路一带，雷士德洋行的在宁波路、浙江路一带。法租界的法
国天主教会，也成为大房地产主，在徐家汇一带有大量产业。他们各

---

① 上海通社. 上海研究资料[M]. 上海：上海书店，1984：138.

② 上海市政协文史资料研究委员会. 旧上海的房地产经营[M]. 上海：上海人民出版社，
1990：11.

③ 上海市政协文史资料研究委员会. 旧上海的房地产经营[M]. 上海：上海人民出版社，
1990：11.

④ 上海市政协文史资料研究委员会. 旧上海的房地产经营[M]. 上海：上海人民出版社，
1990：11.

自划分地域，竟谋发展。这一阶段，新建楼群街道大片大片地出现，奠定了黄浦江外滩一带最初的街区轮廓。

这个时期进入上海租界的人口，大都属于永久居住，而且众多外商房地产公司拥有雄厚资本，新建住房式样也由木板房改为砖木结构的二层石库门楼房，并形成了具有上海特色的里弄住宅。这种建筑用地少，造价低，经常开支少，租金高，一般不到 10 年就可收回成本。这期间建的里弄式房屋，每年达数以万幢计。新沙逊洋行从 1880 年到 1890 年的 10 年间，建造了青云里、永定里、广福里、宝康里等里弄住宅不下 20 多处。业广地产公司亦属经营里弄房屋的大户，拥有的里弄房屋数以千幢计。[①]

房地产业的发展，为租界当局带来了巨大财源，地税与房捐，成为租界的主要财政收入。据上海公共租界工部局统计，房捐与地税之和，每年都其占财政收入的半数以上。而租界当局也从财政收入中支出很大一部分，进行界内道路、水电、交通工具等基础设施和公共事业的建设。在扩大这一财源滚滚的产业方面，租界当局与房地产业双方的要求与利益是完全一致的。事实上，由于房地产业主成为最大纳税人，所以公共租界与法租界的董事会成员也大都是著名房地产商。

经济利益的巨大驱动，使租界具有扩大空间的内在张力。在沿海沿江的开埠城市上海、天津、汉口等地，各国租界当局不断寻找理由，一次又一次地迫使中国官方同意扩大界内土地。在中国租界史上，大规模扩展界域的时机有两次。第一次是在甲午战争后，清政府蒙受重大军事失败的耻辱，对外态度十分软弱。而上海、天津、汉口租界经过几十年的发展，内部已孕育着对外扩充的极大能量。因此 1895—1899 年，形成了租界扩展的第一个高潮。第二次是在八国联军侵华后，乘清政府内外危机加重，在 1900—1906 年间，又掀起第二个扩界狂潮。

在上海，首先扩展的是英租界。1846 年，最初的界域面积为 1,080 亩，到 1899 年，加上美租界的并入，界域面积已达 33,503 亩，改称

---

① 上海市政协文史资料研究委员会. 旧上海的房地产经营[M]. 上海：上海人民出版社，1990：13.

公共租界。①

其次是法租界。1850 年初，全上海的法国人总共只有 10 人，就是法国驻沪首任领事、法租界的开辟者敏体尼（Louis Charles Nicolas Maximilien Montigny，1805－1868）和他的母亲、妻子、两个女儿及翻译，商人亚杭来，还有钟表商人多米尼克·雷米（Dominique Remi）和他的两个职员。当时法租界的界域面积仅为 986 亩。1860 年以后，法租界开始向东西两个方向扩展，1914 年已达 15,150 亩。②

经过一番扩展，公共租界成为全国最大的租界，法租界位居第二，成为全国最大的专管租界，上海成为全国租界面积最大的城市，如图 1-1 所示。

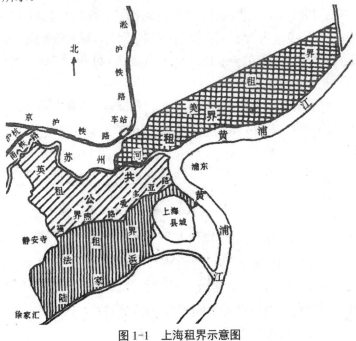

图 1-1　上海租界示意图

资料来源：上海、天津、辽宁、广东、青岛、厦门、广州、武汉政协文史资料委员会.列强在中国的租界[M].北京：中国文史出版社，1992：2.

① 朱梦华.上海租界的形成及扩充[A].上海地方史资料：（二）[M].上海：上海社会科学院出版社，1983：38-48.

② 朱梦华.上海租界的形成及扩充[A].上海地方史资料：（二）[M].上海：上海社会科学院出版社，1983：38-48.

天津于 1860 年对外开埠，比上海晚 20 年。第一个外商房地产公司——英商先农公司的出现是在 1901 年。除了英、法、美租界的 950 亩土地外，其余各国租界的始辟时间均在 1900 年前后。种种迹象表明，天津房地产业的状况较上海略显逊色。

1860 年，天津英租界确定的范围是：东至海河，西至今大沽路，北至今营口道，南至今彰德道，面积约为 460 亩。当时是由英国皇家工兵队上尉戈登（Gordon）初步设计的界内道路、街区、河坝以及将租界区分段、分界出租的计划，奠定了英租界建设的基础。

1897 年，英方借口"洋行日多，侨民日众，租界不敷应用"，要求将西界向今大沽路西面扩展到今南京路北侧，计地 1,630 亩，称为"扩充界"。1903 年，又将西界从今南京路推至今营口西道、西康路和马场道，划进 3,928 亩土地，因这块地在墙子河外，称为墙外推广界。[①]

这样，从 1860 年的 460 亩到 1903 年的 6,149 亩，天津英租界的面积迅速扩大。

天津法租界是与英租界同时划定的，范围是：南临英租界，东北为海河，西至今大沽路，面积 1860 年为 360 亩，到 1914 年，已扩至 2,836 亩。[②]

开辟较迟的日租界，1898 年划定界址时面积 1,600 亩，1903 年扩大为 2,150 亩。位于英租界以南的德租界，1895 年初辟时为 1,034 亩，1901 年扩展至 4,200 亩。[③]

从 1897 年至 1903 年，短短 7 年，天津英、法、德、日四国租界总面积扩充速度相当迅猛，从 3,500 亩到 15,000 亩，增长了 3 倍多。这些土地在租界强占之前，多为芦苇丛生、坟茔遍地的荒地，很少有人居住。经过租界当局的修整填垫等基础设施建设，逐渐变为建筑用地，成为城市土地的组成部分，如图 1-2 所示。

---

① 天津市政协文史资料研究委员会. 天津租界[M]. 天津：天津人民出版社，1986：4-6.
② 天津市政协文史资料研究委员会. 天津租界[M]. 天津：天津人民出版社，1986：38-41.
③ 费成康. 中国租界史[M]. 上海：上海社会科学院出版社，1991：67-68.

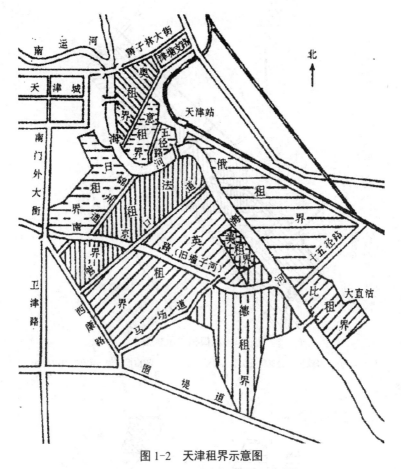

图 1-2　天津租界示意图

资料来源：上海市政协文史资料委员会. 列强在中国的租界[M]. 上海：中国文史出版社，1992：114.

　　除津沪之外，其他扩展较大的还有汉口租界。甲午战争以前，汉口只有一个英租界，辟于 1861 年，面积 458 亩。汉口租界面对长江，向背后扩展，1898 年西推至距汉口城垣 5 丈处。加上后来设立的法租界、日租界、俄租界均不断扩展，汉口租界总面积接近 3,000 亩，超过面积 2,000 亩的厦门租界，在有租界的城市中名列第 3 位，如图 1-3、图 1-4 所示。[①]

① 费成康. 中国租界史[M]. 上海：上海社会科学院出版社，1991：70-73.

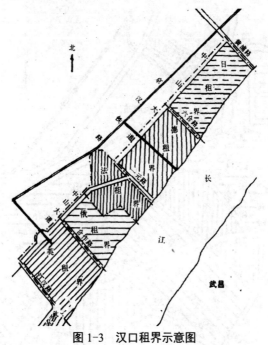

图 1-3　汉口租界示意图

资料来源：上海政协文史资料委员会. 列强在中国的租界[M]. 上海：中国文史出版社，1992：189.

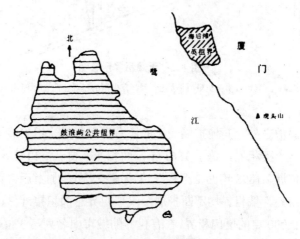

图 1-4　厦门租界示意图

资料来源：上海政协文史资料委员会. 列强在中国的租界[M]. 上海：中国文史出版社，1992：308.

　　回看历史，租界扩展之快令人吃惊：上海公共租界和法租界的总面积达 48,653 亩，为最初面积的 24 倍，是上海县城面积的 10 倍；天津 9 国租界扩充后的总面积是 23,481 亩，相当于天津旧城厢面积的 9.3 倍。租界的这种扩展本身就说明，一个城市的面积是由该城市的经济发展决定的。进入租界范围的土地，也进入了全新的商品流通领域，这既是空间的扩展，也是一种历史时代的跨越。

　　1840—1900 年这半个多世纪，是中国房地产业的初兴阶段。虽然它仅仅出现在上海、厦门、天津、汉口、广州等几个开埠较早的城市，却为后来的发展积累了实力与经验。既然租界是半殖民地社会的一种特殊城市现象，那么，从一定意义上讲，租界土地面积扩大的过程，也就是房地产业的原始积累过程。进入 20 世纪后，这个新兴的产业渐入佳境。

第 2 章　房地产业的黄金时代

经历了 19 世纪后半叶的初兴与 20 世纪初期短暂起飞阶段后，到
20 世纪二三十年代，中国房地产业步入了自己的黄金时代。

首先，社会经济的增长奠定了房地产业在各城市普遍发展的坚实
基础。20 世纪二三十年代，或者说在两次世界大战之间这段时期，虽
有 30 年代初期世界性经济危机的波及，但从整体上看，中国资本主义
经济成分有了明显的增长，工业化已经起步，是近代经济历史中发展
最快的时期。这一大背景，构成了房地产业大发展的根本因素。

其次，这一时期也是中国社会急剧动荡、局面十分复杂的阶段，
致使各地房地产业出现不同特点。例如，贸易关系的转变、交通地位
的改变、政府的更替与政治中心的迁移、日本对华侵略等，对不同城
市的房地产业，具有不同的影响，成为房地产业发展的特殊因素。

例如，在 19 世纪与 20 世纪之交，经过半个多世纪发展历程的上
海房地产业已经进入高速起飞阶段的时候，其他城市还是一片寂然。
再如，同在一条海岸线上，天津房地产业是外商资本占垄断地位，而
厦门则是以海外侨资为投资支柱。另外，古城南京房地产业主要是受
1928 年民国政府迁都的影响，迥别于其他城市在经济力量驱动下的起
飞经历。

以上正是当时社会政治经济不平衡状况在房地产业的反映。人为
地作笼统归纳，容易淹没各个城市在发展特色上的差异。鉴于此，本
章拟对几个有代表性城市的房地产业发展过程分别记述。

第 1 节　先期繁荣的上海房地产业

在回顾上海房地产业历史的时候，我想先剖析几位上海滩上最早投身这一产业的外籍商人。这批冒险家的发迹史，对了解和研究当年中国房地产业是如何起步的，或许有所启迪。

上海开埠后，最先到来的外商聚集在外滩一带。上海的南京路，地处上海租界的心脏，是外商势力的发祥地，其地价之昂贵，增长之迅猛，始终居全国首位。因而，在房地产业史上，这条街占有十分独特且引人瞩目的地位。当年上海滩外籍房地产商的沉浮，无不和南京路的兴盛史联在一起。

最先在这个生意角逐场上立足的是英商史密斯（Edwin Maurice Smith），他在上海创设德和洋行，英文名称 Shanghai Real Estate Agency，可译为上海房地产代理行。1860—1862 年间，他因建房出租赚了大笔资产，被称为"土地问题的预言家"。1869 年他在南京路上占有土地 131 亩，为沿路地产的 1/3 左右。直到 1880 年，史密斯一直是在南京路拥有地产最多的人，成为上海早期大房地产主之一。

与史密斯同时出现在上海滩的英商托马斯·汉璧礼（Thomas Hanbury，1832—1907），在南京路地产大户中也曾显赫一时，1883—1903 年一度位居第二。今汉阳路，当年曾被命名为汉璧礼路。除此之外，还有英商亨利·雷士德（Henry Lester，1840—1926），以及霍格三兄弟（William Hogg，James Hogg & Jenner Hogg），都是这一行业中的风云人物。

然而，上海外国房地产商占地最多、影响最久的，还是沙逊家族和哈同。从 1880 年起，沙逊家族成为南京路地产第一大户，并保持这个地位达 35 年之久。1916 年，哈同取代沙逊，在南京路的房地产位居第一，并把这个纪录保持到 1949 年。

沙逊家族（Sassoon Family），是一个国际知名的家族，起源于中世纪从西班牙逃难到巴格达的犹太人家族，有"东方的罗斯柴尔德家族"之称。1832 年，大卫·沙逊（David Sassoon，1792—1864）在孟买建立沙逊洋行，他秉承了犹太人擅长经商的传统，通过向中国贩运棉纺织品和鸦片，很快成为印度地区的首富，并加入英国国籍。1880 年前后，鸦片贸易衰落，沙逊家族及时地转入房地产业和工业投资，并把上海确定为发展重点，在长达 70 余年上海地价上升最急骤的时期，不惜一切手段，实行垄断，其经营方式和管理水平高人一筹。

无独有偶，同样出生于巴格达的哈同（Silas Aaron Hardoon，1851—1931），也是犹太人。1873 年他只身来到上海时，不过是沙逊洋行的一名小职员。在效力沙逊洋行的同时，他工于心计，积蓄财产，套购土地。到 1901 年，哈同脱离沙逊洋行时，已成百万富翁，同年独资创办哈同洋行，专营房地产。由于兼任英法租界当局董事职位，他总是信息灵通，提前获悉租界筑路规划，抢先在筑路要冲地段低价收购沿路土地，待地价上升后坐食其利。

1916 年，他在南京路上的地产已超过沙逊家族，到 1933 年，竟占整个南京路地产的 44%，仅就房租一项而言，据说哈同只要睡过一夜，即可获租金 7,000 两，其聚敛财富的能量足令世人侧目。

中国的房地产市场，不是从传统社会中自发产生的。翔实的史料说明，这一产业从诞生的社会条件到经营管理方式，都是从西方直接借鉴的。无论从史实还是从逻辑分析，外国房地产商都是作为创始人活跃在这个行业之中并占垄断地位。在鸦片贸易渐趋衰微之后，他们发现了房地产这个东方古国还未唤醒的潜在市场，在上海滩开始了第一轮淘金式的开发。这些西方冒险家具有以下特点：

一是具有现代经济意识。在当时中国封建官员眼里，未经开发的上海滩的农田，不过是几斗租米，而在来自西方的商人眼里，这些港湾边的土地则是一片黄金。

二是在中国沿海沿江城市相继开埠后，外商逐步从野蛮的殖民掠夺转向资本主义市场经营。

三是利用外商在租界的特权和政治身份攫取土地，早期侧重生地的开发，20 世纪二三十年代转入熟地再开发阶段，依靠地价升值坐享其利。

最具代表性的沙逊家族,从 1926 年起,先后成立了华懋地产公司、上海地产公司、东方地产公司、汉弥尔登信托公司等专业机构,在房地产业务上的一个突破性进展,就是利用已经占有的地价昂贵地带,兴建高层建筑,攫取高额利润。

第一幢落成的高楼是沙逊大厦。它雄踞于上海地价最高的地段——南京路外滩北口,这块地的估价 1924 年为每亩 20 万两,1933 年为每亩 36 万两。1926 年动工,1929 年 9 月落成,其造价及装修、设备等费用共计 5,602,813 两白银,1935 年换算成法币为 7,836,013 元。沙逊大厦共 12 层,底层及 1—3 层大部分出租给商店、银行及沙逊家族办公使用;4—9 层为高级饭店和舞厅,客房分别按美国、日本、中国、英国、法国、西班牙等不同风格布置,极为豪华,每套日租金 20 至 70 两白银;10 层以上由维克多·沙逊(Ellice Victor Sassoon,1881—1961,沙逊家族第四代,汇丰银行创始人之一,香港的沙宣道就是为纪念他命名的)自用。1929 年至 1938 年,沙逊大厦底层、夹楼、1 楼、2 楼及 3 楼一部分房间的租金总收入共达 380 万元左右,加上其他楼层的收入,估计不到 10 年就可收回全部成本,而这种建筑起码能用 80 年以上。

沙逊大厦的矗立,不仅显示了沙逊家族的实力,也是上海房地产业进入鼎盛时代的一个突出标志。沙逊大厦建成之后,沙逊家族又陆续建造了河滨大厦、都城饭店、汉弥尔登大厦、华懋公寓、格林文纳公寓。1949 年以前,在上海 28 幢 10 层以上的高层建筑中占了 6 幢,账面价值为 3,604 万元,占沙逊家族 1941 年上海房地产总值 8,689 万元的 41.48%。[①]

沙逊家族在 1921 年以前 44 年间,在上海房地产业投资获利 2,219 万两白银,平均年利润率高达 24%。[②]同一期间,仅房租净收入就达 1,098 万两白银。此后陆续建成的高层建筑,大大增加了房租收入,1921—1941 年间房租净收入为 4,745 万元。[③]直到上海解放时,沙逊

---

① 张仲礼,陈曾年. 沙逊集团在旧中国[M]. 北京:人民出版社,1985:48-50.

② 张仲礼,陈曾年. 沙逊集团在旧中国[M]. 北京:人民出版社,1985:42.

③ 张仲礼,陈曾年. 沙逊集团在旧中国[M]. 北京:人民出版社,1985:59.

家族在这座城市占有的土地面积与房屋面积数量始终居外商及全行业之首。

这一阶段，不仅以沙逊家族为代表的专业房地产公司的业务大获进展，其他许多外国洋行也纷纷兼营，加入房地产业的竞争。1882—1920年英商亚细亚火油公司在上海购入土地共有13处，而1921—1930年10年间就购进16处，1931—1937年购进达22处，如表2-1所示。

表2-1　1882—1948年英商亚细亚公司在上海兼并地产[①]

单位：起、亩

时　期	起	亩	起/年	亩/年
1882—1920年	13	252.1	0.3	6.5
1921—1930年	16	728.6	1.6	72.9
1931—1937年	22	521.2	3.1	74.5
1947—1948年	12	89.6	6.0	44.8

上海外商房地产公司还利用发行公司债，纷纷向社会集资，扩大对房地产业的投资。1926—1934年间，几个主要外商房地产公司发行的公司债共计7,668万元，如表2-2所示。

表2-2　上海各主要外商房地产公司公司债发行情况[②]

单位：元

企业名称	发行年份	公司债发行额
*业广地产公司	1926—1934	17,556,000元
华懋地产公司	1930	4,195,804元（300万两）
*华懋地产公司	1931	1,398,601元（100万两）
*华懋地产公司	1933	1,500,000元
*上海地产公司	1931	6,993,006元（500万两）
*中和产业公司	1934	18,000,000元
中国营业公司	1931	10,489,510元（750万两）
普益地产公司	1931	5,958,042元（426万两）

---

① 吴承明. 帝国主义在旧中国的投资[M]. 北京：人民出版社，1955：70.

② 张仲礼，陈曾年. 沙逊集团在旧中国[M]. 北京：人民出版社，1985：119.

续表

企业名称	发行年份	公司债发行额
恒业地产公司	1933	2,000,000 元
跑马总会	1934	3,000,000 元
中国建业地产公司	1930—1934	5,594,405 元
合计		76,685,368 元

资料来源：1. 沙逊档案中有关资料。

2.《民国三十年外商股票及发股公司之调查》。

*为沙逊集团的附属企业或有投资关系的企业。

根据 1949 年统计，11 家主要外商房地产公司在上海占有土地 3,440 亩，房屋面积 2,321,017 平方米，建筑物 12,080 幢，如表 2-3 所示。

表 2-3　上海各主要外商房地产公司 1949 年房地产占有情况[1]

单位：亩、平方米、幢

国籍	公司名称	土地面积（亩）	房屋面积（平方米）	房屋幢数
英	新沙逊洋行	678	540,000	1,986
英	业广地产公司	648	485,116	3,201
英	哈同洋行	467	317,644	1,262
英	昌业地产公司	397	229,906	1,212
英	恒业地产公司	45	45,555	308
英	英法产业公司	155	134,030	845
英	德和洋行	229	133,547	905
美	普益地产公司	231	80,239	240
美	中国营业公司	208	61,288	350
美	斯文有限公司	115	94,578	814
法	万国储蓄会	267	199,114	957

上海华商的房地产公司在 20 年代初开始出现，由于抗战前外商势力在这个行业始终处于垄断地位，上海华商房地产业真正发展是在 1937 年抗日战争爆发后。此前，华人在房地产业投资一般是以房地产业主的身份出现。

---

① 张仲礼，陈曾年. 沙逊集团在旧中国[M]. 北京：人民出版社，1985：61.

　　所谓房地产业主，是指拥有大量房地产，只收土地与房屋租金，不从事其他房地产经营，也不参加行业组织的人。这类产业所有者成分十分复杂，大多数是从地主、军阀、官僚、政客、买办、商人、职员等转化来的。他们拥有大量钱财，却不善经营工商业，看到上海地价上涨，外商借此发财，便把资金投入房地产，置产后除留少量房屋自己用外，大多出租。一般是自设经租账房或请专业房地产公司代理经租，坐食租金。无论地租或房租，较之在农村置产收入要优厚得多，旱涝保收。特别是在租界，可避免政治动荡的风险，所以被视为最理想、最稳妥的保值增资方式。这些人有的兼有其他身份，但多数人把房地产租金作为主要生活来源，实质上是一批城市地主。除上海外，在其他城市也大有人在，投资量大小不等，但十分普遍。这些人占有的房地产总和，比专业公司占有的还要多。这种现象是传统土地关系向现代土地关系过渡的一个标志，也是在农业资金奇缺、工商业投资不足的背景下，财富过于集中于房地产业的一种畸形社会状况。

　　最早投入到房地产业的华人中，买办总是得风气之先。

　　说到上海滩上的华籍房地产商，就不能不提沙逊洋行的大买办程谨轩。他供职洋人，深谙其道，自己也开始购置地产，然后以此为抵押，借款之后再置新地，如此循环，终成上海地产大亨，拥有房地产价值千万银两，人称"沙哈（沙逊、哈同）之下，一人而已"。这种情形，也出现在其他城市，如天津怡和洋行买办梁炎卿、太古洋行买办郑翼之、汉口立兴洋行买办刘歆生，无不成为当地的"房地产大王"。因此，中国的房地产业主中，买办是一个重要阶层。

　　除"近水楼台"的买办之外，一些在农村富甲一方的地主富绅，也携资进入城市，在房地产市场上寻找投资暴发的机遇。

　　素有"四象"之称的浙江南浔帮，即张、刘、邢、庞四家，原是南浔大地主，并控制着当地的丝茶市场。他们进入上海租界除继续经营丝茶贸易外，最主要的投资就是购置房地产。其中刘姓一家在公共租界中心的福州路、广西路一带，买地建房，拥有10多条里弄，著名的会乐里、会香里、洪德里、贻德里等里弄住宅都是刘家的产业，为了管理出租的大量房地产，刘家自设经租账房。后来兄弟分家，其中刘景德一房，分到里弄住宅近 700 幢，抗战以前，每年房地租收入达5 万多银元。[①]

很多大官僚，也是大房地产业主。清代末年，李鸿章、盛宣怀就是这方面的代表。李鸿章之子李经迈、孙子李国超，都在上海房地产大业主之列。除了里弄建筑外，著名的枕流公寓、丁香花园都是李家的产业。在盛宣怀的产业中，土地多于房屋，在闸北、沪西占地 1,000余亩。民国时期的大官僚以孔祥熙为代表。为掩人耳目，他的产业往往利用化名，有中文的、英文的、家属的、公司的、堂名、商号等各种名义，中华人民共和国成立后在上海查清的有 20 余处房地产，其中不少是豪华的公寓大楼和花园别墅，如淮海中路的诺曼第公寓、培文公寓，武康路的密丹公寓，南洋路公寓、南京东路的迦陵大楼等。1946年，他还以高价从沙逊家族买进了号称上海建造单价最高（每平方米317 元）的"依扶司"别墅。此外，还拥有高级里弄住宅 500 多幢。宋子文在上海的房地产，不如孔祥熙多，但也有相当数量。[②]

上海的几大帮会头目，以黄金荣和杜月笙为代表，利用特殊势力，占有大量房地产。黄金荣的产业在八仙侨一带。杜月笙的数量更多，在北京西路、宁海西路、崇德路等有许多里弄房屋。

据统计，中华人民共和国成立前夕上海华人拥有 1,000 平方米以上房屋的房地产业主有 3,000 多户，共拥有近 6 万幢、1,000 多万平方米房产。其中个人占有 1 万平方米以上房产的有 160 多户，占有 3 万平方米以上房产的近 30 户。[③]

上海由于其优越的地理位置加上外国租界的"保护"作用，成为20—30 年代国内外投资的重点。美国经济学家雷麦曾经指出："至于1929 年至 1931 年上海土地价值的增加，一半是由于上海的自然发展，

① 上海市政协文史资料研究委员会. 旧上海的房地产经营[M]. 上海：上海人民出版社，1990：15.

② 上海市政协文史资料研究委员会. 旧上海的房地产经营[M]. 上海：上海人民出版社，1990：17.

③ 上海市政协文史资料研究委员会. 旧上海的房地产经营[M]. 上海：上海人民出版社，1990：14.

一半是由于中国内地一般经济的紊乱。"①这种分析是不过分的。上海对外贸易的增加与工商业的繁荣，形成了自身的经济实力，是这座城市房地产业发展的基础。同时，由于其他地区的落后状态，加之军阀割据，内战不绝，各地游资为求安全，也大量流入上海，很大一部分资金，并不投入工商业，而是投向房地产。这时上海房地产业的特点是投资增长极快，投机也十分严重。据美商普益地产公司调查，30年代初，上海全市专营兼营房地产的企业，至少在300家以上。其中包括许多银行经营房地产，如买卖土地、建筑房屋、抵押地产，为数亦不在少。由于城市迅速发展，地价增长很快，一般握有一定资本的往往从事这一行业。而且租界内政治势力极端稳固，投资安全有保障。所以，房地产投机十分盛行，致使地价一涨再涨。

　　1931年是上海房地产业在近代发展的顶峰。1932年初在上海发生"一·二八"事变，日军轰炸闸北，造成极大的恐慌，对房地产业打击很大。1934年世界经济危机的影响波及上海，商业不景气，地价下跌，房地产业再受挫折。1935年成交额只占1931年的7%，虽然下半年因币制改革稍见转机，但不久抗日战争爆发，上海房地产业基本处于停滞状态，如表2-4所示。

表2-4　1930—1943年上海房地产交易额②

单位：元

年度	全年交易总额	年度	全年交易总额
1930	84,000,000	1937	6,270.000
1931	183,000,000	1938	14,000,000
1932	20,175,000	1939	55,650,000
1933	43,130,000	1940	101,200,000
1934	12,990,000	1941	83,996,000
1935	14,460,000	1942	100,000,000
1936	14,200,000	1943	500,000,000

---

① 雷麦. 外人在华投资[M]. 蒋学楷，赵康节，译. 北京：商务印书馆，1959：82.

② 王季深. 上海之房地产业[M]. 上海：上海经济研究所，1944：7. （抗战后的数字含有通货膨胀的影响）

房地产业的蓬勃发展，使整个上海为之改观。租界的建筑投资在二三十年代始终居高不下，如表 2-5 所示。

表 2-5　1925—1934 年上海公共租界和法租界建筑投资额①

单位：千元

年份	公共租界	法租界	总额	指数
1925	20,825	10,224	31,049	100
1926	29,606	6,831	36,437	117.3
1927	12,890	4,140	17,030	54.8
1928	28,277	12,617	40,894	131.7
1929	35,210	17,467	52,677	169.7
1930	65,287	18,589	83,876	270.1
1931	52,258	16,014	68,272	219.9
1932	25,455	11,274	36,729	118.3
1933	35,464	13,951	49,415	159.2
1934	35,000	16,000	51,000	164.3

1927—1930 年间，上海建筑事业蒸蒸日上，除公共租界和法租界外，由于"大上海"计划的实施，华界建筑事业亦达到前所未有的水平。1931 年华界大上海区的建筑总值已达全市各区总值的 1/4。虽然这部分建筑大多属公共建筑工程，但对上海房地产业及建筑业的繁荣是有刺激作用的。

大规模的建筑投资，使上海出现了众多的高楼大厦和密集的里弄住宅，改变了上海的城市面貌。1919—1931 年，全市房屋数量空前增长，仅公共租界就增加房屋 5.5 万幢，平均每年增加 5,000 幢左右。②上海市目前仍然保存的主要高层建筑，包括南京路和外滩一带的多数大厦，都是在此时期建造的，如汇丰银行大楼建成于 1923 年，沙逊大厦（和平饭店北楼）建成于 1928 年，海关大楼建成于 1925 年，上海大厦建成于 1930 年，著名的远东第一楼——上海国际饭店也在 1936

①《新闻报》，1934 年 10 月 14 日（1934 年数字截至 9 月份止）。

② 上海市经济学会. 上海经济区工业概貌：上海建筑·建材卷[M]. 上海：学林出版社，1986：15.

年落成。

关于全上海的房地产总值，1921 年有人估计为 50 亿银元。1933 年美商普益地产公司估计为 30 亿银元，其中地价 10 亿银元，旧建筑 15 亿银元，近 8 年的新建筑 5 亿银元。[①]

总之，二三十年代房地产业发展达到了历史上的最高水平，形成了沿用至今的上海城市风貌与布局结构，奠定了上海这座气势恢宏的远东现代工商业都市的物质基础。

第 2 节　外资主导的天津房地产业

天津比上海开埠晚 20 年，房地产业起步略迟，但发展过程大体相仿。20 世纪初，9 国租界的设置和扩充，使天津可供开发经营的土地成倍扩大，房地产业成为潜力极大的新兴行业。一些具有经营意识的外国人率先组建房地产公司，开发低价获取的租界土地。20 世纪先后成立的外资公司主要有：

英商先农工程股份有限公司（1901 年成立）、德商德兴公司（1902 年成立）、英商河东兴业公司（1903 年成立）、美商泰隆公司（1903 年成立）、日商东京建物株式会社（1903 年在天津设立分部）、比商义品公司（1907 年成立）、瑞士商人的陆安公司（1926 年成立）、英商永昌泰有限公司（1935 年成立）、意商立多利信托房地产股份有限公司（1938 年成立）。

其中，创立最早、规模最大的外商房地产企业，是英商先农公司（英文全称 Tientsin Land Investment CO. LTD，直译为天津土地投资股份有限公司）。这家公司的产生、发展和衰落过程，可称为近代外商在天津经营房地产业的缩影。

1900 年 7 月 30 日至 1902 年 8 月 15 日，天津处在八国联军组成

---

① 上海市年鉴委员会. 上海市年鉴（民国廿四年（1935 年））[M]. 上海：上海市通志馆，1935：B6-7.

的"天津地区临时政府"即"都统衙门"的管辖之下。先农公司的创始人丁嘉立（美籍）就是都统衙门的总文案，即汉文秘书。丁嘉立生于美国马萨诸塞州，出身于传教士家庭，本人获博士学位，是个"中国通"，担任过李鸿章的英文家庭教师。1901 年，丁嘉立把自己在法租界紫竹林和西开（今和平区滨江道及西开教堂一带）所获取的数十亩荒芜低洼的茔地，充作投资资本，凭借他的权势，集合了一些有势力的官员和商人，创办了先农公司。经换算，丁嘉立交出的土地共约80.85 亩，以每亩 800 两纹银作价。由于法租界发给其产权契证时，按手续收回原始买卖土地的契约，因此，最初的业主及地价已无从追溯。

　　1901 年 3 月 22 日，先农公司召开第一次发起人会议。当时公司虽规模不大，但从发起人身份来看，对公司业务有很大影响。他们是：[①]

　　丁嘉立（C. Tenney），当时任天津"都统衙门"总文案。胡佛（H C Hoover），当时是开平矿务局工程师，1927 年任美国商务部长，曾是美国第 31 届（1929—1933）总统。田夏礼（Charles Denbey），当时为"都统衙门"秘书长，1902—1905 年为袁世凯顾问，1907—1909年曾任美国驻上海总领事。林德（A De Linde），海河工程局顾问和总工程师，后为煤气公司负责人。狄更生（W W Dickinson），曾多年担任英商总会的董事长，海河工程局名誉会计，并担任英工部局董事会董事长 9 年之久，先农公司的第一任董事长。克森士（R A Cousins），怡和洋行总经理，曾是英商总会董事长和英工部局董事会董事长。赘克（C Drake），英国商人，先农公司的第一任经理，1907 年前后为董事会董事长。

　　会议决定创办该公司的资本额为 105,000 两，每股 1,000 两，共计105 股。各发起人承担的投资额为：

丁嘉立	66 股	66,000 两
田夏礼	10 股	10,000 两
狄更生	10 股	10,000 两
胡佛	5 股	5,000 两

①《天津市房地产史料》1988 年第 1 期，第 26 页。

林德	5 股	5,000 两
克森士	5 股	5,000 两
赘克	4 股	4,000 两

先农公司是天津市第一个以股份有限公司形式出现的房地产企业。它主要的获利来源是倒卖土地。先农公司的产业大部分都是在1901—1920年之间购置的。八国联军入侵后，一度社会局面混乱，地价很低，先农公司以每亩几十两银子的低价，买进了大批荒地、荒坟和坑洼苇塘，其中大部分在法租界，并且几乎囊括了连同今劝业场、渤海大楼在内的今吉林路以西、山西路以东、长春道以南、哈尔滨道以北的几百亩土地。到20世纪30年代，这一带畸形繁荣，成为天津市最繁华的商业中心，人称"小巴黎"。特别是劝业场商厦俯临的今和平路、滨江道十字路口，成为天津地价的顶点。1937年先农公司将地处今和平路、滨江道交口的交通饭店地基2.485亩，以150,000元脱手，比先农购入时的每亩800两，高出53倍。[①]先农公司董事中有人任英租界工部局的董事，利用职务之便，事先了解租界建设规划，抢先占有即将被开发的土地。先农公司1917年年会报告记载："天津为一发展中的港口，必须多掌握土地。英工部局计划由'海河工程局'把一些坑洼荒地吹泥填平。应将英法之地卖出，低价买进该项土地（今马场道、睦南道、大理道、重庆道、常德道，即"五大道"一带），将来时机一到，可得厚利。"[②]所以，他们高价出售了英租界大沽路东西段的一部分土地，低价购买了正准备吹泥填平的墙子河外租界的几百亩土地，仅靠倒卖土地，1925—1926年两年就获利1,233,360元。[③]

1921—1939年9月，先农公司共购入30处地产，总面积264亩，远超过了创办初期1901—1920年购入的117亩土地，如表2-6、表2-7所示。[④]

---

① 《天津市房地产史料》1988年第1期，第28页。
② 季宜勤. 天津英商先农公司发家史[J]. 北国春秋，1960（3）：97.
③ 季宜勤. 天津英商先农公司发家史[J]. 北国春秋，1960（3）：97.
④ 《天津市房地产史料》1988年第1期，第28页。

表 2-6　1901—1926 先农公司购置房地产情况

单位：亩、平方米

购置年代	处数	土地面积（亩）	建筑面积（平方米）
1901 年—1910 年	8	86.717	80,134.02
1911 年—1920 年	5	30.337	24,882.43
1921 年—1930 年	22	190.90	76,363.19
1931 年—1939 年 9 月	8	73.206	40,578.48
1939 年—1941 年 11 月	4	15.022	13,350.03
1947 年—1954 年	0	5.22	0.00
共　　计	47	401.402	235,308.15

表 2-7　先农公司经营情况[①]

单位：银两

年度	毛利	纯利
1911	85,667	42,054
1912	90,659	78,384
1913	90,084	77,421
1914	99,841	81,968
1915	89,822	66,191

　　20 年代至 30 年代中期，是先农公司发展的高峰，1941 年被日军强占后便再没有什么发展，且日渐萎缩。直到 1954 年政府接管时，先农公司拥有土地 336 亩，占全市外商地产的 42% 以上；房屋 15,000 间，包括著名的花园大楼、新泰兴大楼、先农大楼、先农大院、荣华里、先农里等，加上在今开封道、徐州道、大沽路、建设路的一部分房产，约占全市外商房产的 44%，[②]而且质量与维护状况均属上乘。

　　教会产业在近代中国房地产业中是一个重要的组成部分，这一点不光在上海，天津也十分明显。天津经营房地产的外国教会机构共有 7 家，至 1949 年占地共 1077.312 亩，房屋 11,825 间，在天津外商占地比例之中的 55%，房间数中的 53%。这些机构以各种"堂"名，进

---

①季宜勤. 天津英商先农公司发家史[J]. 北国春秋，1960（3）：97.

②《天津市房地产史料》1988 年第 1 期，第 96 页。

行房地买卖、出租，从中牟利，如表2-8、表2-9所示。

表2-8　天津外商房地产公司及教会占有房地产[①]

国家及教会	公司数（个）	地产（亩）	房产（楼、平房）	
			间	平方米
英国	7	625.759	4,634	377,033
法国	2	98.163	2,106	46,455
美国	1	3.907	82	2,925
比利时	1	62.226	2,700	57,620
瑞士	2	31.487	540	30,070
意大利	1	34.640	454	4,683
教会	7	1,077.312	11,825	
合计	21	1,933.494	22,341	518,786

表2-9　天津外国教会机构经营房地产情况[②]

单位：亩、间

名称	地产（亩）	房产（间）
天主堂	208.452	1,900
首善堂	249.609	1,663
崇德堂	457.792	2,666
驻津房产管理处	98.820	3,624
方济堂	36.755	900
宗立堂	10.717	285
普爱堂	15.167	787
合计	1,077.312	11,825

　　除租界外，天津旧城大部分地区仍以自有房屋为主，直到清末，建房出租的情况并不普遍，即使有，一般也采取传统的典当等形式。20世纪初，随着商业的发展，人口的增加，才有人专以"吃瓦片"为

---

　　① 于俊国，张彩艳. 天津城市土地市场与管理的历史[M]. 天津市房产住宅科学研究所，1991：25-26.（资料时间截止到1949年）

　　② 于俊国，张彩艳. 天津城市土地市场与管理的历史[M]. 天津市房产住宅科学研究所，1991：25.

生，建房出租。最初，旧城内外每间房屋租金不过几十文，相当于一个劳动力 1—2 日所得。后来，租金日渐增长，到抗战前，每间砖瓦房每月租金大体相当于 1 袋面粉（45 市斤）。房主所收租金，除用于修缮、交纳房捐地税，所余仍高于银行利息率。由于收入有保障，又无须像经营工商业那样处心积虑，所以，凡是有一定资财的人大都偏好购置房产，除自住外，兼作出租。到 1949 年初，拥有 300—1,000 多间（每间约 15 平方米建筑面积）的大房产主，已有 100 多人；300 间以下 10 间以上的中小房产主有 6,000 多人。这些人在天津共占有房屋 25 万余间，占天津全部私产房屋（包括自有自住的房屋）总数的 1/3 以上。①

　　天津作为北京的门户和华北最大商埠，其经济政治地位对房地产业的发展都有显著影响，特别是在清末民初至国民政府定都南京之前，天津的政治地位对房地产业的影响似乎更为直接。

　　1911 年辛亥革命后，清政府垮台，不少皇亲贵族、遗老遗少退居津门。第一次世界大战后，国内政局不稳，军阀混战，又有不少下野军阀、失意政客来到天津作寓公，等待时机，东山再起。这些人依仗势力，掠得大量钱财，又不了解天津房地产行情，一味急于购地建房，不问价钱，使一些经纪人得以从中贱买贵卖，大发其财。由此天津租界内外的地价也迅速上涨，在 1927—1928 年间，华界地价达到历史最高水平。虽然这些人建房绝大部分是为自己享用，只有少部分兼营出租，但这些人人数之多，投资数量之大，所建住宅设计施工质量之精良，占地之广，亦形成对天津房地产业的促动。

　　有关资料记载，在天津建房的清室权贵及官员不下几十人。此外曾任北洋时期总统的袁世凯、黎元洪、徐世昌、冯国璋、曹锟、段祺瑞在天津也建有一处或多处花园洋房，还有总理张绍曾、潘复，陆军总长鲍贵卿，海军总长刘冠雄以及历任农商总长、内务总长、交通总长等，都在天津置产作寓公。在天津寓居的各省督军、省长、都统就更多了，以张勋、王占元、孙传芳、李厚基等为代表，有 20 多户。

① 天津市文史研究馆. 天津文史丛刊：第 4 期[M]. 天津：天津市文史研究馆, 1985：99.

　　总之，当时天津的各界名流总数在七八十户以上，一般都占有一两处产业。为求安全与舒适，这些产业多集中在各国租界。意租界和德租界远离闹市，街道安静整洁，交通便利，建筑考究，是理想的高级住宅区之一。法租界今赤峰道，以众多督军住宅得一绰号"督军街"。

　　他们中有人不仅建房自住，也加入了房地产业主的行列，为社会提供出租房屋，建设了一大批里弄住宅和公寓。如湖北督军王占元，在天津租界内外共占有房产 3,000 余间，江苏督军李纯在今河北区三马路、五马路，南开区北马路购地建房 1,404 间，在今河东区东兴里拆建扩建平房 500 间，在泰安道购房 150 间，全部用于出租，成为天津少有的大房地产主。①

　　天津地处九河下梢，历史上是漕运枢纽，北方商业重镇，旧城里有不少豪门富户，如大粮商、大盐商、船户等。租界房地产业发展起来后，这些富绅也纷纷投入房地产经营，其产业主要在租界以外，主要经营方式是土地买卖出租以及建房出租。这些人财力雄厚，有的原先就拥有一些祖遗房地产。他们有人做了房地产业业主，有人成立了房地产经租处或公司，一般占地都在 300 亩—1,000 亩之间。有代表性的是以下几家：范竹斋、焦涪沂、斋耀珊、李震华和程兴均、"李善人"家族后代等人。其中"李善人"的第三代李颂臣在大经路、天纬路、地纬路购地建造了 470 多间民房，全部出租。

　　第一次世界大战后，天津华商的房地产业逐渐形成，到 30 年代，天津已有荣业、东兴、利津、济安、广兴、广业、和利、宝兴、华兴、德基、德庆、铠记及劝业场等 20 多家华商房地产企业，如表 2-10 所示。

---

① 城市土地管理体制改革与土地利用规划研究[M]. 天津城市科学研究会，1991：第 16 章第 18 页.

表 2-10　天津主要华商房地产企业情况①

单位：间

名称	主要股东	成立年月	房产（间）	主要房地产地址
荣业公司	荣源、岳乾斋	1911	3,000	南市
东兴房产公司	李纯	1919	5,000	南市、陈家沟
利津公司	方若	1901	1,300	和平路、利津里
务本股份有限公司	胡华农	1935	600	求志里、景福里
济安房地产公司	卢开瑗	1940	2,000	民园大楼、心田新里
三义里经租处	周振东	1938	1,700	华中路、惠中饭店
和利房产公司	耆善	1903	1,000	河北大经路
安宁公司	沈友眉	1941	3,000	景明大楼、昆明路
铠记房产公司	杜金山	1930	3,600	马场道、睦南道
劝业场事务所	高星桥	1927	1,250	和平路、滨江道

在当时，一般人是很难占有大量土地与房产的，因此，专业的华商房地产企业的出现往往都有一定的背景，不是依靠封建权势，就是依靠外国人的势力，这几乎成为普遍规律。天津的情况正是如此。

依靠传统势力起步的往往是一些前清遗老和旧军阀官僚。荣业公司的创办人和大股东荣源，是清朝末代皇帝宣统的岳父，内务大臣。他创办的荣业公司是天津华商专业公司中最大的一家，房地产集中在今南市一带，其中公司所在的街道被命名为"荣业大街"。和利房产公司的股东多是清室成员，主要股东金肇臣即肃亲王耆善；东兴房产公司股东、江西提督李纯也属与传统势力有关的一类。

另一些是靠外国势力起步的，大多来自买办、汉奸、外商企业高级职员等。利津公司的创办人方若，是日本汉奸，日商洋行买办，公司成立时曾赠送日本人中岛真雄合白银 1,500 两的股份；安宁公司沈友眉先为比商义品公司的华人经理，后为美商平安公司的副经理；劝业场的股东高星桥是德商井陉煤矿买办；三义里经租处的负责人周振东是天津法租界公务局的捐务科长。

从企业规模看，荣业、东兴等 17 家企业拥有自产房 18,000 多间，

---

① 天津市文史研究馆. 天津文史丛刊: 第 4 期[M]. 天津: 天津市文史研究馆，1985: 100.

代理他人房产 7,700 多间，在国内华商房地产企业中并不算小，而且房屋质量与坐落地点都比较好。

从经营范围看，华商企业不如外商业务广泛，主要以买卖、出租为主，有的只搞代人经租，比较简单，而且在管理方面有着明显的传统色彩。华商房产公司平均每一职工（包括账房、收租员）经营房屋200—300 间，职工工资约占房租收入的 10%—20%，修缮费、管理费平均每年占房租收入的 10%，除房地产税外，大多数华商企业并不按期从房租收益中提取折旧金，而是由股东分掉，不注重积累和扩大产业。

总之，20 世纪二三十年代，天津对外贸易稳步上升，超过广州，仅次于上海，居第二位，工业也开始起步，商业繁荣，城市面貌变化很大，华界与租界中外房地产业都有大规模的发展。1902 年袁世凯、周学熙在今河北区中山路沿线主持规划的"华界新区"，经过大规模建设，已成天津华界政治中心。天津旧城周围的四条围城马路，也成为商业中心。尤其是北门外和大胡同以及宫南宫北大街，在 20 年代后非常繁华。后来由于军阀破坏，特别是"九·一八"事变之后，日本人不断在华界制造事端，华商开始将钱庄、店铺迁入法租界（今劝业场一带）和日租界（今百货大楼和平路一带）。至 30 年代，在这两个租界内形成了高级商业中心，在英租界内的五大道，法租界的花园路、赤峰道，日租界的鞍山道，意租界和德租界形成了高级住宅区。这种在历史变迁中形成的城市格局，对日后的天津产生了长久的影响。

第 3 节　华侨投资与广州房地产业

广州是中国开埠最早的城市。但由于上海的崛起，广州在对外贸易等方面的地位有所下降，广州外商的房地产投资，也不像在天津、上海那样，稳居全行业垄断地位。

虽然广州也是租界城市之一，但这里的租界——沙面租界面积较小，只有 22.77 万平方米。其中英国占 4/5，法国占 1/5，租期为 99 年，每年租金为 512,460 文铜钱。英国在沙面设租界管理机构——工部局，并将沙面租界划为 82 个区，留下 6 个区作领事馆、一个区办教会外，其余 75 个区全部拍卖给外商，每区地价 3,500～9,000 元，总金额为 24.8 万元。但英国工部局发的皇家租契上说明，不准将建筑物出租或转让给任何中国人。除沙面外，其他外籍人房地产，如教堂、学校、医院、企业、坟场等，散布于市中心区和市郊区。据 1951 年调查统计，外国政府、教会、团体和侨民共持有土地面积 2,109,751 平方米，仅占全市土地面积的 1.19%；房屋建筑面积 26.12 万平方米，占全市房屋总面积的 2.12%。在外国人持有的房地产中，教会占 39.76%，学校占 38.01%，商业占 16.48%，医院、救济院等占 2.93%，个人占 1.89%，其他如游泳场、俱乐部等占 0.93%。[1]

以上说明，广州外商房地产业并不发达，学校、教会用房占去了近 80%，商业用房又占 16%，所以，真正作为商品供买卖、出租的并不多。因此，外商房地产业在广州的地位并不显赫。

大量资料表明，华侨在广州房地产业的发展过程中起了重要作用。

自 1909 年起，100 多位秘鲁华侨回国定居后，越来越多的华侨在广州落脚，纷纷投资建房置业。到 20 世纪 30 年代，房地产买卖最为活跃，据当时的统计，华侨在广州对房地产业的投资，占其对广州其他各业投资的 74.41%。[2]

清末民初，东山的地价较低，一些归桥、侨属争先购置土地建房，规模有大有小，房屋建成后，自用或出售牟利。当时除了教会、学校、医院等建筑物外，私人在东山建房的，有中国籍牧师张立才，归侨杨迁霭、黄葵石等。美洲归侨黄葵石向政府领得官地 1.2 万平方米，从 1915 年开始，将地掘平，划分为 4 条马路，分段出售，每平方米公开投价 18 元，从事地产经营。[3]现在龟岗马路及各横马路，都是当时修筑的。同期开辟的地区还有广成路、龟岗路、烟墩路、恤孤院及寺右乡附近等。1915 年，东山区初具规模，不少国民政府军政要员，从西

① 广州市房地产管理局. 广州房地产志[M]. 广州：广东科技出版社，1990：20.

② 林金枝，庄为玑. 近代华侨投资国内企业史资料选辑：广东卷[M]. 福州：福建人民出版社，1989.

③ 广州市房地产管理局. 广州房地产志[M]. 广州：广东科技出版社，1990：84-85.

关（今荔湾区）转移到东山兴建别墅，如陈济棠、陈维周、余汉谋、孙科等 20 多人，先后在模范村（后称梅花村）兴建洋楼住宅。

作为广州房地产业兴起的重要标志，是一大批专业化的置业公司涌现。1922 年，美籍华侨陈锦宗等人发起，组织成立民星置业公司，有股东 158 名，投资 20 万港元，先后在民星新街、福兴新街、竹林新街、侨新新街、侨兴新街和惠福路等处建有房屋 43 间，于 1936 年前后出售，经营房地产信托业务。同时，还投资创办了中山、中国、中兴、民乐、华民、西堤等戏院及华星舞厅等，广州沦陷后，民星置业公司宣告停业。

1932 年 3 月，桨栏路岭南银行号以侨商黄景堂的名义，筹办成立江滨置业公司，共集股额 31.85 万港元，向政府购置空地兴建房屋，经营楼房出租业务。

据记载，到 1949 年，广州市的置业公司共为 22 家（包括华南影院置业公司、文昌市场、同福堂合股置业公司、江滨置业行、永安公司、永益公司、先施公司、大新公司、东亚银行、康年人寿保险公司），占有房产 74,597 平方米。这些置业公司有单纯经营房地产的，如江滨置业公司，有兼营其他业务的，如南华置业公司，在业务上以房地产业为主，兼搞银行汇兑，将经营房地产和金融业务融为一体。

应该指出的是，广州政府重视市政基础设施建设，对吸纳侨资兴办房地产业起到重要作用。

1911 年以后，由于民国成立，广州社会环境相对安定，工商业发展较快。1918 年，广州市政公所成立，开始拆除城墙，拓展马路，随之海外华侨投资增多，房地产业也逐步得到发展。1927 年，市政府曾令财政、土地、工务三局共同组织广州市模范住宅区筹建处。1928 年，成立筹建广州市模范住宅区委员会，由市政厅划定各区地段，由市民出资兴建住宅，有的由市政当局筹建后，出售或出租。1929 年，陈济棠主粤以后，对华侨实行优惠政策，吸引了不少海外华侨来广州投资房地产，在一定程度上解决了平民和劳工的居住问题。据记载，到 1937年抗战前夕，广州市共有人口 120 万，房屋 126,040 幢，除去办公、生产、商店用房外，按当时人口计算，平均每人的住房面积约 6 平方米。①

总之，在全国范围内比较，广州的房地产业还是有相当的发展，其特点主要是：

第一，房地产业的发展时间主要在民国初年到抗战前的二三十年间，并以市政建设为先导。

第二，外商投资的份额小，新型房地产公司有一定发展，但其产业在全市只占 0.84%，并不居主要地位。房地产业的主体仍为大房地产业主。

第三，华侨投资对广州房地产业的发展起了重要作用，第 6 章将做进一步论述。

第 4 节　市政建设先行的厦门房地产业

厦门房地产业的发展过程与广州多有近似。

1840 年后，厦门虽为第一批对外通商口岸，但外国人建立的租界面积不大，只有鼓浪屿一个小岛作为公共租界，受地理条件的限制，没有像其他城市那样有过大规模的扩展，房地产业起步较晚，主要以华资为主，伴随着 20—30 年代大规模土地开发、市政基础设施建设发展起来。厦门是闽南华侨出入口岸，由于与内地交通不便，福建省境内在民国初年至抗战前社会不安定，华侨不敢携资回乡，往往在厦门消费和投资，厦门金融业大受其利，房地产业也因此而发展。

20 世纪前，厦门市区的房屋大都依自然地形兴建，当时的居民和市肆，都集中在现市区北部的古"厦门城"，即今新华路市文化宫的周围。市区各处遍布沟、池、河、溪，形成一片片的水陆间隔地带，居民往来绕道迁行，极不方便。市区住宅大多为平房，商业中心的店铺，亦不过是两层砖木楼，建筑简陋，又没有地下排水系统，污水难以排泄，若遇雨季一阵大雨，街道和屋内立成泽国。随着厦门海外贸易的

---

① 广州市房地产管理局. 广州房地产志[M]. 广州：广东科技出版社，1990：53.

兴盛，陈陋的旧貌既有碍观瞻，又不适应对外通商的需要。在这样的情况下，厦门的房地产业起步势必要以市政建设领先。

1920年春，厦门地方人士林尔嘉、黄亦住、洪晓春等人，倡议开山填海、填池、填河造地，以改造旧城面貌，并发动本地股商巨贾和海外各埠华侨投资，由工商学界社会知名人士组成"厦门市政会"，筹款集资进行建设。同时，政府相应成立"厦门市政局"，在开发土地的同时，同步进行城市规划和市政建设，兴建新型的街道、楼房、商场、货栈和码头。厦门土地开发的特点主要是挖山填海。削平临海岩崖，劈凿阻道山丘，打通市区与厦港之间的通道。各处开挖的土沙石块，一部分用于填海造地筑海堤，一部分用于填平散布于市区的七池、八河、十三溪和低洼地段，使市区土地面积增加近2,000亩（130多万平方米）。所开发的土地进行出售，前后获得近2,000万银元，款项全部用于市政建设（如筑堤修路、挖沟通涵和地下水道等）。[①]

1920—1933年，厦门总计开发土地30处，面积为116万平方米。加上原有土地面积293万平方米，使得市区土地总面积达到410万平方米左右。[②]

与此同时，鼓浪屿也进行填海填河、开拓土地和兴建房屋，单龙头路至黄家渡一带，1924年填海填池、新建的房屋就有130多间，大部分用作商业店铺。1926年再次填海造地，越南华侨黄仲训独资兴建黄家渡，使这一带的旧房屋尽被收购拆除。

到了1932年，昔日污秽的溪池河沟，几乎全部填平，建成市肆街道，住宅建筑鳞次栉比。至此，厦门建造马路40多公里，市区主要街道62条，总长52,467米，街道外的小巷27条，总长46,995米。此外还建造大小码头19个。如此工程浩大的市政建设，为新兴的房地产业创造了十分重要的条件。

在厦门房地产业兴起的过程中，侨资的作用比在广州更为突出。抗战前，华侨和银行业投于厦门房地产的资金"总计不下8,000万（银

---

① 厦门市房地产志编纂委员会. 厦门市房地产志[M]. 厦门：厦门大学出版社，1988：63.
② 厦门市房地产志编纂委员会. 厦门市房地产志[M]. 厦门：厦门大学出版社，1988：63.

元"。厦门"地产市场之活跃,较'九·一八'以前之上海,并无多让。"[1]20 年代未 30 年代初,侨资兴建的一大批楼房落成,市区面貌发生巨大变化。诚如当年《厦门市政府公报》所说的:"查厦岛自开辟马路,改良新市区,旅外华侨不惜以多年勤劳累积之金钱,返回投资。重金购买地皮,建筑新式房屋,繁荣市区,提高厦岛地位。虽然政府提出有方,如非华侨热心桑梓,踊跃投资,则建设新厦门恐非易事。"

这期间,内地殷商富户军阀官僚,也争先恐后到厦门、鼓浪屿购地建房。

与广州沙面英租界不同,鼓浪屿公共租界内允许华人购地建房。根据鼓浪屿公共租界工部局年度报告提供的数字,20—30 年代,鼓浪屿的房屋与厦门本岛增长同样迅速,十几年间,仅华侨就在鼓浪屿兴建各式楼房 1,014 幢,如表 2-11 所示。

表 2-11　1924—1936 年鼓浪屿公共租界工部局颁发建筑执照统计[2]

年份	发照张数	年份	发照张数
1924	185	1932	92
1925	174	1934	174
1926	108	1935	116
1929	69	1936	92

20 世纪 20—30 年代,厦门与鼓浪屿公共租界建筑房屋的资金来源,侨汇占 75%。关于侨汇在房地产业中的作用,第六章将做专门论述。

20 世纪 20 年代,随房地产业的兴盛,民营房地产公司纷纷出现在这座面貌焕然一新的滨海城市里。如 1922 年成立的兴兴地产公司,专做土地开发与土地出售。该公司资本额 30 万元,成立后招纳股份 3 万余元,股东 31 人,至 1925 年 9 月增股 7 万元,股东 100 余人。当时除兴兴公司外,尚有德兴、龙群、鹭江等地产公司,分别向政府承揽成片的土地进行开发,而后零星划块出售。政府的售地所得随即转

①　林传沧. 福州厦门地价之研究. //萧铮. 民国二十年代中国大陆土地问题资料. 台北:成文出版有限公司,(美国)中文资料中心,1977:43663.

②　厦门市房地产志编纂委员会. 厦门市房地产志[M]. 厦门:厦门大学出版社,1988:16-17.

入市政建设部门（市政局、工务局），用于全市各项公共设施的建设（包括兴建中山公园等）。土地购买者则及时建房出售，有的原地转售、出租，有的割块出售、出租。随着土地的开发及城市建设的不断发展，地价上涨，经营地产业的年利率达 1.5 分至 2 分。于是海内外资金涌至厦门。房地产交易频繁，有的地产晨购夕售，日易数主，市场异常活跃。1932 年因受世界经济危机的影响，东南亚华侨工商业凋敝，厦门侨汇减少，房地产市场趋于萧条。

概括起来，厦门房地产业有如下特点：

第一，厦门房地产业起步晚，发展速度快。主要发展时期集中在 20 世纪 20 至 30 年代初期，仅十几年时间。虽然房地产企业资料不够充分，但从市貌观察，房地产业的发展以及其带来的城市变化显而易见。厦门地域并不大，无论鼓浪屿租界区，还是厦门华界市区，新式建筑的质量与规模均可与国内几大城市相媲美。

第二，厦门房地产业起步的基础，是大规模的土地开发和市政建设。移山填海工程浩大，并能运用经济手段进行管理，在当时难能可贵。

第三，厦门房地产业的资金主要来自侨汇，它是一个以吸收侨资为来源的消费城市。所以，厦门房地产业的兴衰与世界经济形势的关系更为直接和密切。

第 5 节　华中重镇汉口房地产业

武汉三镇主要繁华地区当数汉口，这座临江城镇因其固有特色，在中国房地产业史中占有重要一页。

1860 年以后，汉口房地产业开始出现。随租界开辟，地价上升，"为出租而建房""为卖而造"的现象逐渐增多。1910—1929 年间，外商洋行、买办在租界兴建办公大厦和住宅公寓楼，对房地产业起到一定带动作用。1927—1936 年，随着民族工业发展，房地产经营逐步向官僚和企业家转移。

汉口开埠后，洋行即在市区置产建楼，或专营地产。早期的外资房地产企业，以 1904 年法商立兴产业公司和 1911 年比商义品地产公司的相继成立为标志。

比商义品地产公司是汉口最大的外商房地产企业。该公司 1911 年 3 月 3 日在汉口成立，经营房地产抵押、经租、买卖、建筑等业务，总行设在布鲁塞尔，远东总管理处设在香港，管辖上海、天津、济南、汉口、香港等分行。1953 年的资料显示，"义品"公司在汉口自有房屋 9 栋，土地 6 亩多，代理经租 4 家外侨的房屋 140 栋，华人产业 16 份（里弄房屋 158 栋），共计经租房屋 298 栋，土地 13,484 方丈（合 148,324 平方米）。常年租金收入达 122,329,800 元，占该公司全年总收入的 80%。"义品"公司贷放抵押借款，由于较多的借款人到期不能偿还，只好以抵押的房产抵偿，因而取得大量房地产。

法商立兴产业公司由立兴洋行董事和少数外商合资组建。1904 年，在沿江大道建有砖瓦楼房出租。1922 年又请人设计，在洞庭街 84 号、86 号建造了一栋四层混合结构的立兴大楼，除留一楼一单元自用外，其余租给外商洋行使用。立兴产业公司的经营活动较多，据该公司章程第一章第二条规定："本公司宗旨为在远东经营一切有关房地产业务，如买卖、建筑、经租、抵押、制造建筑材料等"。[①]

立兴产业公司在汉口自有和经租的房地产，计有洞庭街 84 号、86 号的立兴大楼，沿江大道 126 号至 129 号的汉通房子，中山大道的庆安里、兴康里等处。1938 年，立兴洋行停业，委托永兴洋行代为经租。

除外国企业的经营活动外，汉口华人房地产业的一大特色，就是私营业主多，专营公司少。在 3,487 个大业主中，又以买办刘歆生、刘子敬，民族企业家周扶九、程沸澜等占有房地产较多。

全市有里弄 206 个，在里弄房屋的业主中，刘歆生、刘辅堂、刘子敬、杨坤山、韩永清、陈镜清、蒋沛霖、王柏年、王职夫、韦梓丰、文昆生 11 个买办，占有近 30 个质量较好、栋数较多的大里弄。如立兴洋行买办刘歆生，从 19 世纪末开始经营地产，素有"地皮大王"之

---

① 高尚智，陈德炎. 武汉房地产简史[M]. 武汉：武汉大学出版社，1987：9.

称，仅在后湖一带，就曾低价购进 2 万亩土地[①]。由于他向汉口英租界让基筑路，英租界当局用他的名字命名几条道路，分别为歆生一路、歆生二路、歆生三路。新泰洋行买办刘辅堂及儿子刘子敬，也是汉口少有的大房产主，每月仅房租一项收入即达 3 万余元[②]。

此外，由江南财阀掌握的"南三行"、北方财阀控制的"北四行"等金融势力也在汉口广置房地产，据不完全统计，仅楼房就达 798 栋之多。

20 世纪二三十年代，武汉房地产开发过程，采取了很有特色的模范区划片再开发的形式。1923 年，由"地皮大王"刘歆生发起，一批业主参加，开辟了东至大智路、西至江汉路、北至铁路边、南至中山大道地段的"模范区"。通过刘歆生"让基筑路"，修筑了华商街、铭新街、汇通路、保成路、丹凤街、交易街，以及歆生一、二、三路和南京路。刘歆生还同华商总会会长蒋沛霖等人出面邀请汉口军政显要、绅士、买办等参与了"模范区"的房地产投资及建设，为了吸引更多投资，刘歆生等还联系义品银行，对愿在模范区建房者进行贷款，并代客户设计绘图，承包施工。

当时，在"模范区"建筑房屋，要依照一定的标准，必须是建甲种砖木结构或质量较好的房屋。板房、棚屋一概不准建造，并设有"模范区警察局"维持治安。

这种私人发起的修筑新区的活动，在中国房地产业史上是独特的创举。

总之，汉口作为九省通衢、华中水陆交通枢纽、商业金融中心，在全国政治、经济中均占有重要地位，加之租界的建立与示范作用，为房地产业的发展创造了较好的条件。因此，汉口房地产业起步较早，发展时间较长，发展过程比较全面，颇具典型性。其全盛时期当在 20 年代中期。

---

① 高尚智，陈德炎. 武汉房地产简史[M]. 武汉：武汉大学出版社，1987：6.
② 高尚智，陈德炎. 武汉房地产简史[M]. 武汉：武汉大学出版社，1987：7.

第 6 节　国都地位与南京房地产业

南京的房地产业，与其都城的政治地位有着极密切的关系。

1858 年，中英《天津条约》将南京辟为对外通商口岸，外国人在南京也承租了一些土地，但没有建立租界，也没有专门经营房地产业。因此，南京外商在房地产业的影响微不足道。房地产业的发展过程，主要集中在 1927 年国民政府定都南京到 1937 年抗战前夕。

南京国民政府定都后，大量军政要员携资而入，人口猛增，对土地的需求急剧增加，地价暴涨，最集中地表现在新街口——市中心区，每方丈地价 1922 年为 20 元，1926 年为 80 元，1930 年为 400 元，1931 年达到最高峰，为 640 元。短短 9 年，上升 31 倍。

南京定都后，"首都计划委员会"曾在市内划定过中央行政区、市行政区、住宅区、商业区等，作为南京城市建设的规划。不少政要人物乘机窥测形势，争占土地，或向私人低价收买，或向政府申请缴价承领，一些亟待开辟的繁华地段或幽静地区的土地，尽以低价落入官员之手。如新街口中山南路两侧的大片土地，俱由国民党元老张静江、李石曾、曾养甫等割据。开辟新住宅区时"放领公地"，因所定地价极低，又非一般人所能染指，故名为价领，实属瓜分，住宅区内每段土地大都由军政要人化用别名低价领取。如国民党元老王伯群、中央党部宣传部长梁寒操等人都未用自己的真名价领土地。还有一些人价领土地后，有的高价转让，有的从国家银行低利贷款建房，用于自住或高价出租，并收取巨额押租。但不论哪种情况，贷款都是长期低息分期偿还，有的款未还清即因抗战爆发而中止，直到抗日战争结束后，才继续清偿。如原铁道部财务司长朱启蛰于 1934 年承领宁海路 21 号土地 980 平方米，只缴付地价 706 元，向地政局登记土地所有权后即从银行贷款 8,000 元建造房屋，贷款直到 1947 年才归还。[1]

---

[1] 南京市房地产管理局. 当代南京房地产，1986：14.

开埠后南京也出现过类似天主教堂、金陵大学（现南京大学）、马林医院（现鼓楼医院）等新式建筑。但大规模的城市建设还是在 1927 年国民政府定都以后。按建造时期划分这座城市的建筑物，明清时代建的有 258 万平方米，占 21.8%；1912 年至 1949 年建的有 926 万平方米，占 78.2%。[①]

从 1927 年开始，国民政府连年大兴土木，在清朝两江总督府内建起了"子超楼"，"五院""八部"中的行政、司法、考试等院以及外交、交通、铁道、财政、教育等部都建了办公楼，同时国民大会堂、国史馆、中央美术馆、中央研究院、中央博物院、中央医院也相继建成。中国、交通等银行和邮政储金汇业局、保险公司等均建了新厦。还有各地方财政、官僚、实业界投资的金城、大陆、盐业、中南、上海、国货等金融建筑，以及中央商场、中央饭店、福昌饭店、大华和新都影剧院等商业建筑。一时间集中建设的结果，使市中心逐步延伸到新街口一带。

上述资料说明，首都地位，使南京房地产业具有两个特点：一是军政要员、官僚政客抢购土地多，二是政府办公用房征用土地多。必然结果是造成房地产市场供求关系紧张，土地占有者奇货可居，南京地价暴涨和地产投机活动盛行，以 1929—1931 年最为剧烈。

中央机构入迁与军政要员集聚，使这座城市的居住条件悬殊，两极分化十分明显。

城南的秦淮、建邺两区，是古城南京的发源地，明清时代的繁华所在，约有 250 万平方米砖木结构的老式住房，这些住房的建造年限少则 50 年，多达百年以上，因为无力更新，年久失修，不少已破旧倾斜。

而在花园洋房的公馆区，则是另一番景象。"首都计划委员会"原计划在颐和路一带开辟 4 个住宅区，抗日战争前已开辟了 2 个。第一住宅区已建住宅 287 处，第四住宅区计划建住宅 295 处，但只有少数动工，即因抗战爆发而停建。

---

① 南京市房地产管理局. 当代南京房地产，1986：7.

第一住宅区中，每幢房屋设计独特，很少雷同，有西班牙式、荷兰式、意大利式、英国式，也有摩登式、小型宫殿式等，装修华丽、设备齐全，并配有花园庭院、门卫室和汽车房，有的还有暖气设备。从市貌上观察，南京还建有一批中西合璧、具有中国传统建筑风格的"大屋顶"式政府机关用房，虽不属商品房屋，但构成南京城市面貌的一大特色。

总之，推动南京房地产业的直接动因是国民政府在此建都。因此起步的时间较晚，主要在 1927 年以后。而且，房地产投资来源与政府官员直接有关，1932 年上海"一·二八"事变后，军政人员工资减少，对地价有很大影响。由于缺乏深厚的经济基础，南京房地产业发育很不充分。

以上是对崛起较早或特色较为鲜明的 6 座城市房地产业史的纵向回顾，其他如福州、杭州、北平等城市，因种种原因，与 1927 年前的南京基本类似，房地产业并不发达，因此不一一论述，第 8 章从地价角度再做分析。

第 7 节　外国对中国房地产业投资的宏观估计

本节所指外国在中国房地产业的投资，并不是指外国人从其母国带入资本，主要是其在中国其他行业投资利润转化而来的。因此，这类外资是驻在国房地产业的重要组成部分。把外资与华资分开，是因为受到资料分类的局限。在中国房地产业初兴和发展的过程中，特别是在 20 世纪二三十年代里，也就是房地产业的黄金时代，外国人的投资始终占绝对优势和垄断地位。

关于外国人对中国房地产业投资的宏观估计，到目前为止，在已见到的统计资料中，吴承明先生所做的估算较为全面系统。吴先生认为，如果连同外国企业所占用的房地产计算在内，房地产投资是外国人在中国直接投资中最大的项目。1929 年，英国人估计英国在中国的地产值 7,000 万英镑，连同各种建筑物值 8,890 万英镑，占英国在华直接投资的 46%。1933 年，美国官方估计它在中国的教会财产和侨民财产（其中主要是房地产）值 6,500 万至 7,500 万美元，占美国在华直接投资的 35%。1938 年，法国人估计法国教会和私人在中国的土地价值 14 亿法郎，占法国在华直接投资的 38%。[①]

据各种不完全的材料综合估计，外国人在中国占有的房地产价值（包括外国企业所占房地产），1914 年约合 22,527 万美元，1930 年增至 72,605 万美元，1936 年不计日本约值 77,468 万美元，1948 年，除了被收回的日、德、意财产，约值 114,152 万美元（战后币值）。其中，地产约占 4/5，房产只占 1/5，如表 2-12 所示。

表 2-12　1902—1948 年外国在中国的房地产投资[②]

单位：千美元

国家	1902 年	1914 年	1930 年	1936 年	1948 年
英国	51,500	141,300	411,052	405,724	587,689
美国	10,000	24,000	68,383	71,233	216,257
法国	10,100	22,500	65,500	86,023	202,793
日本		22,469	175,118		
德国	8,000	15,000	6,000	7,676	
其他国家				204,032	134,783
合计	79,600	225,269	726,053	774,688	1,141,522

说明：1. 包括企业所占房地产。

2. 1948 年为战后币值。据测算，1948 年美元购买力指数比 1936 年下降了 40% 左右。

3. 关于日本人在中国的房地产投资，不包括东北三省，截至 1936 年底，估计约有 2,000 万日元。其中，房地产企业投资约 1,000 万日元，专营仓库业的投资约 400 万日元，其他方面约 600 万日元。[③]

上述统计均指全国范围而言，其中包括农地，而外国人对房地产业的投资主要集中在沿海沿江城市。为了将研究的范围进一步确准，将外国人在上海、天津、北平、汉口、广州、青岛、哈尔滨 7 个城市

① 吴承明. 帝国主义在旧中国的投资[M]. 北京：人民出版社，1955：72.

② 吴承明. 帝国主义在旧中国的投资[M]. 北京：人民出版社，1955：72.

③ 樋口弘. 日本对华投资[M]. 北京翻译社，译. 北京：商务印书馆，1959：90.

房地产占有情况做一分析，如表 2-13 所示。

表 2-13 外国在中国 7 个城市中房地产占有比例（1948 年）[①]

单位：%

项目	英国	美国	法国	其他国家	总数
I. 各国占总数的百分比					
土地	42.4	18.8	14.9	23.9	100.0
房屋	37.3	11.8	30.9	20.0	100.0
II. 各国土地总数中占有 　　类型的百分比					
政府所占	2.0	2.1	5.2	0.8	2.2
团体所占	8.9	2.2	0.5	0.1	4.3
私人所占	11.9	10.6	9.0	21.9	13.6
教会所占	16.9	53.0	67.4	72.2	44.4
房地产商所占	10.6	5.3	6.2	2.8	7.1
企业所占	49.7	26.8	11.7	2.2	28.4
合　计	100.0	100.0	100.0	100.0	100.0
III. 各国房屋总数中占有 　　类型的百分比					
政府所占	1.2	3.6	1.2	0.5	1.4
团体所占	0.3	5.6	0.1	1.0	0.8
私人所占	23.0	8.2	4.8	23.0	15.7
教会所占	1.0	33.3	82.7	66.0	43.2
房地产商所占	48.3	26.5	8.2	9.0	25.4
企业所占	26.2	22.8	3.0	0.5	13.5
合　计	100.0	100.0	100.0	100.0	100.0

说明：1. 其他国家指资本主义国家。不包括郊区土地和外国兵营。
2. 土地比重按亩数计算，房屋比重按建筑面积计算。
3. 教会包括学校、医院及其他文化机关。

表 2-13 说明，英国人占有的土地、房屋比例均居首位，法国人占有的房屋比例也不少，美国和法国人占有土地的比例比较接近。实际上，很多美国人的投资是渗透到英法产业之中的。

---

① 吴承明. 帝国主义在旧中国的投资[M]. 北京：人民出版社，1955：69.

英国人所占地产中，企业财产占了近一半。而怡和、太右、沙逊三大集团占上海英国人企业占有土地的 57.8%，兼并土地已成为这些大集团的经常性投资。

教会产业是外国人房地产投资的一大组成部分，美国所占半数以上的土地、1/3 的房屋属于教会，而法国教会的土地占 67%、房屋占 83%。教会往往将大部分土地用于房地产经营，美国人估计 1930 年左右法国教会在上海的财产中，有 91.1% 是用于经营的，只有 0.9% 为教会自用。[①]单是天主教会上海教区就拥有土地 2,000 余亩，房屋 4,000 多幢。[②]

表 2-13 中，私人、教会、企业所占有的绝大部分房地产用于经营，属商品性房屋，但真正的房地产业所占有的房产，只有英国的达到 48.3%，美国占 26.5%，其余各国地产和房产比例都在 10% 上下。

外国人在中国的房地产投资，绝大部分集中在上海一地。外国人估计他们在上海公共租界的地产 1869 年为 527 万两白银，1900 年为 4,420 万两，1933 年为 75,650 万两。估计上海法租界的地产 1934 年为 36,700 万两，越界区外国人占地价值为 17,400 余万元。抗战前上述 3 个区域中，外国人地产共计 16 亿元，折合 5 亿 5 千万美元。[③]这个数字仅是地产一项，已占 1936 年外国在华房地产投资的 71%，如果加上房产，所占比例还要大一些。

① 雷麦. 外人在华投资[M]. 蒋学楷，赵康节，译. 北京：商务印书馆，1959：632.
② 蓝以琼. 揭开帝国主义在旧中国投资的黑幕[M]. 上海：上海人民出版社，1962：70.
③ 吴承明. 帝国主义在旧中国的投资[M]. 北京：人民出版社，1955：71-72.

第3章 房地产业的衰落

如果说中国房地产业在各地起步时间有先有后，那么它们走向衰落的时间却是一致的，即 1937—1949 年。

1937 年，日本全面侵华战争爆发，对正在增长的中国资本主义经济因素的毁灭性打击在近代史上是空前的，所造成的经济损失以及对中国经济发展的长期影响都是难以估量的。

在各个行业中，房地产业受到的损害首当其冲。不动产的特性使它无法逃避战火的摧残，土地投资大大下降了，加上战后恶性通货膨胀的冲击，房地产业入不敷出，一蹶不振，终于走向全面衰落。

第1节 战争造成严重损毁

日本侵华战争时间长、范围广，所到之处造成损失均无法准确统计，前述几座城市无不遭日军涂炭。

1932 年，日本侵略者挑起"一·二八"事变，上海淞沪地区，被日寇击毁和纵火焚烧的民房，达 85%以上。当年比较繁华的吴淞镇市街，烧成一片瓦砾。闸北大统路、虬江路、柳营路一带的里弄房屋焚毁殆尽，剩下的只是断壁残垣，一片焦土。当时《时事新报》的一个记者，在巡视闸北的大火后报道："全区数万幢房屋，凡是记者所往之处，寻不到一所完好者。"事后据统计，仅房屋一项的损失，就在两亿银元以上。[①]这一事件严重打击了上海房地产业。

1937 年"八·一三"事变发生，日本侵略军的飞机大炮再次肆虐

---

① 《上海房地》，1989 年第 2 期，第 56 页。

上海。这一次房屋损失的数字大大超过"一·二八"事变造成的损失。当日军狂轰滥炸和焚烧时，租界四周，不论白天黑夜，浓烟滚滚，一片火海。经过许多天的燃烧，仍以闸北受灾最重，自"一·二八"后6年来经营修建起来的数万幢房屋，又被付之一炬。南市地区也不例外，环城马路一带，绝大部分房屋被夷为平地。据1938年4月4日的《新闻报》记载："'八·一三'战事后，租界以外被毁房屋（价值），估计在3亿元以上。"实际上租界的东区和北区，也遭炮火波及，损失的数字也相当可观。据公共租界工部局1937年《年报》记录，这两处被烧毁的各式住房13,000余幢，占这些地区房屋总数的1/3，仅一年租金损失就达700余万元。[①]

1937年"七·七"事变后，天津被日本侵略军损毁的机关用房、民房、厂房等有2,545间，价值达17,400,003,920万元（伪币）。[②]

抗战期间，日军飞机轰炸广州，致使西堤、黄沙、海珠桥北岸、南堤、宝岗等先后成为灾区。被毁坏的房屋有49,134幢，占1937年战前全市房屋总数的38.98%，其中全部被毁坏的有36,211幢，部分毁坏的有12,923幢。抗战结束后，除小部分房屋修复外，大部分一直没有进行重建，致使解放初期全市共有危破房屋5万多幢，房壳176间。[③]

1938年5月，厦门沦陷，大量市民迁避内地，许多住宅人去楼空。由于当时厦门与内陆交通断绝，柴草供应奇缺，门窗、房屋支架、屏墙、楼板等，均被拆除充当柴草。房屋失修失管，很多楼房倒塌，大街小巷到处是残墙断垣。古城长沙更是一场大火连烧七天，多年建设，毁于一旦。

① 《上海房地》，1989年第2期，第56页。
② 天津市房地产管理局. 当代天津城市房地产经济，1985：14.
③ 广州市房地产管理局. 广州房地产志[M]. 广州：广东科技出版社，1990：20.

第 2 节　土地投机风气盛行

抗战爆发，华界沦陷。1941 年太平洋战争爆发之前上海、天津的租界一度成为战火中的孤岛。人们为了躲避战争，纷纷涌入租界，租界内人口剧增，住房严重短缺。由于工商业在战争中自身难保，对游资失去吸引力，房地产成了游资最稳妥的出路。此时沙逊家族、先农公司等外国房地产商，已经开始收缩营业，将不动产变为现金汇出国外，对新的投资不再感兴趣，中国房地产商趁机活跃起来。

上海华商新设地产公司如雨后春笋，至 1949 年，加入上海房地产同业公会的华资房地产公司已有 300 多家，其中绝大部分是在抗战后成立的。这时天津也成立了许多华资房地产公司。这阶段经营的特点是大搞房地产投机，以短期内获取暴利为目的，如乙某买进甲某地产，常常连过户手续都不办，只待价格一涨，立即出手让给丙某，让甲与丙直接办过户，乙向丙收取高价，转手之间，获利甚巨。一处房地产，时隔数月，几易其手。政府取缔黑市与囤积货物的措施，客观上堵塞了游资的其他出路，使其更加集中于房地产，炒作地皮风气日甚，地价上升又波及房租及物价。有些地产商自以为目光远大，抱着人弃我取的想法，认定日本失败后，国民政府定要回来建设"大上海"，市区西北方向土地将要看涨。于是集中在闸北、引翔、江湾、法华、蒲松等处以低价收购土地。然而没想到又起内战，这些公司地产冷落，难于脱手，资金周转不灵，被迫宣告停业，所发股票竟成废纸。

抗战期间，大批政府机关和避难人口进入重庆、昆明。入迁人员为临时计，不做长远打算，也无力购地建房，只能承租。所以住房供求十分紧张，利用房屋发国难财的大有人在。

1946—1947 年，广州一些国民政府官员和地皮商人利用重划"三大灾区"（西堤、黄沙、海珠桥北岸）之机，垄断了土地买卖，使地价暴涨。西堤灾区的土地每平方米地价 540—720 元港币，最高时达 1,080

元港币。[①]据太平洋经济研究社 1947 年出版的《中国经济年鉴》记载，"本市（广州市）房地产价经常均较香港为廉，至为一般拥有大量游资者所垄断，故本市房屋，与去月同期，几增一倍之数，本市繁盛区产业，如普通三丈深三层建筑物，售价约为一亿二三千万元，其次要地区，亦非数千万不可，至于承租预交六个月或三个月租金、顶手、批头等项，如一德路长堤一带，约为一千万元，其次市内各区荒地，亦动辄售价一千数百万元"。[②]

抗战结束后，政府机关从重庆回迁，南京人口恢复，城区地价暴涨，加之法币贬值，通货膨胀，社会的大量游资转向房地产，主要投向土地。新街口地区的土地已是寸土寸金，每平方丈价值黄金 10 两，而且有价无市。只要买到土地，既太平保险，又可待价而沽。房地产业一时畸形发展，陆续出现了十几家私营房地产公司，私人游资有的也用以买卖土地，进行投机。如 1946 年 2 月邓君重购入张锦英位于扬州路的土地 40 平方丈，每方丈买入价为法币 1.5 万元，然后邓尚未向地政局办理过户手续，就转手以每方丈法币 10 万元的价格出售给朱勤祯。[③]类似投机行为导致了 40 年代末中国房地产市场的畸形状态。

第 3 节　恶性通胀租金失控

抗战结束后，城市人口增加，由于战时的停建损毁，住房奇缺，房租不断提高，各种名目的加租不胜枚举。租赁关系十分紧张，二房东、三房东现象普遍存在。

抗战期间，广州市区人口大量疏散，房客减少，租金比抗战前下降 50%左右。1945 年，疏散内地的人口陆续返回广州，3 年后，市区人口已超过战前水平，增加到 140 万，又因物价飞涨，业主不肯投资建房和修房，租金普遍提高。1949 年初，国民政府官员及富商纷纷南

---

①　广州市房地产管理局. 广州房地产志[M]. 广州：广东科技出版社，1990：2.
②　狄超白. 中国经济年鉴[M]. 太平洋经济研究出版社，1947：101.
③　南京市房地产管理局. 当代南京房地产，1986：14.

迁广州，人口急增至 220 万，住房与人口比例严重失衡，租金比抗战时期增加 10—20 倍。而且房主往往要求租客预交半年或 1 年的租金，一般租期尽量缩短（最短为 3 个月，最长为 1 年），租金全部以黄金、外币或大米计算。

这一时期商业投机非常盛行，商业用房奇货可居，经纪人十分活跃，空房出租时，除正常租金外，各种非法索取应运而生。天津西马路为棉布投机商的集中地，1 间小门面房，可以索取几条黄金、几十件大布（24 匹为 1 件）或面粉千百袋。索价名目繁多，如押金、进门费、茶水费、进户费、兑底费、手续费、看门费、车马费、佣金等，兑底费甚至达到房屋市价的 80%。[①]

第 4 节　质量下降失修失管

1937 年以前，上海高层建筑的兴建正值高潮，而 30 年代末至 40 年代末，10 年中竟没有一幢 10 层以上的高层建筑出现。自 1937 年抗战后外商没有再建过一幢像样的房屋，华商地产公司建造的大部分也是旧式里弄，而且这一时期所建房屋的质量比起抗战前明显下降。由于多年失修，中华人民共和国成立时不少房屋破损严重。

沦陷期间，天津新建房屋很少，原有房屋亦少维修。在恶性通货膨胀的影响下，房租上升不如物价上升快，房地产业一落千丈。大房主所收房租只能维持日常开支，中小房主的收入连生活也不能维持。东兴房产公司因入不敷出，将今河北区三马路、四马路东兴里及黄纬路房屋 1,900 多间出售。抗战后，又将荣吉街、东兴街、永安街的房屋售出数百间。荣业地产公司 1944 年房地租金收入 291,870 元（伪币），支出了修缮费、工资及房捐地税等费用 326,787 元后，全年亏空 34,917 元。[②]如此状况，使业主无心经营。至 1949 年初，天津房屋 50%破漏，

---

① 天津市文史研究馆. 天津文史丛刊：第 4 期[M]. 天津：天津市文史研究馆，1985：101-102.
② 天津市文史研究馆. 天津文史丛刊：第 4 期[M]. 天津：天津市文史研究馆，1985：102.

10%有倒塌危险。

　　厦门自"九·一八"事变之后，市政建设停滞，房地产价格直线下跌。此后一直到抗战结束，民用住宅有减无增。1945年日本投降，百废待兴，人民期望重整家园，但不久内战爆发。1945—1949年间，厦门与鼓浪屿除翻修旧房外，新建民房寥寥无几，唯有斗西路所谓的"首期社会新村"1座两层住宅以及美头山3座华侨楼房。

　　抗战结束后，大批政府机关从重庆等地返回南京，建房者与日俱增，私人营造厂、水木作坊大批涌现，包建房屋。其中多数不按合同办事，延误工期，偷工减料，粗制滥造，质量低劣。行政院机关房屋配建委员会"为了安抚院、部机关中、下层公教人员居住困难"，在全市筹建了5个"公教新村"，总面积约3.8万平方米。但这些建筑只有少数是砖木结构，多数是砖墩灰板条墙身，结构很不合理，加之筹建者内外勾结，贪污盗窃，偷工减料，质量很差。1949年10月接管时距建成只有两年时间，而接管下来不久就要大修，十几年后，全部墙身开裂、倾斜，只得进行重砌。1949年以后接管、代管的房屋中，凡属这个时期建造的，投入的维修费用远远大于抗日战争前建造的房屋。

　　总之，直到1949年中华人民共和国成立前夕，房地产业已基本处于奄奄一息的衰落状态。

　　纵观中国房地产业100年来的发展史，可以看出，它起始于1840年鸦片战争后的开埠之初，19世纪70年代后在沿海沿江租界城市进入稳定发展时期，20世纪20年代后在全国达到其发展的鼎盛时期，抗日战争的爆发，结束了房地产业的黄金时代，解放战争的炮火，再次延缓了这一产业的恢复，使其陷入凋敝停滞状态。近代中国房地产业的历史证明，其兴衰起伏，与中国社会性质的演变息息相关，与世界政治、经济动荡紧密相连。1949年以后，房地产业接受了政府的社会主义改造，包括外商企业和大房地产主在内的绝大多数私人产业加入了公有制的行列，为100多年来这一行业在经济中运行的历史画上了句号。

第 二 篇

房地产业发展中的若干问题

第4章　房地产业的经营方式

中外房地产商在经营方式上遵循的是商品经济的规律，在竞争机制的作用下，为追逐利润，各显神通，逐渐形成了一套富有行业特点的经营方式。这既是房地产业走向成熟的标志，又促进和加快了不动产的流通。其中一些做法，在今天看来，不无借鉴价值。

第1节　发行股票和公司债券

发行股票和公司债券，是外国房地产商筹集资金的主要手段。由于外商企业受特权保护，资金雄厚，信誉稳定，又有房地产做债券的抵押品，所以有余资的人无不乐于承购，公司债券期限较长，外商企业借此资金，尽其所能，扩大经营。

英商业广地产公司，是上海最大的地产公司之一，从1888年起，增资9次，先后发行公司债券达30次之多，总额在2,000万元以上。还本期一般为20年，有的长达40年，利息5厘至6厘。到1937年，尚有1,700余万元未曾清偿。[1]资力最雄厚的沙逊家族属下的华懋地产公司，也在1930年、1932年、1933年发行公司债券700余万元。[2]美商中国营业公司发行公司债券750万两白银，还在1925年发行一种7厘抵押分红债券。据中国营业公司董事会记录："我们的目的和希望不在有人大笔购买我们的债券，我们寻求小投资户或小储蓄户……这些

---

① 上海市政协文史资料研究委员会. 旧上海的房地产经营[M]. 上海：上海人民出版社，1990：148.

② 上海市政协文史资料研究委员会. 旧上海的房地产经营[M]. 上海：上海人民出版社，1990：148.

人集合拢来，他们所有的钱，要比少数大金融家所有的还多。"①

在天津，英商先农公司也靠这种方式向社会集资，该公司发行债券常常是为了建房。1907 年先农公司第二次发行债券时，在股东特别会议上曾有这样的记录："公司在英法租界内有荒置的土地 160 亩，如能获得资金，便可建房受益，最经济的获取资金的方法，就是发行公司债券。"②先农公司已发行的债券可在 3 年后回赎，但最晚不得超过 21 年，年息视当年利息率而定，最高为 7%。1901—1934 年，该公司至少发行 6 次债券，其中 1901 年 500,000 两白银，1907 年 1,500,000 两，1929 年 3,000,000 两，1934 年 3,000,000 元（注：1933 年废两改元）。③先农公司就是这样增加资金，扩建房屋后，再以新的房屋抵押，继续发行债券来购置更多的产业，如此循环几十年，使公司资产不断扩大。

第 2 节　道契挂号

道契是上海海关道专门向外籍房地产业主发放的土地契证。由于道契手续简单，产权明晰，便于流通，尤其是因租界内通行西方的"私有财产神圣不可侵犯"信条，道契的产权享受法律保护，信誉极高。致使上海持有田单（中国传统地权凭证）的中国人，也想把自己的田单转换成道契。可是道契只对外籍人发放，于是一项由外商垄断的业务应运而生，这就是所谓道契挂号。

道契挂号是由外籍人出面，承办将中国人手中的田单转换为道契的一切手续，收取手续费。具体做法是：中国业主将自己的产证如田单、方单之类交给某外商，以这位外商的名义按外国人承租土地的手续取得道契，再由这位外商出具一份证件，证明这份道契产权的实际

①　上海市政协文史资料研究委员会. 旧上海的房地产经营[M]. 上海：上海人民出版社，1990：148.

②　《天津市房地产史料》，1988 年第 2 期，第 28 页.

③　《天津市房地产史料》，1988 年第 2 期，第 28 页.

所有人是该中国业主。这个证件通称"权柄单"。中国业主持有道契与权柄单，便可进行抵押或买卖，其法律效力与道契完全相同。由于办理这类道契是由外商挂名，故此项业务俗称"道契挂号"，承办外商被称为"挂号商"。初次办理收取手续费 25 两，以后每年每份道契，收取常年挂号费 10 两。[①]如有交易，只需向新的产权所有人重发一份权柄单即可，道契不用改动，俗称"小过户"，收费 25 两。如果想调换到另外一位挂号商名下，需要重新办理一切道契手续，俗称"大过户"，收费 50 两。

承办这项业务无须垫支任何资本，唯一的条件就是具备外国国籍，可谓无本万利。因此，大至沙逊、哈同等各个洋行，小至只有一个人的律师事务所，都纷纷承办道契挂号。

早在 1876 年，英国律师高易来到上海，开设"高易公馆"，除做律师外，兼营道契挂号，经办最多时达 2,000 余张。[②]据上海公共租界费唐法官报告书所载：1927 年，公共租界共有道契土地 10,065 方丈，其中属于华人的占 3,700 方丈。后来，转换道契的土地大大超出了租界的范围，分散在上海华界的 13 个区。华界政府屡禁不止，愈演愈烈，到 1937 年时，上海的挂号商达 40 多家。[③]

天津法租界和汉口租界，也有过类似的业务，即在租界规定不许中国人购置产业的区域内，由外商出面代购土地并且包揽了在这块土地上建房经租等一切营业，与上海的道契挂号的含义略有不同，业务量也少得多。这项业务，在天津被称为"契证托管"，在汉口俗称"挂旗经租"，取其挂外国招牌的含义。

---

① 上海市文史馆，上海市人民政府参事室文史资料工作委员会. 上海地方史资料：（三）[M]. 上海：上海社会科学院出版社，1984：178.

② 中国人民政治协商会议上海市委员会文史资料委员会编. 上海文史资料选辑：第 64 辑[M]. 上海：上海人民出版社，1990：150.

③ 中国人民政治协商会议上海市委员会文史资料委员会编. 上海文史资料选辑：第 64 辑[M]. 上海：上海人民出版社，1990：150.

第 3 节 抵押放款

以房地产为抵押品的借放款业务，1949 年以前十分普遍，不仅银行，绝大多数外商房地产企业都经营这项业务。第一，有房地产作抵押品，比较安全。第二，这种放款利息比银行利息率高，一般为 6%—12%，有时高达 14%。第三，如借款人逾期无力偿还，可以没收或低价购买抵押品，扩大自己的产业。押款额多为抵押品价值的 30%—50%，押期各不相同，一般较短，多数为 1—3 年。押期内产权必须让渡给受押人所有。许多外商一面向外国银行洋行抵押自己的产业，借出款项，一面向中国业主抵押放款。因此，这种方式对于房地产资金的通融，起了重要作用。

沙逊家族从抵押放款入手，逐渐转入房地产经营，没收和购进许多产业。比商义品公司几乎专做抵押放款生意，早在 1909 年，便以上海规元 100 万两在中国放款，以后陆续增加，1928 年，放款额达 1,000 万两以上，1936 年一年就吞进 8 处华人产业。[①]海军总长刘冠雄在天津马场道有一处备有电梯的宅邸。1925 年 12 月 28 日，其子刘肖新将这座宅邸作为抵押品，向英商先农公司借款 10 万元，月息 1%，定期 3 年。因到期未能清偿，宅邸归先农公司所有。1929 年，买办陈祝龄在天津英租界被绑架，家属为了赎人，用其在今山西路耀华里的产业（共 26.442 市亩，建筑面积 11,828 平方米，共有 966 个自然间。其中陈占一半，另一半归买办梁炎卿所有）向先农公司抵借 350 万元，后来人死借款无力归还，产业归属先农公司。[②]

哈同也是依靠抵押借款发财致富的。他常以甲地道契押款，购进乙地，再以乙地道契押款购入丙地，如此循环，以少数资金获取巨额财产，不愧此中老手。

---

① 中国人民政治协商会议上海市委员会文史资料委员会. 上海文史资料选辑：第 64 辑[M]. 上海：上海人民出版社，1990：152-153.
②《天津市房地产史料》，1988 年第 2 期，第 29 页。

第 4 节　租地造屋

　　租地造屋是指大地产商或土地所有人将土地出租，一般租期为15—30 年，承租人必须按期交纳地租，期满之后，土地连同地上建筑无条件归出租人所有。为了保证房屋质量，出租人有权对房屋的造价、建筑材料、施工过程及保险状况进行监督。

　　租地造屋的背景往往是这样的：土地出租人垄断较好地段的工地，但不愿承担建房出租的风险，或无力自建房屋，希望仅仅靠土地盈利，坐收地租，到期后还能得到一批房屋，而承租人则因地价太高无力购买，希望将土地承租过来，建房出租，然后用高额房租收回成本并取得盈利。双方相得益彰，故乐此不疲。在沿海沿江城市里，大都有这项营业，上海尤其盛行。

　　上海著名的四大百货公司中的永安公司和新新公司，都是在哈同洋行的地皮上租地建造的。1916 年，港澳巨商郭氏兄弟，想在南京路先施公司对面建一座规模更大的百货公司——永安公司。看中的地皮正好是哈同所有。哈同不答应卖地，只同意租地造屋，其合同大体规定：土地共 8 亩有余，由永安公司承建，房屋不得低于 6 层，建筑材料要高级耐用，每年租金 5 万两，租期 30 年，期满之后全部建筑归哈同洋行。1946 年租约期满时，哈同夫妇早已过世，其义子、产权继承人乔治·哈同逼迫永安公司交房，结果永安公司不得不以 120 万两黄金的代价，把这幢自己造的建筑连同地皮买了下来。[①]

　　从 1917 年起，沙逊家族用租地造屋的办法，共出租土地 140.86亩，到 1941 年为止，收到地租约 725 万两，租约期满后获得里弄住宅和商业用房 753 幢、仓库 11 座、公寓 1 座、楼房 2 座，房屋面积共计138,338 平方米。这些房屋的幢数相当于沙逊家族 1949 年以前在上海拥

---

　　① 中国人民政治协商会议上海市委员会文史资料委员会. 上海文史资料选辑：第 63 辑[M].
上海：上海人民出版社，1990：88.

有房屋总数 1,986 幢的 38%，占总面积 54 万平方米的 25.6%。[1]

租地造屋的条件如此苛刻，而承租者巧用资金、精打细算，年均盈利上万元的也不乏其例。承租人主要是华人房地产商，其业务开展主要在二三十年代以后。

第 5 节　代客经租

凡不愿意或不善于自己经营，或不愿暴露身份的房产主，购置产业后往往委托他人经租。产权人包括银行、洋行、教会、军阀、官僚、买办、富绅、企业家等，经租机构则大至地产公司，小至仅有 1 人的经租处或经租账房，是所有权与经营权相分离的典型。经租机构为产权人代收房租以及维修养护等一切经营事项，按房租额与维修工程费用总额提取佣金。佣金比率各地不等，一般为 5%，也有的到 10%，甚至更高。

代客经租业务虽无暴利可图，但比房地产投机稳妥可靠，可以积少成多。不但无须垫支资本，而且由于租金大多为隔月结算，经租商手中常保管大量现金，可以用于周转生息。此外，房客所交付的押租不必向产权人上交，由经租人保存，也是一笔不小的数目。英商泰利地产公司经租房屋最多时达 7,000 多幢，手中常存有 10 万元租金和 16 万元押租。该公司初创时，一无钱财，二无产业，仅在上海四川路桥附近租了一间办公室，代客经租，利用租金、押租投机经营，不过 30 年，泰利老板就成为百万富翁。[2]

汉口最早的私人经租处是 1907 年开办的首善堂经租处，至 1949 年，全市共有经租处 57 家，经租房屋 2,526 栋，[3]多数处于繁华市区，建筑结构也比较好。

① 张仲礼，陈曾年. 沙逊集团在旧中国[M]. 北京：人民出版社，1985：47.

② 中国人民政治协商会议上海市委员会文史资料委员会. 上海文史资料选辑：第 64 辑[M]. 上海：上海人民出版社，1990：152.

③ 高尚智，陈德炎. 武汉房地产简史[M]. 武汉：武汉大学出版社，1987：65.

第 6 节 自产经营

所谓自产经营，是指房地产企业对自己拥有的产业的经营，包括土地买卖、投资建房、房屋出租、维修养护等。其中，土地买卖与房地租收入常常构成利润的主要来源。

上海房租之高，历来居全国之首。据上海《地产月刊》1930 年第 5 卷第 30 期记载："1930 年前，投资房屋利润可得年利九厘至一分四厘。"这仅指房租带来的盈利，不包括地价增值带来的利润。

1920 年，业广地产公司股东大会记录中，有一段关于增租的决定："1918 年物质条件有了改进，劳动力可以获得较高的工资，小商店业主也获得相应的利润。我们利用这一点，从 1919 年 2 月份起，对大部分中国房客增租，与 1918 年相较，增加总数达 13 万两。由于 1919 年情况继续好转，我们在 1919 年 12 月份又作再次增租。"1927 年该公司投资建造浦西公寓，土地及建筑的投资为 59.5 万元，建成后每年房租收入为 11.3 万元，除去 20%的管理费用，净收入 9 万元，利润率在 15%以上。[1]

天津的住房供求不像上海那样紧张，物价稳定时很少增加租金，所以，房地产商设法以良好的服务质量招揽住户，消灭空房。先农公司有一个惯例：每年对房屋内部粉刷一次，每 3 年将门窗油漆一遍。不仅保养了房屋，而且对住户是一种优惠。所以公司与房客之间纠纷较少，欠租率较低。该公司 1906 年全年实收租金 127,035 两，年终欠租 2,686 两，计 2.11%。1916 年全年实收租金 158,346 两，年终欠租 3,289 两，计 2.08%。1929 年全年实收租金最低估计 1,105,949 两，年终欠租 20,113 两，计 1.81%。1934 年全年实收租金最低估计 889,807 元，年终欠租 38,349 元，计 4.31%。[2]

---

① 中国人民政治协商会议上海市委员会文史资料委员会. 上海文史资料选辑：第 64 辑[M]. 上海：上海人民出版社，1990：159.

②《天津市房地产史料》，1988 年第 2 期，第 31 页。

关于房屋的建筑与修缮，中外房地产商大都采用招标与承包的办法。对于建房和大的修缮工程，不只考虑投标者的报价，也非常注重工程质量，以维护企业信誉。小的修缮项目，一般通过估价由承包商承担，公司只负责监督施工和验收，不配备专门的维修队伍，基本上利用社会化服务机构。这样，有助于提高整个行业的工作效率。

第7节　承揽建筑设计施工

20 年代初期，北洋政府陆军总长张绍曾要把其坐落在天津日租界旭街（今和平路北段）繁华地段的产业忠孝里、裕德里等处房屋卖给先农公司，房地价格上无可争议，但最后因为附近大部分租户均为娼窑，保安保险公司（承包先农公司火险的企业）拒绝承包保险，终于没能成交。由此可窥见保险业对房地产业务的影响。

法商义品公司天津分公司，设有工程部，不仅负责自有产业的设计与施工、改建，产值的鉴定与估价，对外还承包建筑工程，负责设计与施工。例如，当年的法国公议局（今解放北路市人民图书馆）、法国工部局（今市粮食局）、法国俱乐部（今市青年宫），坐落在今营口道新华路转角的连壁里，以及大理道、桂林路转角的桂林里，共 18 所质量较高的办公楼及住宅楼，都是由义品公司设计承建的。

第8节　依靠专业化经纪人

在房地产业的从业队伍中，有一批专门为房地产交易服务的经纪人。这些人对活跃城市房地产市场、加速房地产商品的流通，起到了不可替代的作用。依靠他们进行房地产交易，是近代房地产经营活动中不可忽略的一面。

土地经济学认为：由于城市土地固定在不同的地理位置，使城市土地市场被分割为若干地方性市场。在这种情况下，土地买卖双方很难获得足够的信息。为了做出正确的买卖决策，不得不借助专业人员的协助（如经纪人、估价师等），使得专业人员成为城市土地市场交易必不可少的参与者。

经纪人与传统社会土地买卖中的"中人"大不相同。在传统社会以及近代农村的土地交易中，买卖双方需要请中人作证，甚至代写契约。中人与买卖双方有着密切的关系，受到较高的信任。交易做成之后，虽对中人有所酬谢，但仅属谢意，中人并不赖以为生。经纪人是指为房地产买卖、租赁、抵押双方提供信息和专业性协助的一项职业，以提取佣金（即服务费或手续费）为其收入来源。

上海是房地产市场最活跃的城市，经纪人的数量也最多，他们通常被称为"捐客"或"黄牛"。

上海捐客大体分为两类：一类为挂牌捐客，挂着房地产公司或经租处的招牌，实际既无资金，也没有房地产，只有 1 部电话，1 间办公室，由家庭成员营业。经营方法是在报纸上刊登房地产出卖出租的广告，待顾客前来询问，则将详细情况如地段、环境、面积、设备一一介绍，成交后收取佣金。中华人民共和国成立初期此类捐客有 60 余家。①

另一类是流动捐客，这类捐客没有固定办公地点，每天在南京路、城隍庙等处的酒楼、茶馆里会面，三五成群，相互交换房地产的位置、朝向、面积、价格等信息，对出卖人姓名则秘而不宣。此类捐客为数最多，中华人民共和国成立初期共 2,600 余人，②分布在上海全市各区，成份也最为复杂，包括小商贩、自由职业者、失业人员、家庭妇女等。流动捐客是房地产经纪人的主要构成部分。

总之，尽管近代中国房地产市场情况复杂，难免带有传统社会和半殖民地的印记，但经营方式的形成过程说明，一种有别于传统模式的崭新经济因素正在激增，集中表现在：

---

① 中国人民政治协商会议上海市委员会文史资料委员会. 上海文史资料选辑：第 64 辑[M].上海：上海人民出版社，1990：40.
② 中国人民政治协商会议上海市委员会文史资料委员会. 上海文史资料选辑：第 64 辑[M].上海：上海人民出版社，1990：40.

第一，采用股份制、公司债券等向社会广泛集资的形式。

第二，利润来源主要靠向市场提供商品（出租出售房地产）及提供相关的服务。

第三，企业机构精简，注重效率与经济核算。

第四，不动产交易、管理与维护趋于专业化、社会化，行业之间合作已十分普遍。

第5章 住宅租赁

如果说地价是土地一次性出售的价格，那么房租则是房地产分次出售其使用价值的价格，是土地和房屋（包括建筑、维修、管理成本和利润）价格的一种转化形式。房租从另一角度反映了土地的供求关系，凡是影响地价的因素，都直接或间接地影响房租。因此，房租是房地产业史的一个重要方面。

中国房地产市场最大量的交易，不是买卖，而是租赁。租赁交易往往占房地产交易次数的 50%—80% 以上。直至今天，西方国家仍普遍存在着一个巨大的租户阶层，这个阶层的人数不但没有随住宅自有化减少，反而有不断增加的趋势。可见，房租对生活的影响比地价更为直接。

第1节 私宅出租——住宅商品化的起端

出租的房屋主要为两类：商业用房与住宅用房。本章以后者为主要研究对象。

住宅是城市土地利用的主体，分为自有住宅与租用住宅。

自有住宅是指房屋所有者拥有所有权并自己享用的住宅。无论是过去还是未来，自有住宅一直是理想化的住宅占有方式。它对于提高所有者的安全感、稳定感以及由此产生的对住宅所在地区的社会责任感具有重要作用，是东西方各国政策提倡的方向，也是房地产的一个重要组成部分。但从人口与土地、收入与地价的比率来看，它的普及难度较大。

租用住宅是商品化住宅的主体，但并非一开始就是这样。传统社会住房以自产为主。当中国传统社会面临外来商品经济的冲击时，房地产的商品化也悄然起步。大量人口向城市聚集，其中最具流动性的青壮年人口的比重加大，土地私有权的垄断，地价、建材的腾贵以及工作就近等因素，造成了对租用住宅的强大需求，房屋租赁制度便应运而生。

最初提供的出租房屋，并不是作为商品生产出来的，而是作为商品使用的，即将祖遗私宅产业出租出去。因此，房屋的商品化是从流通领域开始的，正像自然经济的产品在流通领域内成为商品一样。1840年以后，土地的现代利用方式，呼唤出了土地潜在的巨大价值，同时也调动了房屋潜在的供给能力。虽然传统城市的建筑格局不能一下子改变，但使用方式开始变化，所有权与使用权发生分离，私宅开始越来越多地加入出租房的行列，在建筑量不变的情况下，增加了商品房屋供给量。这是近代中国大多数城镇房地产业并不发达，但也容纳了大批流动人口的主要原因。私宅出租是传统的自然经济向商品经济过渡这一历史过程在房地产业的表现形式之一，也是城市土地利用集约化的开端。

1937年前后，成都全市商业区、住宅区、贫民区总户数为61,298户，其中自有住宅户9,194户，占上述总户数的15%；自有兼出租房屋户为10,420户，占17%；租人房屋户为41,684户，占68%。[1]这说明成都当时近70%的住户是靠租房度日的，而这些房间是由不到20%的原自有房主提供的。

1938年，昆明全市总户数为14,210户，使用自有房屋的有4,599户，占全市总户数的32.4%；租人房屋的为9,551户，占有67.2%。全市自有及出租房屋总数为93,431间，其中自有房屋为41,475间，占44.4%；出租房屋为51,969间，占55.6%。[2]

以上两个城市房屋建筑的传统格局均未改观，但出租房屋已占大

① 佚名. 成都市地价与房租之研究. //萧铮. 民国二十年代中国大陆土地问题资料. 台北：成文出版有限公司，（美国）中文资料中心，1977：40886.

② 王盘. 昆明市房屋问题. //萧铮. 民国二十年代中国大陆土地问题资料. 台北：成文出版有限公司，（美国）中文资料中心，1977：49457-49460.

多数，这种情况在近代中国的中小城市和一些大城市如北平、杭州、长沙、福州等地比较普遍，原有私人住宅转化而成的出租房屋成为商品化房屋的主要来源，城市越大，时代越近，自有住宅的比例越小，出租房屋的比例越大。

第 2 节　地价、房价与房租

房租的构成是：购买土地的投资、建造房屋的投资、经营房屋的费用及上述三项支出的相应的利润。因此，土地价格与房屋造价是房租的重要内容，地价、房屋造价与房租的关系为正相关。

表 5-1 是 1930 年上海公共租界各区地价与房租分布情况。

表 5-1　1930 年上海公共租界各区房租与地价[①]

单位：元

位置	每户全年平均房租		每亩平均地价
	西式房屋	中式房屋	
中区	5,338	3,812	150,879
北区	1,114	1,362	52,947
东区	496	727	16,594
西区	848	1,096	28,612

上海公共租界中区是中心商业区，地价最为昂贵，北区地价次之，西区更次之，东区为工业区，地价最低，房租的分布情况也恰如此，甚至各区地价与房租的比例很相近。

造价相同的房屋，由于坐落区位不同，租金区别很大。汉口租界区内的汉润里、汉安里、同丰里等 3 开间的平房，每栋月租 120 元左右，而同类的房屋在非租界区如贯忠里，每栋月租只有 80—84 元。[②]

---

① 每户平均房租数引自王慰祖《上海市房租之研究》，第 50193 页。时间是根据前后文内容及写作时间估计的。每亩平均地价引自本书第 8 章第 2 节。

② 高尚智，陈德炎. 武汉房地产简史[M]. 武汉：武汉大学出版社，1987：48.

其租金的差别不是房屋造价，而是地价，即租界地价高于华界地价所致。

关于地价与房屋造价的关系，本书第 10 章第 2 节将详细论述。由于土地利用集约化的规律，在高地价区里建筑低质量房屋不仅不经济，而且也为城市建筑规则所禁止。因此，地价与房屋造价的高低分布往往是一致的。

长沙是一个传统的内陆城市，其房租、房价、地价的比例在大多数城市中有一定的代表性，如表 5-2 所示。

表 5-2　长沙市 10 街道房租、房屋造价、地价比较（1937 年）①

单位：元／方丈

街名	每方丈月房租	每方丈地价	每方丈房屋造价	地价与房屋造价比例	房租与房屋造价比例
八角亭端履街	20.9	1,100	979	100：89	1：46
药王街	15.3	900	880	100：98	1：57
东长路	3.6	182	154	100：85	1：42
中正路	3.1	285	179	100：63	1：57
南正路	3.7	410	254	100：62	1：68
清泰街	3.4	225	190	100：85	1：55
大西门正街	1.3	128	88	100：69	1：67
新商业中心	1.2	42	56	100：133	1：46
新住宅中心	0.6	34	25	100：74	1：41

表 5-2 清晰地反映了房租、地价、房屋造价三者正相关关系。八角亭、端履街、药王街的地价、房屋造价及房租都是最高的，新住宅中心和新商业中心的这 3 项指标均为最低。其余 5 条街道的分布状况为中等，房租与房屋造价的比例关系更为稳定，无论房租多与少，均与造价成 1：53 上下。有一点需要说明，即地价是 1937 年的市价，而房屋的造价则是 3 年、5 年甚至 10 年前的。地价上涨之后，房屋造价

---

① 潘信中. 长沙市一年来之地价与房租. //萧铮. 民国二十年代中国大陆土地问题资料. 台北：成文出版有限公司，（美国）中文资料中心，1977：41719，41731-41732.

并不能像土地那样增值,所以上述 10 条街道有 9 条的房屋造价比例低于地价。建筑物的自然贬值与地价的升值呈反向运动,当地价与房屋造价的背离发展到极不相称的程度时,便是房屋必须重新翻造的时候了。

第 3 节　房租与收入

房租既要体现成本利润,又要受供求规律的支配,适应消费对象的生活水准。因此收入水平对于房租来说,是一个重要的制约因素。由于住房是人类生存最基本的需要,人们对住房的质量与租金方面的承受能力具有很大弹性,住房支出在生活费用中所占的比重往往也是较高的。

一、房租在各业人员生活费中所占的比重

由于住房需求有很大弹性,收入差别也就构成了对住房质量与数量需求的差别。

表 5-3 按照年收入概算,将杭州各行业人员由低到高排列,显示食品、服装、燃料、居住及杂项 5 大支出项目的月平均额度与其占各项支出总额的百分比。很明显,食品和燃料两项在收入由低到高的排列中,绝对数虽然升高,但百分比却大大下降;服装和杂项的绝对数和百分比都在上升,证明收入越高,非生活必需品的支出比例会越高的原理。然而,作为生活必需品的住房(包括房租)的支出,无论百分比和绝对数都有增加的趋势。因为随着收入的增加,人们将用更大的部分来改善居住条件。如果说由于其他消费方式的吸引,上述仅仅是一种可能的选择,那么收入越少,用于房租的支出比重就会越大,这在当时无疑是一种普遍现象。

表 5-3　1931 年杭州市各业人员生活费用概况[①]

单位：元、%

类别	公役及机坊工人		小学教师及商店小职员		商店大职员及公务员		商店经理及高级公务员	
	月支出	%	月支出	%	月支出	%	月支出	%
年入概数	200		500		1000		2000	
食品类	10	54.5	14.5	34.3	21	27.5	35	22.6
服装类	2	10.9	8	18.9	15	19.7	30	19.3
燃料类	2.04	11.1	3.06	7.2	4.56	6	10.1	6.5
居住类	2.4	13.1	6.7	15.9	11.2	14.7	29	18.7
其中房租	2	10.9	6	14.1	10	13.1	25	16.1
杂项类	1.9	10.4	10	23.7	24.5	32.1	51	32.9
合计	18.34	100	42.26	100	76.26	100	155.1	100

二、房租在工人生活费用中所占的比重

工人阶层因收入水平低，拥有自有住宅的可能性较小，加上工作流动性大，因此成为承租住宅的主要阶层。由于这个阶层对房租承受能力较低，所以，房租在工人生活费用中的比重，从一个侧面反映了住房支出对民众生活的影响。

上海作为大型工商业城市，工人阶层的人数居全国之首。而且，由于房地产业最先在这里起步，工人租用的房屋基本是作为商品生产和流通的，租赁关系在这里体现的是一种相对单纯的商品交换关系，因而更具典型意义。

据上海公共租界工部局 1936 年对工人住房房租的调查，一般石库门或里弄住宅各部位房间平均每月租金如下：楼上全房间 8 元，楼上前半间 5.36 元，后半间 3.87 元，楼下前半间 5 元，后半间 4 元，亭子间 3.91 元，灶披间 3.33 元，统阁楼 3.75 元，前阁楼 3.16 元，后阁楼 2.45 元，客堂阁 2.44 元，灶披阁 2.62 元。一般工人家庭全家老小租用一间位置与朝向较差，租金较低的房间，而这在其生活费用中，已占了相当的比重。1926—1936 年普通工人家庭生活费用中各项支出的百分比是：食

---

① 建设委员会浙江经济所统计课. 杭州市经济调查，1932：621-623.

物类 53.2%，房租 8.3%，衣着类 7.5%，燃料与灯火 6.4%，杂项 24.6%。①

表 5-4 显示，上海与南京的情况近似，北平的生活费低，房租相对比例略显高些，天津的生活费亦不高，而房租却较高，占的比例最大，而天津塘沽反映的只是一般城市的状况。房租与生活费的比例，受到多种因素的影响，如工人工资、该城市生活水准、房屋供求状况等，上海的情况与其社会经济水平相符。

表 5-4　20 年代末上海工人与 4 城市工人房租支出比较②

单位：元、%

地名	平均生活费	房租	房租占生活费（%）	调查单位
上海	37.86	3.15	8.3	上海市社会局
南京	39.59	3.71	9.4	南京市政府
北平	21.92	2.55	11.6	北平社会调查所
天津	24.01	3.85	16.0	南开大学
塘沽	18.36	1.30	7.1	北平社会调查所

将视野扩大一些，把上海与国外情况比较一下，如表 5-5 所示。

表 5-5　1909—1929 年上海工人与各国工人生活费比较③

单位：%

国家和地区	澳大利亚	日本（东京）	美国	德国（柏林）	英国	中国（上海）	印度（孟买）	意大利	埃及
调查时期	1910—1911	1909	1918	1920	1920	1927—1929	1921	1914	1920
食品	35.3	37.2	38.2	44.3	52.4	56.0	59.2	62.6	73.2
衣服	12.7	7.3	16.6	21.2	19.5	9.4	14.4	10.2	11.5
房租	15.5	16.0	13.4	2.7	6.8	8.3	3.4	13.2	5.5
燃料与灯火	4.0	6.1	5.3	7.0	6.4	7.5		7.3	
杂项	32.5	33.4	26.5	24.8	14.9	18.8	23	6.7	9.8
总计	100	100	100	100	100	100	100	100	100

① 上海公共租界工部局. 上海公共租界工部局年报[N]. 上海：上海公共租界工部局，1938：89.

② 王慰祖. 上海市房租之研究. //萧铮. 民国二十年代中国大陆土地问题资料. 台北：成文出版有限公司，（美国）中文资料中心，1977：50218.

③ 王慰祖. 上海市房租之研究. //萧铮. 民国二十年代中国大陆土地问题资料. 台北：成文出版有限公司，（美国）中文资料中心，1977：50221.

表 5-5 体现的规律与表 5-3 颇为近似。凡食品支出百分数低、杂项支出百分数高的国家，生活水平必然较高，房租支出亦高，如澳大利亚、日本东京、美国；反之则是生活水平偏低的国家和地区，如印度孟买、埃及等，食品百分数高，杂项类低，房租百分数也低。在这 9 个国家和地区中，上海房租在生活费中所占的比例为中等水平，居第 5 位。

在上海公共租界工部局年报中，有 1926—1936 年上海工人生活费指数表，可以观察房租与其他生活费支出项目的变化趋势。以 1926 年为 100，1936 年指数：食物 96.65、房租 116.78、衣服 92.42、燃料与灯火 142.43、杂项 125.39。[①]其中，食物和衣服的指数有所下降，但变化不大，燃料与灯火一项明显升高，房租和杂项两个指数稳步上升，波动较小。

总之，随着工业化的进程和生活方式的改变，房租已成为生活费用中的重要部分，并且有不断增高的趋势。人们对房租的承受力有很大弹性，收入越低，房租在其支出中所占的百分比越大；而高收入者，房租支出的比例亦居高不下。这种消费结构的形成，为房地产业的发展提供了较大的余地。

第 4 节　历史上的"二房东"现象

虽然中下阶层人口构成了住宅承租人的主体，但房地产商却不愿为这些阶层提供住房。原因很简单，一般房地产企业投资建房时，往往出于感情、审美、技术、经济核算、社会影响等多种考虑，愿意兴建中上阶层所需住宅。因为房地产投资周期长，地价高，建造低档住宅显然是不合算的。然而，当中上等住宅供过于求，获利渐微，而低档住宅供不应求时，房地产商仍不热心投资低档住宅，原因在于：房

---

① 上海公共租界工部局. 上海公共租界工部局年报[N]. 上海：上海公共租界工部局，1938：93.

地产商一般不愿以低收入阶层为客户，恐招致管理房屋方面的纠纷，得不偿失；政府常常以各种特殊法令保护贫弱房客，房东利益受到干预，致使低档住宅奇缺，租金偏高，供需矛盾突出。

"二房东"作为房屋租赁关系中的特殊现象，就是在这样的背景下出现的。

上海房地产商所建住宅，大部分是里弄房屋，一般为联排二层楼房，每幢分割为若干小院，每院一楼一底，有客堂、卧室、厨房等，是为一家人单独居住设计的，每个院落独门独户，因此常以院为出租单位。天津的商品房屋大多为平房里弄，每院为一个居住单元，供一家人租用。广州、汉口、厦门的情况也类似，兼有楼房与平房两种住宅建筑形式。

民国以后，城市人口逐渐增多，地价、房租日益昂贵，一般人没有能力租下整个院落，房主又不愿将房屋分开出租。于是，便有人想出了两全办法：由承租人出面将整个院子从大房东那里包租下来，自己住一部分，其余房间再分别租与他人。这样的承租人就被称为二房东，他的租户成为三房客，形成了"大房东—二房东—三房客"的租赁关系。一开始，这样做的目的是既减轻二房东自身负担，又满足财力微薄的小租户的住房需求，不存在从中牟利问题，只是一种化整为零的租赁形式。随着岁月的推移，低档住宅供求矛盾的尖锐化，使二房东演化成大房东之外盘剥房客的中间经营者。

二房东首先要将自己承租的建筑稍加改造，创造更多的居住面积。1937 年公共租界工部局调查居住状况委员会报告说，为了增加居住面积，原有的里弄住宅几乎都被改建过。遮盖天井，将客堂分成两间，再搭上阁楼，屋脊倾斜处也改成阁楼，阳台改成房间，使室内居住面积增加了 50%，原设计为一家人居住的 1 幢房屋，可分租给 4—9 户人家。抗战后，此风愈演愈烈，上海竟有人将 2 层楼房改成 4 层楼房，搭建 9 处阁楼，使原来的使用面积增加了 150%。[1]人们形象地称这种

---

① 上海市政协文史资料研究委员会. 旧上海的房地产经营[M]. 上海：上海人民出版社，1990：44.

住房为"白鸽箱"。

二房东投资数百元将房屋改建后分租出去，起初的盈利可以冲抵自己的房租支出，后来在房荒严重时，二房东奇货可居，不断提高租金，不仅白住房屋，一家人还可依赖这幢房屋转租盈利维持生活。上海长寿路91弄2号楼房1幢，1944年4月至1945年4月期间，二房东每月向大房东付房租134元，而对居住在这幢楼内的占全部面积1/6的亭子间和灶披间的三房客，则每月收租金180元。有的二房东盈利甚至相当于向大房东所付房租的几倍。

上海是二房东现象最严重的城市。据中华人民共和国成立初期典型里弄调查，在抗战前迁入的383家住户中，由二房东手里租房的占67%；在抗战中迁入的1,198户中，占76%；在1948年迁入的568户中，占84.8%。以房屋类型看，二房东经营旧式里弄的占90%，新式里弄的占44%。根据1952年调查估计，上海约有二房东13万户。①天津、广州、汉口、厦门等城市，二房东现象亦普遍存在，有的地方甚至还有三房东。1945—1949年，此风尤为严重，造成房租奇昂，租赁关系十分混乱。

在城市化初期，当大量人口急剧涌入城市时，住房短缺，特别是低档住宅极度紧张、条件恶化的现象，在东西方各国都是存在的。因此，二房东现象有其客观的历史原因。从短时间来看，它充分挖掘了已有住房的供给潜力，为更多的居民提供了栖身之所，提高了城市的容纳能力；但从长时期来看，它造成的中间剥削、租赁关系非正常化，又是造成社会不安定的原因；并且从建筑设计的角度看，二房东的分租与非法搭盖改建，对房屋超负荷使用，加倍磨损，实际是对建筑物乃至社会环境的极大破坏。对整个社会来说，是不经济的。

中华人民共和国成立后，二房东逐步被政府取缔。改革开放之后，这一现象又开始出现，应引起社会关注。

---

① 上海市政协文史资料研究委员会. 旧上海的房地产经营[M]. 上海：上海人民出版社，1990：48.

第 6 章　金融业的渗透

在当前的用地制度与住房制度改革过程中，房地产业与金融业的关系日益引起关注。实际上，中国房地产业从诞生时起，就与金融业有着不解之缘，没有自由的金融市场，就不可能实现房地产的商品化。

房地产业与金融业的密切关系，这是由房地产商品的特性决定的。房地产商品占用资金量大，生产、流通、消费周期长，企业和个人的财力难于支撑，需要依靠金融业的支持，而房地产商品的耐久性和使用中增值的特性，对金融业亦有强烈的吸引力。资金运用的主要方式是贷款和投资，保障资金的安全、尽可能避免贬值是关键。有房地产作抵押，投资安全就能得到保障；而正常情况下，房地产的增值率高于货币贬值率。因此，金融业也乐于以直接投资的方式，购置或开发经营房地产，使资金保值、增值。中国房地产业的发展，正是金融业与房地产业相互依存、相互促进的结果。

第 1 节　抵押贷款

抵押贷款是金融业与房地产业联系的最普遍的形式，是一种间接投资。本书第 4 章介绍房地产业的经营方式时，也提到抵押贷款，是指外国房地产商运用资金的一种形式，本章特指银行业发放的抵押贷款。

抵押贷款是土地资产投资的主要方式，是土地使用者或开发者为长期购买或租赁、开发土地而举债，将土地所有权作为担保品，暂时转让给债权人，债务一经还清，所有权又回到债务人手中。对于土地使用者和开发者来说，既可以贷到巨额资金，又可以保留财产；对于银行来说，接受土地为抵押品，不但能避免贷款受到损失，还能得到投资收益。

外国银行在中国吸收存款的范围较宽，放款的范围较窄，主要针对外商企业。但仅就房地产业来说，几乎所有的银行都有涉足，而且每家外国房地产公司的背后，往往都有外商银行做后盾。1936 年外国银行在中国占有的房地产合 13,265 万元；8 家英商地产公司在银行的透支达其资本额的 54.5%，3 家美商房地产公司在银行的透支达其资本额的 89.7%。①有的银行，如英商沙逊银行，完全是用土地投机的利润创办的，它所占有的地产占该行总资产的 75%。外资银行投资土地的最主要方式就是通过抵押贷款。上海的外资银行，如汇丰、花旗、东方汇理等，经常受理外国房地产商的抵押借款业务。汇丰银行放给业广地产公司的抵押贷款数额巨大，1935 年达 900 余万银元。中国建业地产公司 1921—1928 年的借款，最低额为 284 万元，最高时达 1,115万元。②1936 年左右，上海外国房地产商在 14 家外商银行抵押的房地产值达 12,128 万元。相当于这些银行货物抵押价值的 1.47 倍。③本书第 2 章曾介绍的上海著名大地产商哈同，正是靠抵押贷款来扩大产业的。

由于外商银行一般不直接承押中国人的产业，它们向华商房地产企业的放款，是通过外国房地产商对中国银行和钱庄来做转抵押的。外国房地产公司向银行借款利息为 5—6 厘，转手贷给中国人时，利息在 8 厘以上。由于贷放款数额很大，使外国房地产企业在某种程度上具有金融机构的作用（关于外国房地产企业抵押贷款，详见第 4 章）。

上海华资银行和大钱庄也十分热衷房地产抵押贷款。1906 年福康钱庄的房地产抵押贷款 36,500 两，占其抵押贷款总额的 11.5%。20 年代，这个比例增加到 20%左右。30 年代后，除 1938—1939 年受战争影响房地产业不景气外，一般占 50%左右，1936 年占 68%，1943—1944年高达 97.3%。④可见，抵押贷款已成为上海金融界十分普遍的业务。

---

① 日本东亚研究所. 列国对中国投资概要[M]. 实业之日本社，1944：28，37，65.
② 张仲礼. 近代上海城市研究[M]. 上海：上海人民出版社，1990：448.
③ 日本东亚研究所. 列国对中国投资概要[M]. 实业之日本社，1944：333.
④ 中国人民银行上海分行. 上海钱庄史料[M]. 上海：上海人民出版社，1960：780-783.

本书第 1 章提到"道契"就是在这样的背景下成为最受欢迎的抵押品。

1934 年上海房屋公会在"呈市参议会意见书"中载："上海地产房主与内地完全不同，内地业主必有余财，方能置产，贻之子孙，世守其业，且契税较重，转移较少。上海则完全营业性质，以三四成之垫本，即可购置产业，向中外行商抵押六七成之借款……今以 30 万万之总数（此为美商普益地产公司 1933 年估计上海全市房地产总值；其中，地产价值 10 亿元，房产价值 20 亿元。见第 2 章第 1 节）。除少数中外业主及各银行所置产业不需抵押外，其余散户至少占 2/3，平均作六成抵押，已需 12 万万元之银根，此 12 万万元借款，无非摊在上海中外行商。"[①]上述对房地产抵押贷款总额需求的估计，从一个侧面证实了抵押贷款对上海房地产业的重要作用。

金融业对房地产业的抵押放款在其他大城市也很普遍。南京的银行界，不是直接投资于土地，就是专做土地抵押。南京益昌地产公司的资本额只有 12 万元，它能经营 60—70 万元的业务，全靠浙江兴业银行作后台。因此，它押进的地产，大部分转押给了浙江兴业银行。[②]汉口的中外金融机构，如东方汇理银行、义品银行、汉口邮政储金汇业局、大陆银行、中南银行、四明银行、交通银行、湖北官钱局等，都有较大的抵押贷款业务。其中，湖北官钱局所拥有的 332 栋房产中，因抵押而取得产权的有 285 栋，占 85.8%，自建的房产只占 1.8%。[③]

第 2 节　自产投资

除了抵押贷款外，银行还向房地产业直接投资，扩大自有资产。其原因一是为资金谋求一条既保值又盈利的出路。在近代社会经济不稳定的情况下，投资工商业的风险更大。因此，银行往往将有价证券

---

① 上海市年鉴委员会. 上海市年鉴（民国廿四年（1935 年））[M]. 上海：上海市通志馆，1935：B6-7.

② 高信. 南京市之地价与地价税[M]. 南京：正中书局，1935：68.

③ 高尚智，陈德炎. 武汉房地产简史[M]. 武汉：武汉大学出版社，1987：39.

和房地产作为投资对象。二是为提高商业信誉和社会地位。在竞争激烈的银行业中，是否拥有房地产关系到银行的信用地位。大银行往往以拥有一些知名的建筑物来显示其资产雄厚，以此为招揽顾客的宣传手段。

20世纪二三十年代，是金融业和房地产业的兴盛时期，也是金融业向房地产业投资最为集中的时期。

在华资创办的银行里，"南三行"（浙江兴业银行、浙江实业银行、上海商业储蓄银行）和"北四行"（金城银行、盐业银行、大陆银行、中南银行）对房地产业的投资比较集中。浙江兴业银行，是华资银行直接经营房地产业务较早、规模较大的一家。1928年，该行开始建造住宅出售，1930年1月正式拨款50万元，设计"信托部"，经营房地产业务，包括自建出售、出租、代理保管、收租、设计等，在上海金融界，浙江兴业银行以房地产业务最大著称，成为金融界的房地产大王，至40年代末，已拥有近千幢房屋，占浙兴银行总资本的70%以上。[①]

四行储蓄会是对房地产业影响较大的投资大户。该会由"北四行"联合集资于1923年成立，其目的是利用四行联合的名义，更多地吸收社会闲散资金。该总会设在上海，并在南京、天津租界、天津宫北大街、北平、汉口等地设有9个分会。1923—1936年，四行储蓄会各项储金总额达9,000余万元，成为当时中国最大的储蓄银行。

20世纪30年代后，由于农村经济凋敝、游资大量流入城市，而民族工商业处境不保，为了给资金寻找出路，银行对房地产业增加投资。四行储蓄会在上海、天津的租界及汉口等地购买土地，建筑一些写字楼、仓库、公寓和住宅。影响最大的是兴建上海国际饭店。饭店大厦由四行储蓄会投资，匈牙利建筑师邬达克（L. E. Hudec）设计，中国馥记营造厂承建。历时22个月，耗资500万银元，于1934年6月竣工，12月1日开业。建筑高度83米，共24层，保持"远东第一高楼"地位达30年，作为上海第一高楼达50年之久。半个世纪以来，

① 中国人民政治协商会议上海市委员会文史资料委员会. 上海文史资料选辑：第60辑[M]. 上海：上海人民出版社，1988：112.

无论建筑外貌与内部装饰，仍保持当年庄重大方、富丽堂皇的风格，成为上海金融界和建筑界的骄傲。大厦的建成，对提高北四行的社会地位、吸收更多存款作用显著。

　　由于房地产业是一项专业性、技术性较强的投资，各银行都设有专门部门兼营，从 20 年代末开始，许多银行成立了信托部，专门负责房地产经营。如四行信托部制定了不动产信托规则，包括代理买卖、代理租赁、代理执业、代理建筑等事项。其他如上海商业储蓄银行、新华信托储蓄银行等，都有订购住宅、建筑贷款等具体规定。陕西省银行 1935 年设立了房产储蓄部及住宅信托部。1936 年成立的西北通济信托公司，房地产投资兴建和买卖占该公司全部营业额的 70%。[①]如表 6-1 所示。

表 6-1　1927—1937 年四行储蓄会投资结构[②]

单位：元、%

年份	各项放款		有价证券		房地产器具		其他资产	
	金额（元）	百分比	金额（元）	百分比	金额（元）	百分比	金额（元）	百分比
1927	13,629,353	53.62	5,805,038	22.84	38,102	0.15	1,777,711	7.00
1928	14,720,495	46.85	9,776,153	31.12	76,547	0.15	2,530,161	8.05
1929	14,251,380	35.36	15,530,052	38.54	352,383	0.87	2,868518	7.12
1930	17,407,528	30.85	23,966,689	42.47	1,498,681	2.66	5,444,548	9.65
1931	22,109,941	28.59	25,585,885	33.09	5,855,795	7.57	11,743,295	15.19
1932	11,312,162	13.89	25,204,207	30.93	7,296,015	8.96	12,062,073	14.80
1933	12,224,050	13.75	34,009,994	38.24	8,798,509	9.89	3,918,161	4.41
1934	18,595,102	15.68	42,524,244	35.86	10,406,481	8.78	8,081,353	6.81
1935	20,695,427	15.96	35,183,526	27.13	9,310,679	7.18	23,945,391	18.46
1936	25,735,629	25.26	25,377,061	24.91	9,101,664	8.93	8,725,375	8.57
1937	24,977,591	21.39	27,435,254	23.50	9,039,303	7.74	23,521,792	20.14

　　注：根据四行储蓄会有关各年决算表整理。

　　① 马洪，孙尚清. 金融知识百科全书：下册[M]. 北京：中国发展出版社，1990：2262.

　　② 中国人民银行上海分行金融研究室. 金城银行史料[M]. 上海：上海人民出版社，1983：305.

　　除南三行、北四行之外，四明、国货、新华、中国、中孚、广东、通商、中国实业、聚兴城等银行都在大城市投资房地产，兴建的建筑常常用行名命名，如汉口的四明大楼、盐业大楼、金城大楼、金城里、大陆村、大陆坊、中孚里，以及西安的通济坊、上海的四明新村、上海新村等。

　　金融业面向房地产业的直接投资，相对集中在少数几个大城市。1927年国民政府定都南京，使许多银行的总行由天津迁往上海，天津地价从此一蹶不振，增长速度缓慢，而上海、南京情况正好相反。1935年，各大银行在南京收买土地，均在百万元以上，其中绝大部分是在1929—1931年间购置的。上海的情况更加突出。1932年，全国157家银行，有67家在上海，天津12家，重庆、北平各7家，汉口只有5家；实收资本额共27.4千万元，上海一地占47%，天津占10%，重庆、北平、汉口各占2.7%、2.4%、1.3%。[①]抗战初年，各大银行迁往重庆，过于集中的资金又不得不在房地产业寻找出路，对重庆地价形成较大冲击。

　　总之，华资银行中直接投资房地产的主要是商业储蓄银行。1934年，全国34家商业储蓄银行（四行储蓄会除外）运用资产总额24,632万元，其中抵押贷款占24%，有价证券占22%，现金及银行往来占50%，房地产只占4%。[②]除去办公用房及职工宿舍，作为商品房的投资并不多。

　　1934—1936年，全国华资银行保有房地产器具约在1.2亿元至1.5亿元以上。如表6-2所示。

①　张郁兰. 中国银行业发展史［M］. 上海：上海人民出版社，1957：68.
②　王志莘. 中国之储蓄银行史［M］. 北京：新华信托储蓄银行，1934：284.

表 6-2　1934—1936 年华资银行房地产器具估值[①]

单位：元、%

类别	1934 年	%	1935 年	%	1936 年	%
中央及特许银行	22,503,974	18	26,874,833	19	41,095,925	27
省市立银行	7,528,585	6	16,162,863	12	12,006,1681	8
商业储蓄银行	59,421,502	47	63,216,083	5	58,676,709	39
农工银行	6,825,369	5	5,499.117	4	5,947,994	4
专业银行	6,962,543	6	7,902,516	6	8,884,281	6
华侨银行	22,052,318	18	19,352,971	14	24,092,719	16
共　计	125,294,291	100	139,008,383	100	150,703,796	100

由表 6-2 可以看出，在各类银行中商业储蓄银行的房地产保有份额最大，占 40%上下。其次为中央及特许银行（交通银行、中国银行、农民银行），占 20%—30%。不过，这两类银行，特别是中央银行及特许银行由于分支机构较多，所以，保有的房地产一部分为营业用房。华侨银行分支机构较少，所以其保有的房地产绝大部分可以视为投资性房地产。

各类银行房地产一项总投资额占银行资产总额比例 1934 年为 3%，1936 年为 2%。而同期全国银行有价证券投资大约在 5 亿元上下（其中大部分为国债），加上已列入兑换券准备金项下的另一部分公债，共计 10 亿元以上。整个银行业有价证券的投资额与总资产额的比例 1934 年为 23%，1936 年为 14%。1936 年有价证券与房地产投资额的比例为 6.6∶1。[②]

关于外资银行对中国房地产业的直接投资，日本人估计 1936 年外资银行在华财产中，放款占 46.8%，有价证券占 28.6%，外汇占 10.7%，不动产占 7.0%，现金及其他占 6.9%，依照这个比例计算，有价证券

---

① 中国银行经济研究室. 中华民国二十六年全国银行年鉴[M]. 中国银行经济研究室, 1937: A54. 注：房地产器具系指房地产以及附属设备用具。其中附属设备用具有时单列，有时与房地产混列，其价值与房地产价值相比甚微。

② 中国银行经济研究室. 中华民国二十六年全国银行年鉴[M]. 中国银行经济研究室, 1937: A54-55.

投资 16,000 余万美元，不动产投资大约为 4,000 万美元。[①]其中包括外国银行的营业用房。

同年，华资银行不动产投资仅占其总资本额的 2%，大约 5 亿元法币，折合 14,750 万美元。[②]投资绝对数额比外资银行略高，但在自有总资本中的比例则比外资银行小 2/3 以上。考虑到华资银行的分支机构要比外资银行多，营业用房占的比重大，直接投资部分的相对比重会更小。

总之，近代中国金融业对房地产的投资状况可概括为：

第一，少数大银行投资多，一般中、小银行投资少。商业储蓄银行、中央及特许银行和华侨银行投资多，专业与地方银行投资少。

第二，在贷款以外的投资项目上有价证券比房地产投资大得多。有价证券主要是指公债，但也包括很少一部分为外商房地产公司发行的股票和债券。

第三，投资时间相对集中在 30 年代初至抗战初期。这一时期其他行业不景气，使资金向房地产业涌流，形成银行业投资方向的变动，助长了房地产投机。

第四，投资地点集中在几大城市，尤其是上海租界。其他地区投资比例很少。这种投资分布状况是造成房地产业发展不平衡的直接原因。

第五，近代中国银行业通过抵押贷款，普遍涉足房地产业，并且以信托部等机构直接兼营房地产，但始终没有分离出独立的房地产金融机构。对房地产业的直接投资十分有限，主要还以抵押贷款作为融资手段。购买房地产公司的股票和债券的间接投资已经出现，但比重很小。

金融业与房地产业的关系，还涉及利率对地价的影响。按照马克思的地租理论，土地的价格就是地租的资本化，具体计算公式为：土地价格＝地租÷利息率，即一定年数的地租总额。实际上，由于投资

----

① 根据资料推算。吴承明. 帝国主义在旧中国的投资[M]. 北京：人民出版社，1955：155.

② 按 1936 年 11 月平均汇率 100 法币＝29.5 美元折算，见《银行周报三十年纪念刊》，银行学会编印，1947 年，第 522 页。

土地要比在银行存款复杂得多，需要投入相应的管理成本，所以，土地纯收益应比利息率略高。从理论上讲，土地价格与土地纯收益成正比，与利息率成反比。但实际生活中，土地纯收益与利息率并非固定不变，有时两者同增同减，有时一增一减，由于有多种因素参与，两者对地价的影响并不像理论推导那样显而易见。

1931 年以后，因"九·一八"事变及农村经济衰落的影响，天津物价指数及生活费指数渐渐下降，而地价则于 1931 年后渐趋上涨，主要原因就是市面游资充斥、利率低落。汉口一般利率 1928 年为 0.1‰，1932 年为 0.05‰，1933 年为 0.16‰，利息率高涨的年份，正是汉口地价狂跌的时期。[①]

有时资金的充裕并不导致利息率的明显下降。为安全起见，金融界宁愿另谋资金运用途径，也不肯降低利率，许多华资工商企业因为负担不起高额利息而倒闭。而银行将房地产作为投资目标的结果，使地价也因供求关系紧张而增高。在个别时期和地区，地价与利息率均呈上升趋势，两者的负相关关系只能在上升率的差别之间寻找。

第 3 节　侨汇的作用

在中国房地产业的成长过程中，曾经借助了一项重要的金融支柱——侨汇。侨汇即为海外侨胞通过金融机构汇回家乡的资金，其中一部分用于投资。尤其在东南沿海地区，侨资至今仍在家乡建设中起着重要作用。

一、华侨投资原因分析

主观因素，即华侨投资不同于其他外来投资，感情与心理因素影响很大。

---

① 梅光复. 汉口市地价之研究. //萧铮. 民国二十年代中国大陆土地问题资料. 台北：成文出版有限公司，（美国）中国资料中心，1977：44721.

首先，侨胞深受中国传统文化的影响。经过几千年历史衍生而成的、具有强烈的凝聚力和同一性的民族传统文化，是他们挚爱宗邦、造福故园的情感渊源。他们常常怀有"长安虽好，终非久居"的心理，落叶归根的观念十分浓厚。所以，投资国内房地产业，一可光宗耀祖，繁荣乡梓，二可为来日回归祖国做物质准备。

其次，血缘关系的纽带，也是吸引华侨投资的重要因素。许多侨胞只身一人漂泊海外，家眷大部分留居祖国，20 世纪 20 年代，北美洲和东南亚国家的排华浪潮，使侨眷很难移居国外，因此，大批侨汇便用来购置产业，慰藉侨属。

最后，华侨投资房地产业最为简便稳妥。既可以避免商业投资的风险与管理方面的麻烦，又可取得固定的房租收入，作为告老还乡时的生活保障。

客观因素上，即投资环境，也是吸引侨汇的一个重要方面。

1. 侨汇政策。近代中国在利用侨资的政策方面有过成功的尝试。广州并不是侨乡，只是一个华侨进出口岸和侨汇集散地。它所以能成功地借助侨资发展房地产业，与其在投资环境上所做的努力密不可分。为了鼓励和保障华侨投资，从 20 年代末至 30 年代初，广东当局颁布了各项法令，包括按投资金额大小给予不同等级的奖励，保障治安、免除一切地方税收、便利交通运输、子女免费入学、降低地产税等各种优惠政策。国民政府于 1929 年 2 月 22 日公布了《华侨回国举办实业奖励条例》。

2. 地方经济与市政建设。二三十年代广州华侨房地产业的全盛时期，与广东经济发展的黄金时期相吻合。这一时期，地方工业的初兴、城乡交通的改善、商品经济的发展，构成了吸引侨资的经济背景。同时，从 20 年代初开始，广州、厦门进行了大规模的市政建设，为侨资投入房地产业创造了较好的投资环境。

二、华侨投资房地产业的特点

1. 投资总户数多，每户平均投资额少。华侨资本具有"量少而分散"的特点。海外侨胞中拥有资产者不到 10%，而工人、小商贩、店员、职员、医生等占90%以上。所以，每份投资平均仅为1万多元。[1]
这也是侨资在其他行业缺乏竞争力的原因之一。因此，形成大批房地
产小业主。

2. 投资地点集中在东南沿海城市，尤其在广州、汕头、海口、江
门、厦门几处。因广东和福建两省其他地区治安混乱，匪患频仍，加
剧了向沿海地区集中的投资趋势。上海侨资房地产极少，主要是因为
上海租界地价过高，华侨一般无力购买，且租地造屋的租期最长 30
年，没有永久财产权，所以对一般华侨吸引力不大。华侨对上海工商
业投资较多。南京路最著名的先施、永安、新新、大新四大商场都是
华侨巨商兴办的。

3. 投资时间集中在 1927—1932 年。几乎 60%—70%的华侨房地
产是在此期间投资的。原因是第一次世界大战后，华侨资本有了一定
的积累，1929 年的世界经济危机首先波及西方国家，侨资为了寻找出
路，被迫转投国内。1929 年后，"金贵银贱"的风波也迫使侨资利用
房地产保值。其他时期则投资较少。

三、华侨投资的规模

1862—1949 年全国华侨投资国内企业总额约人民币 7 亿元（1955
年币值），若折合抗战前银元尚不足 3 亿元。[2]这个数额与 1936 年外
国人在华 26 亿美元的投资以及四大家族 100 多亿美元的巨大财富相
比，显得微不足道。

在这 7 亿元里，按地区分布，以广东、福建、上海 3 处为主，按
行业结构，房地产占总投资额的 42.24%，商业占 15.6%，工业占
15.05%。工商业投资主要集中在上海，房地产投资集中在广东、福建
（广东 52.6%，福建 45.5%）的城乡，其中广州、汕头、江门、海口、
厦门占全部华侨房地产投资的 82.9%。[3]而且，投资中的绝大部分是在

---

① 林金枝. 解放前华侨在广东投资的状况及其作用[J]. 学术研究，1981（5）：45-51.

② 参照中国工商行政管理局的计算方法，战前 1 元=1955 年人民币 2. 45 元计算。转引自林
金枝. 近代华侨投资国内企业史研究[M]. 福州：福建人民出版社，1983：17.

③ 林金枝. 近代华侨投资国内企业史研究[M]. 福州：福建人民出版社，1983：19-21.

1929 年世界经济危机前后的短短五六年间投入的。

广州作为华南政治、经济、文化中心，以其港口城市的地理优势以及相对完善的市政基础设施和优惠政策，吸引众多侨资投入房地产。在投入广州市的 1.45 亿元人民币中，房地产占 74.41%，达到 1.08 亿元。①根据 1959 年广州市房地产管理局档案资料统计，华侨及其侨眷投资房地产共 7,580 户，共有房屋 10,854 幢，面积 171 万平方米。若把登记遗漏的数字加进去，华侨及侨眷拥有房屋占广州私产房屋总数的 25%左右。②

福建省华侨投资总额约为 1.4 亿元人民币，其中房地产投资额占 60%，而且主要集中在厦门一地。厦门市区和鼓浪屿公共租界数十条街道的房地产中，估计华侨投资占 70%。③20 世纪 30 年代厦门全市（包括鼓浪屿）共有私有楼房 10,000 多幢，其中华侨所有的 5,000 多幢，近 140 万平方米，数量也相当可观。④

四、华侨投资的作用

侨资房地产对广东、福建房地产业的发展起了十分重要的作用，不仅解决了侨眷的住房问题，而且为社会提供了充足的商品房屋。以广州为例，1923—1937 年华侨在广州兴建的房屋有 7,206 幢，按使用功能划分，其中住宅为 3,388 幢，店铺为 2,441 幢。接管理方式划分，自用房屋 633 幢，占 8%；分租、出租用房 5,366 幢，占 74%。说明这一时期投资以经营性产业为主。⑤

侨资对于房地产业的贡献，还体现在一批专业性华侨房地产企业的形成。1926—1937 年，华侨在厦门和鼓浪屿成立的房地产公司有 21 家，其中，采取股份制、合资形式的有 15 家，资本在 50 万元以上的

① 广州市房地产管理局. 广州房地产志[M]. 广州：广东科技出版社，1990：2.

② 林金枝，庄为玑. 近代华侨投资国内企业史资料选辑：广东卷[M]. 福州：福建人民出版社，1989：689.

③ 林金枝. 近代华侨投资国内企业史研究[M]. 福州：福建人民出版社，1983：84-85.

④ 厦门市房地产志编纂委员会. 厦门市房地产志[M]. 厦门：厦门大学出版社，1988：123.

⑤ 林金枝，庄为玑. 近代华侨投资国内企业史资料选辑：广东卷[M]. 福州：福建人民出版社，1989：703-704.

有 5 家。[①]1949 年前，广州的 22 家置业公司，绝大多数也属侨资。

华侨投资的建筑，一般式样新颖，质量较好，钢筋水泥及砖木结构的楼房占绝大多数。除住宅外，商店、菜市场、戏院等公共设施建筑也占一定比例。1937 年在广州落成、被誉为岭南最高建筑的爱群大厦，就是华侨集资的。华侨投资房地产业，对改善广州、厦门城市面貌起了举足轻重的作用。

应该指出，近代中国华侨投资在侨汇中仅占很小的比例。1864—1949 年的 80 余年中，全国侨汇折合约 35 亿美元，而同时华侨投资各业总额约为 1.28 亿美元，仅占侨汇总额的 3.56%。[②]按照房地产业占总投资的 42.24%计算，相当于 0.54 亿美元，占侨汇总额的 1.54%。侨汇的绝大部分用于侨眷的日常消费，其中用于自用房屋的占侨汇总额的 20%，即约 7 亿美元。因此，解决自用房屋仍是华侨置业的主要目的，但自用房地产的购置对于华侨聚居的城市来说，也是推动当地房地产业和城市建设的巨大力量。这类自产自用建筑的出现，是房地产商品化的结果，也是房地产产业结构的重要组成部分。

遗憾的是，更多的侨资并没有流回国内。近代中国社会经济、政治动荡不安，动摇了华侨回国投资的勇气，已经投资的华侨企业抗战后的结局也异常悲惨。历史证明，能否提供一个安定的社会环境和优惠的政策保障，是吸引海外华人资金的关键。

---

① 厦门市房地产志编纂委员会. 厦门市房地产志[M]. 厦门：厦门大学出版社，1988：125.
② 林金枝. 近代华侨投资国内企业史研究[M]. 福州：福建人民出版社，1983：95.

第7章 看得见的手——政府的干预

众所周知，自由的市场经济不能妥善地解决所有问题，因此，政府在经济生活中扮演着越来越重要的角色。特别是土地经济运行的特点及其所需的客观条件，与政府职能有着密切的联系。所以，政府在这一领域的作用尤为显著。

第一，土地供给的稀缺性与私人垄断性，使不动产市场的竞争是不完全的，不能充分地解决土地合理配置的问题，公众利益必须借助不动产法律、税收政策，城市规划、直接投资等政府干预来实现。

第二，基础设施以及治安、防疫、消防、教育、文化等公益事业是房地产业发展的必要条件，而这些内容恰恰属于政府职能范畴。

第三，土地的不可移动性，使土地利用对其所处环境有很强的依赖性，具有浓郁的地方色彩。所以，对土地市场的干预，主要是由地方政府决策的，尤其是各城市政府的作用具有相对独立性。

近代中国城市功能的转化过程是在外力推动下的突变过程，政府的主观能动作用尤为关键。历史事实证明，诸多沿海沿江开埠城市的行政机构（无论是租界还是华界），都没有放弃这一机遇和挑战。

第1节 直接投资与基础设施建设

地方政府对于土地最大规模的直接投资，莫过于基础设施建设，即包括供水供电、公共交通、道路等项目。在一个城市或社区，基础设施越完善，其地区的经济效益就越高，土地投资的吸引力就越大，土地集约化的程度就越高，从而带动土地增值和土地利用率的提高；反之亦然。因此，基础设施的水平往往成为房地产业发展的前提条件和制约因素。

第 2 章第 3 节、第 4 节曾经提到广州、厦门房地产业发展中基础设施建设的重大作用。这种作用，在天津租界的建设过程中也同样十分明显。

天津城市建设的突出特色是疏浚海河与填垫洼地的巧妙结合。天津地势低洼，河床高于地面，雨水积于洼地或沟池，久之，形成许多沼泽。传统社会遗留的老城区外几乎全被沼泽地包围，划为各国租界的大部分土地就是这种沼泽地。1890 年《中国时报》上刊有一位牧师的记载："将要成为英国租界的地方是一片菜地，在现今中街（今解放路）的一段偏西一点是一丛破烂不堪的土坯房屋；从那儿到海大道（今大沽路）主要是一些高粱地、池沼和一些坟地。"[①] "需要进行填平工程的地点，像前面所说那样的沼泽地或低地，有数百年沉积的污水或污秽之物，放出不可言状的恶臭。"[②]连占地较少的意租界情况也不例外。"在 1901 年当租界租与意大利政府时，这个占地 700 亩的租界地是一个破烂不堪的中国村庄，四周全是浅的臭水坑、空地和垃圾堆……该租界的平均地面比天津任何租界都低，在某些地方甚至比目前地面低 20 英尺。"[③]显然，将这样的荒地改造为建筑地段，需要进行大规模的投资。这是租界建立之初摆在其行政当局面前的一大难题。

与此同时，海河的状况也并不乐观。海河是一条多功能的深水河道，是天津与海外贸易的通道。在塘沽新港建成之前，作为一个靠外贸起步的港口城市，海河的通航能力一直是维系这种经济地位的保证。海河上游水土流失，带来了大量泥沙，而海河河道的弯曲度很大，抵消了水流的冲刷作用，结果形成严重的淤塞。1896—1897 年，出现了最为严重的情况，在一些河段，水深仅仅 1.5—1.8 米；有的码头附近，水深也只有 2.13 米左右。"一切货物都不得不用驳船从河坝上运出运

---

　　① 雷穆森《天津——插图本史纲》，转引自天津市历史研究所. 天津历史资料：第 2 辑[M]. 天津：天津社会科学院历史研究所，1964：21.

　　② 中国驻屯军司令部. 二十世纪初的天津概况[M]. 侯振彤，译. 天津：天津市地方史志编修委员会总编辑室，1986：28.

　　③ 雷穆森《天津的成长》，转引自天津社会科学院历史研究所. 天津历史资料：第 10 辑[M]. 天津：天津社会科学院历史研究所，1981：69.

进，日益拖延，遭到损坏和盗窃的损失"。①对港口运输造成严重威胁。

1901 年，由驻津中国官方及各国租界官方代表为主成立了国际管理海河委员会——海河工程局，并在抗战前的三十多年间，对海河进行了不断的治理。首先进行的工程就是将过分弯曲的河道裁直。经过 1902—1923 年的六项裁弯工程，共开挖土方 828 万立方米，使金钢桥至大沽口之间的海河干流由 100 公里缩短为 74 公里（缩短四分之一），航行时间也减少了一小时。裁弯后的河道发生了显著变化，河床拓宽、变直，河水冲刷力量加大，河道普遍加深，使船舶吃水量增加。"到 1924 年，一个空前的航运年，有 1,502 艘舰船到达这个口岸，其中 1,311 艘到达天津租界河坝，最大的吃水量为 17 英尺 6 英寸（约 5.36 米）"。②

裁弯工程从海河挖出的淤泥，被用来填平租界低洼的土地。填平工程以英租界最为出色。先用气泵将污水排除，然后在确定地点四周筑起高于所需要地面的土墙，海河工程局通过管道，把治河挖出的淤泥吹送到低洼地区，注入土墙内的池子里。水分消失后，堆积的泥沙将该地面垫高。每当一块地填满，再注入另一块。"用气泵把从港口掘出的泥土灌入英、法、德及日租界的大片洼地，使之高出洪水时的水面。1912 年到 1921 年底，这样处理了大约 170 万方泥土"。③海河吹填泥土量占挖泥量的 90%，即有 1,500 万立方米。目前天津的中心市区（包括河东区、河北区、河西区及和平区）的地基大部分是经过吹填海河泥沙奠定的。如填入英租界的泥沙为 520 万立方米，平均垫高 1.4 米，德租界填入 181 万立方米，平均垫高 2.6 米，④为道路、房屋建筑工程的开展创造了必要条件，为房地产业的发展奠定了物质前提。疏浚河道与吹填洼地相结合，是天津城市建设独具特色的开端（填垫后地价上升的情况，见第 2 章、第 8 章）。

早在 20 世纪 30 年代初，中国土地问题专家就强调：地上设施最

---

① 赵津. 租界与天津城市近代化[J]. 天津社会科学，1987（5）：54-59.
② 赵津. 租界与天津城市近代化[J]. 天津社会科学，1987（5）：54-59.
③ 天津海关十年报告书（1912—1921），转引自天津社会科学院历史研究所. 天津历史资料：第 13 辑[M]. 天津：天津社会科学院历史研究所，1981：57.
④ 中国人民政治协商会议天津市委员会文史资料研究委员会. 天津文史资料选辑：第 18 辑[M]. 天津：天津人民出版社，1982：34-35.

能影响地价者，莫过于修路。今天，西方土地经济学家仍在呼吁：政府的职责是为城市交通提供最好的条件。

因交通条件的改善引起地价上升的事例比比皆是。关于各地在道路和公共交通方面的变迁，本书第 9 章作为地价的影响因素将专门论述。

若论基础设施建设的均衡与超前，当推几个较大租界。租界当局虽然不能与政府的概念等同，但由于不平等条约的规定（第 1 章第 1 节），其实际职能与一般市政府的权力相仿，甚至更大。租界当局代表外商利益，要按照他们的意志建造一个符合西方生活水准的社区，享受西方的物质文明，如自来水、电力、煤气、公共交通、通信等设施，客观上引进了西方基础设施的建设与管理方式。从 1846 年开始，上海公共租界工部局就在界内修筑道路。1853 年以后，又开始越界筑路。一开始用砂石、碎石、煤渣铺路面，后来改为沥青、混凝土路面，同时在路边铺设排水暗沟，解决雨季积水。1861 年起，南京路、九江路、广东路等中心干道两边已出现了人行道，1865 年 12 月，第一批路灯——煤气灯在交通量最密集的南京路上点燃（1882 年后改为电气路灯），同年工部局还从附近农村买来清一色的小树间植于外滩江滨大道。从此，行道树成为道路设施的组成部分。工部局不断拓宽、取直、延长已有干道，增辟新的道路，建起连接道路的桥梁，以适应租界的发展。为了减少征地、拆迁的困难，工部局建议有关人员尽量利用界内房地产变动的有利时机，与业主谈判，"不管这些被让的地皮是多么小"。[1]

基础设施一直是工部局财政支出的大项。1932 年预算支出经费共计 15,537,220 两白银，其中工务费 4,079,100 两，占总支出的 26.3%。工务支出包括工务普通费、建筑、浚河、修沟、垃圾运费、灯火、公园等费用。临时费支出中修桥、河岸、各项建筑、道路、购机器、污水沟、码头等市政建设费用占 37.9%。[2]

---

[1] 1870 年度《工部局年报》，工务类。

[2]《申报》1932 年 4 月 3 日。

天津英租界也是设施最好的租界。1918—1937 年，英租界内共修筑道路 615,584 方码，设人行便道 161,677 方码，铺路边石 252,779 英尺。[①]1923 年 1 月，英租界工部局从英商手中收购了一家自来水厂，改名为"英国工部局水道处"。在该处管理期间，供水管道铺设的总长度为 50.57 公里。英租界总面积为 3.47 平方公里，供水干管每平方公里为 14.58 公里，普及率几乎达百分之百。当时墙子河（今南京路）西边住宅虽不多，但均已按照规划，在铺路之前将供水管道和消火栓埋设完毕，做到基础设施超前施工。[②]

一个城市的下水道工程系统完善与否，是该城市现代化程度的重要标志。天津英、法、日租界在建设初期对此就十分重视。到 20 年代，这 3 个租界普遍采用了 12—27 英寸逐级加宽的排水管道。污水及雨水从住户的屋内、路边的排水沟流入总管，从总管道一直流入排污河，总管出口处直径达到 5—6 英尺（1.5—1.8 米）。"这种现代化的、有效而且有利卫生的下水道工程将使墙外租界（指英租界今南京路以西的五大道一带）成为华北最适宜的住宅区之一"。[③]富于天津特色的"五大道"花园洋房住宅区，正是以这些设施为基础的。

马克思指出："英国在印度要完成双重的使命：一个是破坏性的使命，即消灭旧的亚洲式的社会；另一个是建设性的使命，即在亚洲为西方式的社会奠定物质基础"。[④]

租界所树立的范例大大推动了中国城市现代化建设的进程。租界与华界市政水平的强烈反差，使国人颇为不安，"行于洋场则履道坦坦，而一过吊桥（进入华界）便觉狭仄兼多秽恶""殊有天渊之隔"，因而提出了"如租界之法以治之"。[⑤]知耻奋进，上海公共租界路灯出现不久，华界绅商自发联名捐款，非要华界也装上路灯不可。

①《天津英国工部局 1937 年董事会报告暨 1938 年预算》。

② 赵津. 租界与天津城市近代化[J]. 天津社会科学，1987（5）：54-59.

③ 雷穆森《天津的成长》，转引自天津社会科学院历史研究所. 天津历史资料：第 10 辑[M]. 天津：天津社会科学院历史研究所，1981：62.

④ 马克思. 不列颠在印度统治的未来结果[A]. 马克思恩格斯选集：第 2 卷[M]. 北京：人民出版社，1972：70.

⑤《申报》1880 年 4 月 25 日、1883 年 3 月 10 日。

天津旧城的管理也开始发生变化。根据当时的直隶总督袁世凯1905 年 7 月 3 日发出的市区改革令,市内大街的房屋全部进行了改造。弯曲度很大的道路大多改成了直线。路旁植树、安装路灯,设排水道,并建立了一套管理规则,帮助市民树立公共观念。

汉口市政府专门派人到上海、南京、杭州进行市政考察,吸取经验,改进汉口市政设施。调查者对四个城市的道路、路基、路灯管理、公共交通规则及公共电、汽车经营等诸多项目进行了认真比较,针对汉口提出改进措施。当年意欲追赶上海租界的恳切心情,至今读来仍跃然纸上。

20 世纪 20 年代后,沿海沿江各大城市普遍开展了大规模的基础设施建设,其高潮与二三十年代出现的房地产业的发展高峰同步甚至略超前。凡是地价高,房地产市场活跃的城市,必是基础设施相对完善的城市,彼此间的差别也同比例。如果说有诸多影响地价因素的话,基础设施的影响无疑是最为直观的。

按照马克思的地租理论,对同一块土地的连续投资,其结果会产生级差地租 II。基础设施的效益恰在于此,由此带来的土地增值正是人类劳动价值的体现。

值得注意的是:无论是租界还是华界,市政当局对基础设施的投资都运用了商业化的经营手段。政府通过房捐地税,将土地增值的利益转化为财政收入,作为再投资的源泉,并向道路、桥梁的受益者摊派,实行有偿使用的原则。公用事业如水、电、煤气、电话、市内公共交通等,采用西方通行的招投标方式,出让经营特许权,政府保持控制权,从中享受各种经济利益。大型工程实行发行公债的集资方式,并通过严格的经济核算制度,尽可能杜绝浪费。甚至连垃圾都没有浪费,通过承包商出卖给附近农民从中获利。1910—1920 年间,上海公共租界工部局单是从垃圾处理这一项,年均获得 5 万美元的收入。[1]

---

① 罗兹·墨菲. 上海——现代中国的钥匙[M]. 上海社会科学院历史研究所,译. 上海:上海人民出版社,1987:189.

第 2 节 间接投资与软环境效益

政府在治安、消防、卫生防疫、行政管理、文化教育方面的投资与基础设施方面的直接投资相比，对地价的影响是间接的。但由于它有助于创造一种安全、文明、舒适的工作和生活环境，对房地产业的影响亦不可低估。

人们对不动产投资时，首先考虑的就是财产安全。居安避危，人之常情。所谓安居乐业，其乐从安而来。现代城市管理把治安放在首位，此项开支比重极大。从 1855—1941 年，上海公共租界巡捕房（租界治安机构）的经费占公共租界工部局年度预算的 40%—50%。[①]租界当局与华界政府在治安方面投入的力量也大不相同：20 年代末汉口华界平均每一名警员与被保护人数的比例为 1∶253，而曾为德租界和俄租界的第一、二特别区比例数为 1∶75、1∶72。[②]1930 年上海华界平均每一警员与被保护人数之比为 1∶378，而公共租界为 1∶207，法租界为 1∶256。[③]租界警员不仅人数多，而且工作效率高。而华界警力弱，工作态度因循敷衍，所以华界治安不如租界，就不足为怪了。上海租界非法在华界越界筑路，道路所到之处警权紧紧跟上。

火灾是直接威胁不动产的祸患之一。因此，消防能力对于房地产安全特别重要。近代中国火灾事故非常频繁，究其原因：一是木结构建筑居多；二是华界多数市区使用油灯照明，由此引起失火；三是消防设备落后。福州房地产业较厦门落后，与其建筑易燃及消防能力差不无关系。1936 年秋，福州东街鞋店的艺徒在楼上烘鞋，不慎火烧板壁，因当地无自来水，消防设施又简陋，火势愈演愈烈，3 小时之后

① 罗兹·墨菲. 上海——现代中国的钥匙[M]. 上海社会科学院历史研究所，译. 上海：上海人民出版社，1987：10.

② 梅光复. 汉口市地价之研究. //萧铮. 民国二十年代中国大陆土地问题资料. 台北：成文出版有限公司，（美国）中国资料中心，1977：44626.

③ 张辉. 上海市地价研究[M]. 南京：正中书局，1935：24.

共烧去店铺 37 家，损失数十万元。①1935 年 4 月至 1936 年 3 月，仅
1 年重庆火灾 116 起，延烧 3,573 户，损失房间 5,405 间，平均每月
火灾 10 起，延烧 298 户，其比例恐怕要高于全国任何城市。②地方
政府虽有成立消防联合会等举措，但终因财力所限，奏效不显。而厦
门配备了新式灭火装置，自来水设施齐备，灭火迅速，火灾较少。天
津、汉口、上海等租界也是一样，建筑物相对安全，房地产投资就相
对活跃。

　　人口的迅速增加，使环境卫生成为一大课题。西方国家在大学里
开设垃圾分析学，把垃圾作为该地区经济水平的依据之一。其实，早
在 1899 年，上海公共租界工部局就对上海与伦敦垃圾的 15 项成分做
过详细的比较分析。在租界建立过程中，形成了一整套卫生制度。为
杜绝华人随地倾倒垃圾和便溺的不良习惯，各国租界均规定每天倒垃
圾的时间，并修建了各类防鼠防蝇垃圾箱。1864 年，工部局在上海始
建公共厕所，至 1907 年共建成大小 52 座。1891 年 11 月 22 日至 28
日，工部局曾对界内 1 座公共厕所的使用人次进行统计，平均每天
3,440 人次！若无这一设施，租界内卫生状况就另当别论了。

　　天津英租界每期年报中都有卫生防疫总结，分析界内每 1 例病亡
原因，及时进行病后处置，预防疾病传播。30 年代，土地问题调查员
来到厦门鼓浪屿公共租界，对那里的卫生状况颇有感慨："吾人不得不
赞美厦门鼓浪屿工部局公共卫生管理之完善。举凡住宅之清洁、街道
之涤清、上下水道之排泄、公共市场之保持卫生状态，新旧公厕之积
极改善等，无一非根据科学方法，讲求卫生，以保全公众之健康。"③
随着工业发展，城市空气污染日益严重，上海租界工部局利用建筑章
程，对工厂烟囱的高度做了规定。至 1900 年，上海的许多烟囱平均高

　　① 林传沧. 福州厦门地价之研究. //萧铮. 民国二十年代中国大陆土地问题资料. 台北：成文出版有限公司，（美国）中文资料中心，1977：43629.
　　② 董国祥. 重庆市地价与房租之研究. //萧铮. 民国二十年代中国大陆土地问题资料. 台北：成文出版有限公司，（美国）中文资料中心，1977：41408.
　　③ 林传沧. 福州厦门市地价之研究. //萧铮. 民国二十年代中国大陆土地问题资料. 台北：成文出版有限公司，（美国）中文资料中心，1977：43629.

度已由 35 英尺增至 70 英尺以上。①

政府对文化教育机构及公共生活设施的投资颇能提高土地价值。据说上海华界某地主，鉴于其所处偏僻，地价甚低，便将其土地一部分捐赠作大学校舍。学校设立后，交通开辟，人口集聚，地价也因之腾贵。1891 年，上海公共租界工部局决定在虹口建造一座容纳 700 个摊位、造价 24,213 两白银的大型公共菜市场。谋求周边地价上涨之利，一位房地产商不惜以每亩 2,000 两的低价将今向阳路与塘洁路的 6 亩空地出让给工部局。②

无论是租界工部局还是华界政府，在城市管理方面最大成果之一，莫过于建立了一种崭新的社会秩序，引进了西方城市文明，使其居民树立了"市民"的权利、义务观念。这个过程是在租界当局与华人社会的暴力或非暴力的冲突中完成的。

工部局兴办筑路及公共建筑工程时需要迁墓平坟，华人则因坟墓风水等观念与之冲突。在交通管理之初，华人认为"车马可行，人岂不能行？"不肯与车马分途，硬是不走便道而行于路中。工部局不得不在路上悬挂"马路如虎口，当中不可走"的标语，以示警告。车夫、摊贩在路上随处摆摊或停车瞌睡、阻碍交通，或恃主人势力，便以为可以不守规则，更有人不断将药渣泼在路中，让众人践踏，以为"病乃易愈"。公共场所的绿化植物，也常因华人风俗而遭破坏：清明时，人们攀折杨柳，插于门前或用来洗脸，认为可以明目；夏日折柳枝簪在头上，谓可避暑。据上海工部局年报载，1906 年此类违章被罚者就达 1,000 余人。工部局执意限制中国官员通过租界道路，原因是根据中国仪制，在大员经过的地方，必须洒道清尘、前呼后拥、行人回避。这明显与西方交通原则相悖。左宗棠、李鸿章等大员经过租界时，前后卫队不下几百人，路上中外行人及车马均被士兵用武力驱至路旁，严重破坏了正常交通秩序。在这些冲突中，殖民与反殖民的民族斗争

---

① 上海建筑施工志办公室. 东方巴黎——近代上海建筑史话[M]. 上海：上海文化出版社，1991：50.

② 上海建筑施工志办公室. 东方巴黎——近代上海建筑史话[M]. 上海：上海文化出版社，1991：48.

掩盖着新与旧、文明与腐朽的矛盾。然而文明毕竟战胜了愚昧和落后。回看历史，至今不难理解国民为每一小小的历史进步所付出的代价。

最后，也是房地产投资者最为关心的，是政府对不动产所有权的态度。这一点，中西方政府的态度不尽相同。

在西方发达国家，一切立法行政，对于私人财产权利均给予高度重视，不仅承认私有财产的所有者有绝对支配权，可以排除一切干涉，甚至可以其私有权对抗公权的行使。各国租界遵循着"私有财产神圣不可侵犯"的原则，对私人财产给予特别的重视和保护。每逢筑路征用土地，往往给予一笔可观的让路费作为补偿；对于土地买卖投机，甚至垄断居奇，绝对听其自由，以保障所有权为由不予过问；凡房客拖欠房租，均协助房主追缴。而华界的政策往往为顾及全民利益而牺牲私人利益，如房租因时局影响持续高涨时，政府便平抑租金；平民欠租时，政府往往保护平民而牺牲业主利益；因公征用土地时，常常借口财政困难而减少补偿费用。从客观效果上看，造成一般房地产投资者普遍涌向租界，以寻求对其财产权利的庇护。

总之，政府通过间接投资，创造出一种使人们乐居其中的生存氛围，人们不惜承受较高的代价，来享受这一软环境效益，使那些环境最优化的社区显示出较高的价值和吸引力。

第 3 节　城市土地管理

一、城市规划

与当时西方国家相仿，近代中国，大部分城市土地归私人所有。关于私人所有权在市场规律的作用下，能够带来城市的迅速发展，从而使居民得到许多好处，恐怕没有人怀疑。同时，也必须承认，一味追逐利润，也造成了某些社会成本"溢出"的消极后果，如烟尘、噪音、拥挤、混杂等现象对城市环境的破坏。

规划控制的作用不仅能够弥补私人决策的缺陷，让人们了解土地利用的现状和未来，而且对区位价值、土地价值的类型以及城市土地总价值产生重要影响。

除租界外，华界最早的城市规划之一，即为袁世凯在天津筹划的"华界新区"。

1901—1907 年袁世凯任直隶总督期间，建立了天津北站，并在直隶总督衙门（今大胡同西）到北站之间的荒僻土地上，开辟了一条 24 米宽的大道——大经路（今中山路），沿路两侧辟为新市区。经周学熙等人周密规划，新市区道路以大、二、三、四、五、六经路为南北走向；以天、地、元、黄、宇、宙、日、月、辰、宿、律、吕、调纬路为东西走向；大经路为中轴线，两边商店林立，中心地带建一座大花园（今中山公园），旁边建有新式展览厅——劝业会场（1907 年建），用来展出新式产品，以提倡实业。周围建有许多新式企业和教育机构，如北洋铁工厂、教育品制造所和实习工厂、北洋政法学堂、直隶高等工业学堂、北洋女子师范学堂等。当时建设新市区的目的就是要赶超租界，因而称之为"华界新区"。新市区从整体规划到房屋建筑，都受到租界的影响，其建筑虽为砖木结构，但造型与装饰吸收了西方古典艺术符号，体现了中西文化结合的特色。

新市区建设过程中，地价不断上升，吸引了不少大房地产业主和房地产公司的投资，建起了成片的里弄住宅。

民国以后，特别是 1927 年南京政府建立后，城市规划的水平有了明显提高。

南京定都后，成立了首都建设委员会，先后制定了首都干路系统及城市分区规则，将全市土地分为行政、军用、公园、高等教育以及第一、二住宅区，第一、二商业区和第一、二工业区共 10 类地区，对每类地区内土地利用方式的范围做出了严格的规定。

厦门、广州、重庆、昆明等城市，结合基础设施建设和旧城改造，按照现代城市的要求，进行了局部的整理与规划设计，主要集中在干道的修建和工业、商业、住宅、行政区域的划分。在当时，土地分类不仅能使地产商避免盲目投资，而且便利了城市土地税的征收，但是这种人为划分的合理性总是相对的。

在租界面积较大的城市，如汉口与上海，政府规划的权力范围只限于华界，虽然带来了极大的难度，但面对租界的挑战，在民族自尊感的激励下，华界政府也在雄心勃勃地改造自己的城市。其共同特点是在租界以外另辟一个新型市中心，以挽回被租界夺去的种种优势。

孙中山在其所著的《实业计划》中，设想将上海建成东方大港。蒋介石对上海的地位评价极高，他说上海"非普通都市可比……无论中国军事、经济、交通等问题无不以上海特别市为依据，若上海特别市不能整理，则中国军事、经济、交通等则不能有头绪。"[①]1927 年 7月 7 日即命上海为"特别市"，直接归中央政府管辖。

上海特别市成立后，就开始着手进行城市规划。1927 年 11 月成立了设计委员会，1929 年推出了一个包括中心区在内的上海新市区的规划，即"大上海计划"，如图 7-1 所示。

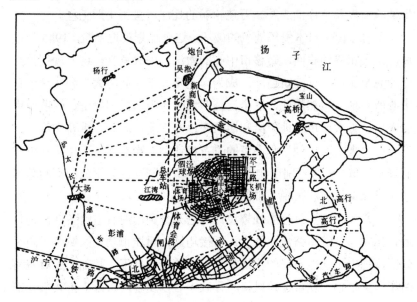

图 7-1　大上海计划图[②]

"大上海计划"的主要内容是突出港口城市特色，将新市区设在旧

---

① 《申报》1927 年 7 月 8 日。
② 资料来源：上海市市中心区域建设委员会制，1929 年。

市区以北、黄浦江下游两岸、地势平坦的江湾一带，沿江建立新型码头，并使其与铁路相连接，建立南、北两个分站及江湾总站。新市区内的行政区为政治、文化机关所在地；商业区设有各种进出口机构；住宅区分高级和普通两个档次；道路网的设计采用了当时西方最流行的小方格与放射路相结合，以增加沿街高价地块的长度；中心建筑群吸取了中国传统的轴线对称的手法，体现了"中西合璧"的建筑思潮。

为了将这一庞大的规划付诸实践，市政府以房捐、车捐收入为担保，于 1929 年、1934 年两次发行了 300 万元和 350 万元的市政公债，并以"招领区内多余土地，以供市民投资建房"的方式，1930—1935年 3 次出售区内土地，以筹资金。从 1930 年动工，到 1936 年秋末，完成的项目有：中山北路、四平路等 6 条干线，市政府大楼、远东最大的体育场（包括体育馆和游泳池）、市图书馆、博物馆、市医院、卫生试验所以及可停泊 3 艘 2 万吨轮船的虬江码头第 1 期工程。

后来，由于日本侵华战争的破坏，这个计划被迫中断。1945 年以后，由于租界的收回，转移市中心的做法已失去意义，这一规划最终没能完全实现。其建筑遗址已成为今复旦大学、同济大学和江湾体育中心所在地。虽然如此，这个计划在当时对吸引民间投资、疏散旧市区人口、扩大城市土地供给和活跃房地产市场，起到了重要作用。

在"大上海计划"和南京的"首都计划"影响下，天津特别市政府登报征选"天津特别市物质建设方案"，刚刚从国外学成归来的著名建筑学家梁思成和张锐合拟的方案中选。

这是一个切实可行的规划设计。它充分利用原有道路条件，将打通、拓宽与开辟新路线相结合，衔接巧妙，对城市功能区域做了四类分区，理出了功能布局的头绪，为日后的建设打下了基础，还对海河两岸码头设置、城市建筑风格、行政中心以及各项市政、公共事业都做了规划安排，并提出了财政计划。这个规划设计方案通篇既反映了国外先进的规划思想，又不脱离天津的具体条件。

与"大上海计划"比较，"天津特别市物质建设方案"的最大特点在于它没有避开租界另谋新区，而是以包括 9 国租界在内的天津全市为基础，做了第一次统一的、自主的城市规划，并在各专项规划中也贯彻了这一指导思想，反映了国人反对列强割据、渴望收回租界的强烈愿望。正因为如此，这个方案（虽然未能付诸实践）对后来，尤其是 1949 年以后天津历次城市规划都产生了深远的影响。

二、土地立法

"政治和社会权力是与地权相连的。土地利用越集约，社会控制就必定越有高度的发展"。①土地规划、立法及行政管理手段正是社会控制的产物。

孙中山非常重视土地问题，他在 1905 年创办同盟会时，盟约 4 条，其第 4 条即为"平均地权"，后来，这条演化为民生主义。廖仲恺指出："民生主义这四个字，我们是有个具体的内容的，这就是我们平均地权的一个目的。我们要拿土地政策来作为解决社会经济问题的手段。"②

当然，作为农业大国，当时所指主要还是农村土地问题。与此同时，城市土地关系的变化，价格的迅猛上升，也引起了革命领袖的注意。孙中山对此提出了"业主自报地价，政府照其所报地价抽税，照价收买，涨价归公"的土地管理原则，并于民国初年在国民革命中心广州试行其城市土地管理办法。

南京国民政府成立后，立即着手土地立法的准备工作。1928 年，中央立法院颁布了"土地法原则"，为土地法的推行做舆论准备。1930 年 6 月，国民政府正式公布了《土地法》。全文共五编，31 章、397 条，分为总则、土地登记、土地使用、土地税、土地征收五大部分，其中针对城市土地特别做了若干规定，如房屋建筑的高度、层数及建筑形式与使用方式、占地面积与应留余地等，针对城市住房供需矛盾，专列了规定标准租金、减免新建筑房屋税款、建筑平民住宅等条款。将土地税收明确为地价税——这一反映现代土地观念的税种，并规定了政府为各项公益事业向私人征地的权力及补偿办法。

1936 年，政府明令施行《土地法》，并颁布了施行细则。

无疑，《土地法》的问世在中国土地管理史上具有划时代的意义，标志着由传统土地管理方式向现代土地管理方式的转变。从此，土地

---

① 伊利，莫尔豪斯. 土地经济学原理[M]. 滕维藻，译. 北京：商务印书馆，1982：28-29.

② 王先强. 中国地价税问题[M]. 上海：神州国光社，1931：75.

问题有法可依，为房地产业的正常发展，提供了法律保障。

三、土地行政管理机构

根据《土地法》总则规定，中央和地方（省、市、县）地政机关是土地法的执行机构。

民国以前，土地房屋买卖、征收契税等均在县衙办理，乡村的保甲制度也承担一部分工作，其落后状况可以想见。1912 年以后，虽有新机构成立，但各地情况不尽相同，广州由市政公所及不动产登记处等机构分管，上海有清丈局、会丈局分别负责华界和租界的土地丈量测绘，厦门设"思明地方验契局"办理税契，还有的地方由军方或警察机构代理。总之，地政工作亟待统一。

1926 年 8 月 2 日成立的广州市土地局，是中国第一个统一的、建制全面的土地行政机构。此后，广州一切与房地产有关事宜，均由土地局专责办理。土地局设登记课、地税课、测绘课及秘书处，其下共设 10 个股。土地局负责办理全市地政工作，登记民产、征收地税、测量土地等事务，同时对全市实施测量，绘制地籍图，如图 7-2 所示。

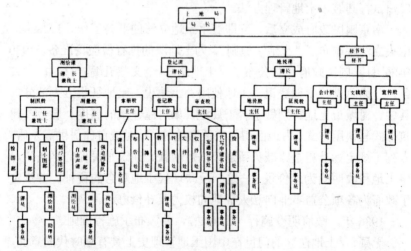

图 7-2　1926 年广州市土地局组织机构系统图[①]

---

① 广州市房地产管理局. 广州房地产志[M]. 广州：广东科技出版社，1990：9.

1927 年 8 月 1 日，上海特别市土地局成立，这也是上海自有各种处理土地事务的机关以来，第一个统一的行政管理机构，其组织系统及工作内容与广州相仿，甚至更细些，如设土地评价委员会，由土地、工务、财政、农工商等四局局长及市府参事 3 人组成，主管上海土地评估事宜；土地产权审查委员会，负责解决重大土地纠纷；土地整理委员会，主持全市土地的整理与规划。

广州、上海土地局的成立，为专业土地管理提供了范例。1928 年以后，天津、江苏、汉口等省市土地局相继成立。

国民政府成立后，在内政部设土地司，1931 年改为地政司（1946年更名地政署），专管全国各省、市土地法令政策的推行。但到 1934年，各省、市设土地局的只有江苏省和上海特别市，其他省、市则由民政厅、建设厅、财政厅代管。

蒋介石对全国土地问题极为重视，特邀当时在德国留学的著名土地问题专家萧铮博士回国主持创办中央政治学院所属地政学院，及后来的地政研究所，从大学毕业生中选拔有志于地政工作的人才，进行为期两年的专门培训，然后派到各地充当地政工作骨干。根据国民政府地政署档案统计，至 1946 年底，全国各省及直辖市均成立了地政局，隶属省（市）政府机构。各省（市）所属的县、市地政机关共有 766个（其中临时机构 367 个，经常机构 399 个），全国省（市）及县市地政工作人员共计 8,771 名（其中县市地政工作人员 7,662 人，省（市）地政机关工作人员 1,109 名）。①由此可见，一个庞大的地政系统已经形成。

但是，受时局动荡的影响，近代中国土地管理机构极不稳定，其归属部门及名称频频更换，使工作质量及资料保管均无保障。大多数省市，如广东、广西、云南、青海、青岛、北平、南京的地政工作归财政局管辖，反映了将土地视为财源的落后观念。天津特别市土地局成立后，工作颇有成效。然好景不长，1932 年，由于日军侵占东北，政府经费紧张，将土地局撤销，其业务归财政局负责。据 30 年代初地

① （南京）中国第二历史档案馆：全宗 36-134 号，地政署专案。

政学院房师文调查，财政局仅注重税契与登记这两项收费工作，民众对此颇为反感，而土地局对民众地权所做的大量保护性、建设性工作深受欢迎和理解。这是此类机构调整的失败之处。抗战结束后，全国地政部门才实现了从上到下系统的独立性。

从广州土地局建立到中华人民共和国成立前夕，全国土地管理机构针对地籍、产证、赋税的混乱与纠纷做了许多工作：接管和清理旧机构和组织，重新测量土地经界，科学绘制地册；所有权人重新登记，统一产权凭证（土地执业证），调查、评估地价，划分土地等级，制定纳税标准以收取税款，为公益事业征收土地，解决地权纠纷等。虽然工作的质量与效率存在许多问题，但其历史价值在于：将现代管理方式引入土地管理过程，将城市土地列入管理与征税范畴，甚至成为工作重点，部分参与了城市土地整理及规划工作。所有这些，标志着由传统土地赋税管理向现代城市管理的过渡。

研究城市土地管理，可以发现这样的规律：凡是房地产业发达活跃的地方，往往也是地政机构稳定健全、工作卓有成效的地方，如广州、上海和江苏省。科学的土地管理是房地产业存在、发展的必要条件。

第 4 节　地价税

土地税收是地政机构最主要的工作之一，针对目前的城市土地使用制度改革，本节侧重于介绍地价税对国家财政的重要作用及当时采用的具体做法。

一、地价税

土地税收在中国已经有 2000 多年的历史，但以城市土地为对象征收捐税，则是 1866 年由上海公共租界首开先例。1898 年 9 月 2 日，德国在租界内实行土地增值税。1934 年，国民政府选择试点城市试行地价税。从此，城市土地税收始为国家财源之一。

世界各国历史上的土地税，征收具体对象不同，有的按地租收入，有的按土地面积（中国亦如此），还有的按土地总收入、纯收入课征。到了近代，西方土地税以地价为征收对象，即采用地价税的形式，这是一个历史的进步。因为近代化就意味着工业化、城市化进程的展开，城市发展使土地价格变化极快。按地价课税，富有弹性，可以保证税源与城市财政支出的同步增长。

民国以后，中国传统的田赋制度出现明显的混乱，偌大国土，1914年全国田税年收入总额才 76,778,569 元，1916 年为 97,206,000 元。[①]而当时比中国面积小将近 20 倍的日本，全年地租总收入亦达 7,000 万元之多。

一方面，在农村，军阀混战，民生无着，赋税却有增无减，各省自行其是，竞相加税，1912—1928 年，田赋的征税率增加达 39.3%。预征钱粮现象十分普遍，四川梓桐县在民国十五年（1926 年）已预征至民国四十六年（1957 年）的田赋，骇人听闻。[②]

另一方面，在城镇，尤其是沿海沿江的开埠城市，城市土地价值已日益显示出引人注目的增益，吸引着各方面的资金。然而，直至 30 年代初，包括上海、天津这样的大城市，迅速升值的华界土地竟没有任何税务负担——仍因循传统社会的宅基地免税制度，只对房屋抽取房捐，地捐一项竟为空白，结果土地增值的利益完全归所有者私人享有。一笔巨大财源尚未发掘。对此，孙中山早就指出，整理土地赋税是调整国家经济的关键。"照价征税，涨价归公"的地价税原则就是在这样的背景下提出的。

二、地价评估方法

实行地价税的难点在于确定地价。

各国租界开征地价税（或称地捐）均早于华界，积累了一定的经验。上海公共租界工部局为课税计算地价的方法有两种：利息还原法和购买年法。利息还原法：先计算某地段若干区地面上所有建筑物每

---

① 王先强. 中国地价税问题[M]. 上海：神州国光社，1931：191.
② 王先强. 中国地价税问题[M]. 上海：神州国光社，1931：187-194.

年的总收入，从中减去一切行政开支费用（如水、电、巡捕捐等），再减去建房利息，其余作为纯收益，再除以8厘利率还原，即为该地段的地价，其计算公式为：

$$某地地价 = \frac{房租年收入之和--一切开支费用}{8厘利息率}$$

实践中因8厘利息率还原计算起来十分麻烦，为求简便，更多采用的是购买年计算法，即将利息还原法中得出的纯收益一项，不再除以8厘利率，而是乘13（13即为预期的购买年。一般人购买土地，目的是在购买数十年间的土地收益，此年数为购买年。公共租界指定上海租界土地的购买年为13年。此为英国流行的计算方法），所得结果即为该地地价。其计算公式如下：

某地地价＝（房租年收入总和－一切开支）×13（购买年）

这种估价方法较为准确，经与市场买卖价格核对，大约低20%。[①]为便于征收房捐，工部局对自产自用的房屋的租金也制定了如下测算公式：[②]

房租＝地价利息+造价利息+折旧费

汉口的三个租界区收回较早，虽然没有留下计算方法，但从地价等级差别观察，可以断定各租界估价方法均为比较评价法。如两面临街的路角地价高于一面临街的地段，路中段地价高低与距路角远近成一定比例。繁华街道与偏僻街道之间地价渐次下降，此外还有不规则地段估价法、分段估价法、三角地段估价法、三面沿路角地段估价法、中间地段估价法以及部分受路角影响的中间地段估价法等，均被酌情采用。当时国外流行的美国式的根据临街面宽度与进深度指数，推算普通地段及路角地段地价的计算方法，虽然颇为复杂，但在租界土地测量与地价推算中已开始吸收和尝试。

---

① 张辉. 上海市地价研究[M]. 南京：正中书局，1935：24.

② 王慰祖. 上海市地价之研究. //萧铮. 民国二十年代中国大陆土地问题资料. 台北：成文出版有限公司，（美国）中国资料中心，1977：50320.

1930 年《土地法》对土地估价的方式规定过于简单，即业主报价，照价收税。实际上很难避免业主少报、漏报，因此无法实行。

总之，1949 年 10 月以前，为实行地价税所采取的评估地价方式主要是估价、评价、仲裁相结合。先由地政部门估定地价，再由政府组织各方代表参加的土地评价委员会评定之后公布于众，纳税人如有异议，可请求复议，之后再由土地委员会进行仲裁，最后结果公布标准地价作为纳税依据。

地政部门进行土地估价之前需要编制地价调查表，由受过训练的调查员向业主、邻居、保甲组织、地产商人等各个方面搜集材料，对每一块土地的地段、环境、地址、亩数、地形、执业凭证、收益、近几年平均价格以及对每座地面附属建筑的年代、折旧、式样、材料、租金逐项指标一一登记核实，作为估价依据。然后，按照不同区段的繁华程度将土地分为若干等，每等之内再分级，规定出每一级的地价。如 1928 年上海凡通大道的为甲等，通小路为乙等，不通道路的为丙等；再如，1937 年汉口地价评议完毕，将全市划分为 342 个地段，其地价划分为 155 个等级。有的宅基地两面临街，计算时按最高一面的地价，或将两街地价相加求平均数。北平、南京也都采用了此类划分方式，基本上属于比较评定法。后来，尤其是抗战后，划分的等级越细，评定的结果越接近市场价格。关于地上附属建筑的估价方法，有地板面积、墙基面积、纵横线、立方尺、单位计算法、混计法、净计法 5 种方法。至于评定工作的质量，则因时因地因人而异，极不平衡。

随着城市地价上涨，需要定时或不定时地调整已经估定的地价，以便将土地涨价的利益及时回收，归全社会所有。

1865—1933 年，上海公共租界共重估地价 19 次，平均每 3 年或 4 年重估一次，也就是增税一次。1865 年第一次收取地捐（同地价税）时，土地估价面积仅 4,310 亩，每亩平均估价为 1,318 两，1933 年估价面积增至 22,330 亩，每亩平均估价为 33,877 两。不到 70 年间，每亩平均估价上涨了 25.7 倍。①1872—1934 年，上海法租界约每 3 年重

① 上海市地政局. 上海市地政，1947：228.

估一次地价。

《土地法》规定地价每 5 年重估一次，地价有重大变动时除外。抗战前，各城市刚刚完成初次评估工作，个别地区已进行了两次，如上海市；也有许多地方根本没有完成。除上海、广州、汉口、杭州抗战前已开征地价税外，全国范围的地价评估和税收是从 1946 年起正式开始的。由于抗战后物价飞涨，不动产价格变化极快，1946 年、1947 年、1948 年连续进行了 3 次普遍性的地价重估，但因时局动乱，评估的质量难以保证。

三、税率

地价与税率是征收地价税的两个基本要素，其中任何一方的增减都会直接影响财政收入。随着地价的上升和财政支出的扩大，税率的调整势在必行。

上海公共租界地捐税率：1866 年按地价征收 2.5‰，1874 年为 3‰，1884 年为 4‰，1898 年为 5‰，[①]1908 年为 6‰，1919 年为 7‰。[②]法租界 1872 年开始征收地捐，初期税率为 4‰。[③]

汉口英租界在被收回之前，地价税税率为 7.5‰，每年地税收入为 68,400 余两白银。[④]天津法租界地价税税率也是 7.5‰。1913 年，天津法租界地税收入为白银 11,000 两，1922 年为 48,000 两。[⑤]天津德租界地捐每亩一律 5 两纹银，奥租界地捐按税契价格征 5‰，俄租界地捐由外国工程师估价，税率为 1‰。[⑥]

天津、汉口租界虽已征收房地捐，比当时只征房捐的华界要先进一步，但具体征税手续及税率调整制度不如上海公共租界健全。

① 上海市资料丛刊编委会. 上海市公共租界史稿[M]. 上海：上海人民出版社，1980：424-425.

② 张仲礼，陈曾年. 沙逊集团在旧中国[M]. 北京：人民出版社，1985：34.

③ 张薰华，俞健. 土地经济学[M]. 上海：上海人民出版社，1987：345.

④ 高尚智，陈德炎. 武汉房地产简史[M]. 武汉：武汉大学出版社，1987：164.

⑤ 中国人民政治协商会议天津市委员会文史资料研究委员会. 天津文史资料选辑：第16辑[M]. 天津：天津人民出版社，1981：79.

⑥ 天津市政府统计委员会. 天津市捐税概况，1935.

为了确定地价税税率，国民政府进行了较长时间的探讨。1924 年，孙中山特聘德籍土地问题专家、1898 年胶州湾土地增值税的创始人单威廉到广州研究土地税问题。单威廉主张以地方通行的贷款利率的平均数为税率标准。他曾假定广州当时平均利率为 10%，故广州地价税应照此税率征收，否则税率太轻，不足以达到使地价低廉的目的；孙中山和廖仲恺等人则认为，各国土地税率大都为 1%，中国也不应过重过急，先定值百抽一，以后逐步增加。

1930 年《土地法》公布的地价税，分别为比价税和土地增值税，按期征收。

比价税税率：城市改良地 10‰—20‰，未改良地 15‰—30‰，荒地 30‰—100‰，按照估定地价，由土地所有权人交纳。

土地增值税照土地增值的实际数额计算，在土地所有权转移时或虽无转移而届满 15 年时征收。其税率为：土地增值的实际数额为原地价的 50% 以内，征收其增值实数额的 20%；超过原地价 50% 者，就其已超过部分，征收 40%；超过原地价 100% 者，就其已超过部分征收 60%；超过原地价 200% 者，就其已超过部分，征收 80%；超过原地价 300% 者，就其已超过 300% 部分，全部征收。[①]

上述两种税率，基本体现了鼓励土地开发利用以及将地价增值收益归全社会所有的原则。此外，对于土地附属的建筑改良物规定，照估定价值按年征税，最高税率以 5‰ 为限。

土地税法定为地方税收，各地征收时税率常常低于上述规定。1934 年上海、杭州试行地价税，税率分别为 6‰ 和 8‰，1936 年上海调至 7‰，抗战结束后达到 15‰。[②]

1946 年，原《土地法》经修正后重新公布。新土地法规定地价税采用累进税率。基本税率为 15‰，超过累进起点地价的，就超过部分分别按累进税率课征，最低累进税率为 2‰，最高为 5‰，累进至 50‰

① 王先强. 中国地价税问题[M]. 上海：神州国光社，1931：262-263.

② 张熏华，俞健. 土地经济学[M]. 上海：上海人民出版社，1987：352-353.

周源久. 杭州市办理地价税之研究.//萧铮. 民国二十年代中国大陆土地问题资料. 台北：成文出版有限公司，(美国) 中国资料中心，1977：40139.

为止。土地增值税也照土地增值实数额，实行超额累进征收。

累进税率是在比价税率的基础上的合理化、科学化发展。可惜后来由于内战爆发，这一更加复杂的税率没能普遍实施。

四、地价税的财政地位

按照土地经济学的观点，在现代税收中，财产税占有重要地位。其中最主要部分就是不动产税，它是以土地和建筑物的资本价值为税基而确定的税收。一般来说，地方不动产税约占城市财政收入的 2/3。

近代中国不动产税收在财政收入中占比重最大者，非上海公共租界莫属。1927 年地捐收入在其财政收入总额中占 22%，[①] 1931 年达到 26%，1936 年为 29%，由占 20%多增至近 30%，如表 7-1 所示。

表 7-1　1927—1936 年公共租界地捐收入占财政收入比例[②]

单位：元

年　份	总收入	地捐收入	地捐占总收入（%）
1927	15,610,898	3,570,123	22.87
1928	17,750,649	4,103,540	23.12
1929	17,445,164	4,103,590	23.52
1930	17,733,158	3,845,103	21.68
1931	20,692,351	5,423,562	26.21
1932	21,216,158	5,411,604	25.5
1933	22,111,660	6,044,485	27.34
1934	23,917,379	6,914,750	28.91
1935	23,914,458	6,914,976	28.92
1936	23,651,711	6,914,537	29.23

有的研究认为上海公共租界房地产税收占其财政总收入的 70%左右，实际上是将地捐与房捐收入共同相加的结果。1921—1936 年房捐、地税两项收入合计一直占工部局收入总额的 70%左右。最少的是 1926

---

① 蒯世勋. 上海公共租界史稿[M]. 上海：上海人民出版社，1984：137.
② 张熏华，俞健. 土地经济学[M]. 上海：上海人民出版社，1987：352.

年，占总收入的 63.7%，最多的是 1935 年，占 75.2%。其中房捐一直相当于地捐的 2/3 左右。[①]但房捐是按照房租收入的一定比例征收的，属收益税，与按财产价值征收的地价税（内含建筑改良物价税）有原则区别，不应混淆。

工部局的地捐收入虽然达不到支柱产业应有的财政地位，但比起当时全无地捐之说的华界政府的财政收入来说，不仅有数量的而且有本质的区别。工部局一方面投入大量资金进行界内基础设施及公共福利事业的建设；另一方面，又采用不断重估地价、提高税率的手段，将土地涨价的利益收回，形成一种良性循环，反映了近代城市财政的特点。

至 30 年代初，在中国城市财政收入中，对房地产的征税项目除了古老的契税（即对房地产交易征收的过户手续费）外，新税种主要是房捐。

据说房捐的议办最初是受租界税制的启发，但正式开征则是为了筹措《辛丑条约》规定的赔款。1915 年，财政部明确房捐属收益税，并把征收范围由过去的商业用房推广到民宅，无论是自用还是出租，一律征收。于是房捐就在全国各地普及开来。1927 年以后，有的城市进行了税制清理与改革，以增加财政收入，所以房捐的地位愈加重要。

与租界做法相仿，房捐的征收也是以自然间为单位，按楼、平、瓦、灰、土各类房屋，由征收机关派调查人员按其时值租价估定捐额，分别按月、季、年向房主征收。各地捐率不尽相同。天津为租价的 3%[②]；汉口为 10%；杭州店屋按月租的 15%，住屋按月租的 10%[③]；上海的店屋与住屋捐率分别为租额的 14%和 12%。[④]

房捐逐渐成为城市财政的重要来源。1928—1932 年，天津年平均

① 张仲礼. 近代上海城市研究[M]. 上海：上海人民出版社，1990：464.

② 中国人民政治协商会议天津市委员会文史资料研究委员. 天津文史资料选辑：第 53 辑[M]. 天津：天津人民出版社，1991：122.

③ 周源久. 杭州市办理地价税之研究. //萧铮. 民国二十年代中国大陆土地问题资料. 台北：成文出版有限公司，（美国）中国资料中心，1977：40052.

④ 杨正礼. 上海市办理地价税之研究. //萧铮. 民国二十年代中国大陆土地问题资料. 台北：成文出版有限公司，（美国）中国资料中心，1977：43402.

房捐收入 466,645 元，占年平均全部税收的 12.34%；[①]北平内外城约有房屋 119 万余间，1927—1932 年，年均房捐收入 1,069,573 元；[②]1931年度上海财政总收入 8,217,991 元，其中房捐 1,909,010 元，占总收入的 23%；[③]杭州 1931 年度结算，全年收入 1,006,811 元，其中房捐 473,263元，占全年收入的 47%；[④]汉口 1934 年房捐总额 931,094 元，1935 年增至 1,003,993 元。[⑤]总之，30 年代开征地价税之前，在一些大城市的财政收入中，房捐已经居首要地位。

广州早在民国初年即开征地捐。1921 年，全市财政收入 1,969,996元，其中房地捐两项比重最大，共 645,045 元，占全市税收的 1/3。[⑥]广州当时在全国仅属个例。

1933 年，杭州、上海在全国率先试行地价税。1933 年杭州市在概算中列入地价税一项为 32 万元，占财政总收入的 22%，在房捐之后，居第 2 位。[⑦]但是，由于城市基础设施等环境条件差，地价水平普遍较低，加上民众抗交，实际征收额很少。1934 年上海市预计征收地价税 115.6 万元，实际只征集 50 余万元。征收额一般只占财政收入的 8%左右，有的年份只占 5% 多一点。[⑧]大大落后于房捐在财政收入中的地位。

上述不动产税收在财政中的地位，从另一个侧面反映了租界与华界城市现代化及房地产业发展水平的差别。地价税这一现代财政收入的支柱，在租界财政收入中已占 1/4 或 1/3 的比重，而大多数华界尚

---

① 根据资料推算。天津市政府统计委员会. 天津市捐税概况, 1935: 5-6.

② 根据资料推算。李鸿毅. 北平市财政局实习总报告. //萧铮. 民国二十年代中国大陆土地问题资料. 台北: 成文出版有限公司,（美国）中国资料中心, 1977: 90588.

③ 杨正礼. 上海市办理地价税之研究. //萧铮. 民国二十年代中国大陆土地问题资料. 台北: 成文出版有限公司,（美国）中国资料中心, 1977: 43408.

④ 杨正礼. 上海市办理地价税之研究. //萧铮. 民国二十年代中国大陆土地问题资料. 台北: 成文出版有限公司,（美国）中国资料中心, 1977: 40042.

⑤ 高尚智, 陈德炎. 武汉房地产简史[M]. 武汉: 武汉大学出版社, 1987: 164.

⑥ 房师文. 天津市财政局实习总报告. //萧铮. 民国二十年代中国大陆土地问题资料. 台北: 成文出版有限公司,（美国）中国资料中心, 1977: 91006.

⑦ 周源久. 杭州市办理地价税之研究. //萧铮. 民国二十年代中国大陆土地问题资料. 台北: 成文出版有限公司,（美国）中国资料中心, 1977: 40044-40045.

⑧ 张熏华, 俞健. 土地经济学[M]. 上海: 上海人民出版社, 1987: 347, 353.

停留在靠房屋租金抽税的近代税种维持收支阶段，地价税的开征刚刚起步。一方面说明华界土地价格水平低廉，另一方面也反映出了土地增值的现象被人认识、再变为法律和政策所必需的时间过程。但无论如何，1949 年前，地价税已经跻身于城市财政收入的重要项目。

五、地价税的调节作用

税收对于土地收益是一个减项，税收负担的大小直接影响土地所有者的收入。政府往往利用税收这一经济杠杆，作为推行土地政策的调节工具。

20 世纪初，英、美两国土地税法不同，对城市土地利用产生相反的作用。英国规定土地上有房屋者纳税，无房屋者豁免，因此，英国富有阶层用土地建筑花园游乐场，而贫民因缺少住房，拥挤在斗室之中。美国规定无论地上有无房屋一律同等征税，因此，有土地的人往往多建房屋，以房租收入抵偿地税负担。其结果是，美国城市绿地虽少，但住房供给量多。

1930 年《土地法》规定，对所有土地一律征税，并对市区未改良地和荒地课以重税。以促进建筑的增加和荒地开发，将土地涨价的利益收回。迫使土地所有者放弃坐享其成，依靠经营管理、增加投资而获利。无所作为的土地所有者将不得不出售土地，以减轻地税负担，客观上增加了城市土地供给。长期占地不用，待价而沽的投机活动，也会因空地税和土地增值税的负担而有所收敛。总之，对不同用地采用不同的税收标准，利用轻重有别的税务负担，可以达到促进土地开发，合理利用土地资源，有效抑制土地投机和私人垄断的目的，对于保证房地产业的正常发展十分必要。

地价税实施前，土地投机现象非常普遍，许多大地产主拥有市中心大片土地，长期闲置不用，垄断居奇，坐等地价上升。20 世纪初德国人在胶州湾实行土地增值税，对于青岛一带的土地投机有一定的抑制作用。30 年代初，上海实行地价税的呼声很大，南京土地投机者因担心实施地价税或增值税对其不利，遂减少投机活动，南京地价因此有所下降。由于种种原因，地价税在近代没有能够完全实行并达到其应有的效力。但当时的某些做法和经验，对于当代土地使用制度的改革，仍然具有借鉴意义。

第 三 篇

城市土地价格分析

第8章 地价的区位差与时间差

土地是财富之母。

城市所产生的聚集经济效益，使得投入在城市土地上的资金能够获得比农地高得多的经济收益。因此，城市土地价格之高，上涨速度之快，常常令人惊讶不已。

既然土地的价格不仅仅取决于劳动时间，那么一切涉及土地收益的因素，都会对土地价格产生影响。可以说，政治、经济、军事、文化各种因素的变动，社会的任何进步与倒退都会直接从土地价格的波动中反映出来。地价——常常是一个城市或地区政治稳定与经济繁荣程度的标志。

对城市土地价格的研究，是对房地产业史研究的一个更为深入的层面。研究房地产业史必须了解地价史。土地价格最直接地反映出房地产市场行情和房地产业发展水平，只有掌握土地价格变动的规律，才能了解价值规律这只"看不见的手"在土地市场上的特殊作用，从而真正透析土地市场经济运行的底蕴。所以，研究地价的意义不仅仅在于它是房地产业兴衰的重要标志，也直接涉及城市土地资源的配置以及城市化发展历程这样一些重大问题。

特别需要说明的是，由于学术界从整体上对近代中国城市地价方面的研究至今尚属空白，亦由于这些地价资料是本书"影响地价的主要因素""看不见的手——地价的作用"等章节的基础，因此，本章将依据历年所获资料，对各个城市地价一一列举，详加评述。

笔者拟从时间和空间两个维度入手，一方面做城市之间、地区之间的横向比较，一方面做历史时期的纵向考察，从中寻找地价变化的趋势。

第1节 地价的类别

地价作为一种数量概念，是进行定量化研究的重要依据。

地价有如下类别：

1. 收益地价。收益地价也称为真实价格或产出价格，即根据收益推算出来的价格。收益地价的推算公式为：

$$土地纯收益 \div 利息率 = 收益地价$$

收益地价不仅仅是一种理论存在，亦是以下几种地价的基础和核心。

2. 交易地价。交易地价也称时价或市价，即市场买卖价格，也就是在土地所有权转移时发生的价格，常常随着市场供求关系变动而上下波动。这种地价是土地市场行情的晴雨表，也是土地价格最现实的表现形式。

3. 申报地价。这是由业主向政府自行申报的土地价格，由于政府要求民众申报的主要目的是征税，所以人们为少交地价税，往往低报地价。申报地价常常低于收益地价。

4. 调查地价。调查地价是指地政机关或其他专业人员通过向业主、地保、不动产经纪人等知情人了解情况后得出的地价。这种地价往往作为评定或估定地价的重要依据。

5. 估定地价。近代中国估定地价有两种情况：

一是政府机构为征收地价税，成立专门的土地价格评定估价组织，由各方面的代表参加，对所辖范围土地进行分等定级，最后估定各区段不同的地价标准，公布于众，作为征税依据。这种价格也称标准地价。此种地价常常低于交易地价，并不能随交易地价的变动及时调整，往往隔一段时间统一调整一次，具有相对的固定性。

二是由中外房地产企业及政府地政机关对准备出售、出租、典当、抵押及征用的地产进行的估价，这种估价与双方利益关系极为密切，为求公允，常常请专业估价师出面，所估价格比较接近交易价格。

交易价格是土地商品价值的实现价格，因此，它是最重要的研究依据。但是，由于土地交易大多并不公开，业中人讳莫如深，真正的交易价格资料并不多见，而且许多地段一旦被某一业主占有，有时几十年不曾易手，所以也无交易价格可言，要想得到其地价升值情况，只能通过估价。

目前所能收集到的地价资料，大部分属于估定地价。估定地价普遍低于交易地价（上海公共租界估价一般比市价低 20%—25%，其他城市情况不一，大多数更低一些，有的甚至只及交易地价的一半），但当交易地价因某种原因暴跌时，又高于交易地价。因此，它对地价变动反映的敏感性差，精确性也不够理想。但估定地价的优点在于它的历史资料的全面性，在一个市或一个区范围内，各类土地均包括在内；在时间上也成系列，往往有连续多年的统计记载，便于分析。特别是 1937 年以前，由于时局相对稳定，调查工作认真，所估地价被认为比较接近交易价格。所以估定地价不失为地价研究的一项重要依据。

有一点需要说明，在搜集到的地价资料中，虽然抗战后至 1949 年 10 月前夕的估价占大多数，但经比较，发现这一时期因政局剧变与恶性通货膨胀的影响，地价波动很大，估价与交易价格相去甚远，即便是交易价格也极不稳定，对于研究地价变动的一般规律价值不大，因此舍弃不用（地价的计量单位见本书说明）。

第 2 节　上海地价评介

1840—1949 年这 109 年间，上海地价之高，增长速度之快，为全国之最。下面分别从公共租界、法租界、华界进行分析比较。

一、公共租界地价

公共租界地处上海核心地带，由于它开辟最早，发展最完备，所以平均地价水平最高，上升速度也最快。所谓上海地价暴涨，常常是指公共租界而言，这里不仅是上海地价高峰区，也是全中国地价最高地区。根据公共租界工部局为征收地捐所做的土地估价，1865—1933年这 69 年中，上海公共租界估价面积扩大了 4.18 倍，估价总值扩大了 132.2 倍，每亩平均地价增加了 24.7 倍，每亩平均增价率 2,570%，如表 8-1 和图 8-1 所示。

表 8-1　1865—1933 年上海公共租界平均地价估价①

单位：银两、亩

年份	估价面积	估价总值	每亩平均估价	每亩平均增价百分比
1865	4,310.000	5,679,806	1,318	100
1875	4,752.000	5,936,580	1,459	110.70
1903	13,126.102	60,423,773	4,603	349.24
1907	15,642.625	151,047,257	9,656	732.62
1911	17,093.908	141,550,946	8,281	628.30
1916	18,450.870	162,718,256	8,819	669.12
1920	19,460.174	203,865,634	10,476	794.84
1922	20,338.092	246,123,791	12,102	918.21
1924	20,775.992	336,712,494	16,207	1,229.66
1927	21,441.319	399,921,955	18,652	1,415.17
1930	22,131.379	597,243,161	26,909	2,041.65
1933	22,330.401	756,493,920	33,877	2,570.33

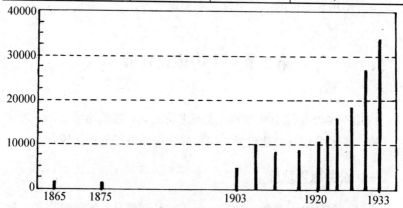

图 8-1　1865—1933 年上海公共租界平均地价变动趋势（单位：银两、亩）

① 上海市地政局. 上海市地政，1947：228.

上海公共租界内分为中区、北区、东区、西区四个行政区域，各区由于所处地理位置及土地利用方式不同，地价也不尽相同，甚至悬殊，如表 8-2 所示。

表 8-2　1903—1930 年上海公共租界各区土地平均估价[①]

单位：银两／亩

年份	地价				
	中区	北区	东区	西区	各区平均
1903	13,549	4,819	2,539	2,046	4,603
1907	34,707	10,883	4,225	4,765	9,656
1911	29,794	11,026	3,769	4,369	8,281
1916	32,675	11,982	4,410	4,680	8,819
1920	41,503	14,634	5,250	5,323	10,476
1922	49,174	17,474	6,143	6,232	12,102
1924	66,729	23,242	8,429	8,453	16,207
1927	77,543	26,623	8,809	11,548	18,652
1930	107,878	33,416	11,865	21,736	26,909

表 8-1、表 8-2 的数据是一致的，可能根据同一出处。张辉的《上海市地价研究》一书中，根据 1930 年公共租界工部局地价册（Land Assessment Schedule）所载各区估价数，制作了一份统计表，其数额比表 8-1、表 8-2 普遍高出约 30%，但各区高下差别比例则是相似的。由于目前没有足够的材料做一步核实，只能将这个表也列作参考，如表 8-3 所示。

表 8-3　1930 年上海公共租界各区地价估价　　单位：元、亩

区别	估价面积	估价总值	每亩平均估价
中区	2175.984	328,309,698	150,879
北区	2251.332	119,202,116	52,947
东区	9880.922	163,960,466	16,594
西区	7823.141	223,833,241	28,612

①　罗志如. 统计表中之上海[M]. 广州：国立中央研究院社会科学研究所，1932. 转引自王慰祖. 上海市地价之研究. //萧铮. 民国二十年代中国大陆土地问题资料. 台北：成文出版有限公司，（美国）中国资料中心，1977：50445-50447.

张辉根据当时上海公共租界各区地产交易市价与工部局上述估价核对，认为上述估价再加 20%，与当时市价大体相符。因此，这样推算的结果是：1930 年公共租界各区平均地价：

中区　　181,055 元

北区　　63,536 元

东区　　19,913 元

西区　　34,334 元

以上图表说明，上海公共租界中、北、东、西四区地价，以中区为最高，北区次之，西区更次之，东区最低。

中区地价趋高，原因十分复杂，最明显的是两点：一是地理位置好，处于英、法租界乃至全上海中心，东临黄浦江中心江岸，水运交通方便，为其他各区所不及。二是中区为金融商业中心，全上海各大银行、洋行、重要的公司及大的批发零售商店，均集中在此。

北区地价高于东西两区，主要是由于交通运输条件好。北区毗连沪宁、沪杭甬两条铁路经过的火车站——上海北站，为陆路交通要道，这是北区独具的优势。

西区地处僻静，适于住宅，加上中区商业逐渐向西区扩展，交通日益便利，成为高级住宅区，30 年代初住宅建筑激增，房租腾贵，地价随之升高。

东区水运交通也很方便，但大部分为工业用地，工业集中区域往往不及商业区地价高，由此可为证明。

以上为公共租界各区地价平均水平，如果考察一下其中几处较为知名的特殊地段，地价上升速度则更为惊人。1890—1933 这 44 年间，在外滩和南京路最繁华区位，地价上升 30—40 倍，如表 8-4 所示。

表 8-4 1890—1933 年上海公共租界外滩、南京路七处地产估价变动[①]

单位：银两、亩

户名	旧管业系统	1890 年（每亩价）	1916 年（每亩价）	1920 年（每亩价）	1924 年（每亩价）	1933 年（每亩价）	面积（全丘）	1933 年全丘总价值
华懋饭店	沙逊洋行	9,000	90,000	150,000	200,000	360,000	6.899	2,483,640
永安公司	哈同	5,000	47,000	73,000	90,000	225,000	8.631	1,941,975
先施公司	雷士德	5,000	45,000	60,000	95,000	225,000	10.563	2,376,675
新新公司	哈同	4,000	38,000	55,000	82,000	200,000	5.316	1,063,200
汇丰银行	汇丰银行	16,000	134,000	193,000	290,000	450,000	14.207	6,393,150
跑马厅	跑马总会		22,000	26,000	38,000	110,000	463.861	51,024,710
英领事馆	领事馆	6,000	45,000	78,000	100,000	135,000	48.650	6,567,750

注：全丘是指该地产面积范围。

上海公共租界乃至全上海地价最昂贵的地区主要集中在横贯中区的南京路及南京路外滩一带。南京路的地价一直处于近代中国地价史的巅峰。其特点是：[②]

第一，地价总水平最高。根据公共租界工部局估价，1933 年南京路沿路地产价格平均每亩白银 24.4 万两，较中区平均估价高出 62%，其他各区更无法与之相比。

第二，地价上涨速度最快。从 1869—1933 年，公共租界工部局共进行了 19 次地价评估。对南京路沿路地产的估价是，1869 年平均每

① 此表估价系根据公共租界工部局土地征税估价册，参见蓝以琼. 揭开帝国主义在旧中国投资的黑幕[M]. 上海：上海人民出版社，1962：62.

② 以下数据除注明者外，均参照中国人民政治协商会议上海市委员会文史资料委员会. 上海文史资料选辑：第 64 辑[M]. 上海：上海人民出版社，1990：24-25.

亩 1,616 两，到 1933 年为 21.4 万两，上涨 132 倍。如果将 19 次评估地价的统计一起分析，可以看到：每次涨价幅度在 25%以下的有 4 次，25%—50%的有 11 次，50%—100%的有 1 次，100%以上的有 1 次，下跌的只有 1 次。南京路沿路地产估价上涨幅度最大的是 1907 年，比上一次 1903 年估价上涨达 172.9%，1911 年虽然比 1907 年下跌 13.64%，但较 1903 年仍上涨 135.68%，其后更是逐年猛增，一直涨至 1933 年的顶峰。

上述统计是以 1869 年为起点。事实上，从上海开埠的 1840 年到 1869 年，南京路地价已经上涨了几十倍至上百倍。以处于地价巅峰地位的沙逊大厦（今和平饭店北楼）的地基为例，1844 年 11 月，美商琼记洋行（一说英商义记洋行）向农民吴襄等人永租这块土地时，其押租（即买价）每亩只有 42 两。1869 年工部局估价时，每亩 6,000 两，已上涨 143 倍。1877 年 10 月 31 日，沙逊洋行以 8 万两的价格，将这块 11.892 亩的土地连同地上建筑买进，每亩约合 6,730 两。与 1876 年工部局估价 6,500 两很相近。1902 年每亩估价 3 万两，1906 年为 10 万两，1925 年为 17.5 万两，1933 年为 36 万两。从 1844 年每亩 42 两到 1933 年的 36 万两白银，90 年间增长 8,570 倍！[①] 有人算过，如用 36 万两白银换成银元平铺在这块基地上，大致可以铺满。

第三，地段差价悬殊。南京路外滩转角处，即今中山东一路与南京东路的丁字型交叉口，是上海地价的最高端。沙逊大厦和汇中饭店（今和平饭店南楼）如双峰对峙，矗立在这个核心地段上。从这里沿中山东一路即外滩向北向南，沿南京路向西，地价呈渐趋下降平缓之势。

由于南京路从东向西开发，开发时间有先有后，繁荣程度不同，同一条街东西各段地价相差很大。1933 年，沙逊大厦每亩估价 36 万两，由此沿南京路向西至浙江路交叉口的先施公司（今上海时装商店）和永安公司，每亩估价 22.5 万两，比沙逊大厦地价低 37.5%，再向西至国际饭店，每亩估价 12.5 万两，比沙逊大厦低 65.3%。而跑马厅一带，每亩估价仅 6 万两，又比先施公司和永安公司同期地价低 73.4%，

---

① 张薰华，俞健. 土地经济学[M]. 上海：上海人民出版社，1987：330.

比沙逊大厦基地低 83.4%。[①]

　　这种东高西低的地价趋向，愈是租界开发早期愈为突出。1869 年南京路外滩至四川路一段平均每亩估价 5,260 两，而西边贵州路至西藏路一段平均每亩仅 232 两，相差 22 倍多。1874 年后，两段相差 10 倍。到 1933 年，前者平均每亩 30 万两，后者 18.34 万两，已相差不到 1 倍。[②]

　　1934 年至抗战前夕，由于时局动荡，经济不景气，地价上涨较缓，在此期间，中区平均上升 30%—40%；东区（吴淞江口以北）平均上升 10%—20%；西区因为住宅区，上升较快，为 50%—70%。[③]

二、法租界地价

　　上海法租界分为新旧两区，旧区为 1849 年开辟的租界区，北邻公共租界中区，以今延安东路为界，南接旧上海县城（今人民路），东临黄浦江，西至今西藏南路。新区是 1900 年后开辟的，比旧区晚半个世纪，面积比旧区大 16 倍左右。范围大致在今延安中路、华山路、肇家浜路、徐家汇路、西藏南路构成的街区之内。

　　由于未发现上海法租界土地估价的系统资料，只能通过各地段地价变化的零散材料来推断其概况。

　　1. 法租界旧区。法租界干道爱多亚路（今延安东路）外滩转角处土地估价如下：[④]

　　1881 年　　　0.45 万两

　　1921 年　　　10 万两

　　1928 年　　　14 万两

　　1930 年　　　15.8 万两

　　1933 年　　　18.5 万两

　　从 1881 年至 1933 年的 52 年间，增长 40.1 倍。

　　① 张熏华，俞健. 土地经济学[M]. 上海：上海人民出版社，1987：331.
　　② 上海市政协文史资料研究委员会. 旧上海的房地产经营[M]. 上海：上海人民出版社，1990：25.
　　③ 上海市地政局. 上海市地政，1947：227.
　　④ 上海市地政局. 上海市地政，1947：227.

　　据上海市土地局 1931 年调查，公馆路（今金陵东路）外滩转角处的土地 1921 年每亩估价为 10 万两，1931 年为 18.5 万两。[①]霞飞路（今淮海东路、中路）与龙华路口，1921 年为 3,600 两，1931 年为 18,000 两，1934 年为 34,000 两，1921—1934 年上升 8.4 倍。[②]

　　整个法租界旧区土地每亩最低估价如下：[③]

1881　　　　500 两

1927　　　1,500 两

1930　　　3,500 两

　　据《地产月刊》所载的市场交易价格来看，1931 年法租界旧区最高为每亩 19.5 万两，最低也达 10 万两左右。[④]

　　2. 法租界新区地产估价如表 8-5 所示。

表 8-5　1929 年前上海法租界新区六处地产估价[⑤]

单位：银两、亩

年份	坐落地点	当时每亩估价	1929 年每亩估价	增价倍数
1909	福煦路（金陵西路、延安路）靠近海格路（华山路）	800	14,000	16.5
1909	祈齐路（岳阳路）靠近辣斐德路（复兴中路）	900	10,000	10.1
1910	马斯南路（思南路）靠近辣斐德路（复兴中路）	500	12,000	23
1910	霞飞路（淮海东、中路）靠近福开森路（武康路）	900	9,000	9
1915	海格路靠近巨波来斯路（安福路）	900	8,000	7.8
1916	霞飞路与阿尔盘路转角（蟠龙街）	2,000	20,000	9

---

① 张辉. 上海市地价研究[M]. 南京：正中书局，1935：91.

② 张辉. 上海市地价研究[M]. 南京：正中书局，1935：91.

③ 张辉. 上海市地价研究[M]. 南京：正中书局，1935：91.

④ 张辉. 上海市地价研究[M]. 南京：正中书局，1935：29.

⑤ 王慰祖. 上海市地价之研究. //萧铮. 民国二十年代中国大陆土地问题资料. 台北：成文出版有限公司，（美国）中国资料中心，1977：50444-50445.

至 1929 年，新区估价最高每亩 2 万两，最低 8,000 两，这个估价偏低，但缺乏其他可以参照的史料。

《地产月刊》所载 1931—1932 年法租界新区地产交易价格，普遍高于表 8-5 的估价，最高每亩市价 9.5 万两，最低每亩 1.5 万两。[①]1931年是上海市地价较高的年份,这个交易价格反映的情况是切合实际的。

为了能够进行比较，现将法租界公董局（与英租界工部局职能相似）1930 年地价册所载估价及土地面积按照新旧两区进行比较，如表8-6 所示。

表 8-6　1930 年上海法租界新旧两区地价估计[②]

单位：元、亩

区别	估价面积	估价总值	每亩平均估价
旧区	718	72,176,525	100,524
新区	11,245	250,999,477	22,321
共计	11,963	323,176,002	27,015

表 8-6 显示，旧区平均地价相当于新区的 4 倍多。新旧两区地价差别如此之大，原因有三：

第一，旧区地理位置优越，东临黄浦江，为重要码头所在地。公共租界地位上的便利条件，旧区都具备。

第二，旧区毗邻公共租界中区的金融商业中心，爱多亚路（今延安东路）、公馆马路（今金陵东路）和外滩一带，商业繁盛。受地价较高的公共租界中区影响，地价也随之高涨。

第三，新区比旧区开辟推迟 50 年左右，当新区开辟时，旧区已相当发达了。虽然上海公共租界与法租界自开辟后地价均在上涨，但因建设时期不同，地价高低不等。

三、华界地价

上海华界是指除租界外上海市所管辖的区域,1927 年共划分为 17

---

① 张辉. 上海市地价研究[M]. 南京：正中书局，1935：29.

② 张辉. 上海市地价研究[M]. 南京：正中书局，1935：29.

个行政区。表 8-7 是 1930 年上海市土地局对各区土地的估价。

表 8-7　1930 年上海华界各区地价估计①

单位：元、亩

区别	估价面积	估价总值	每亩平均估价
沪南区	45,019	371,946,064	8,262
闸北区	6,663	40,364,258	6,058
法华区	21,170	90,798,250	4,289
洋泾区	32,751	89,663,309	2,738
吴淞区	19,088	29,987,649	1,571
引翔区	46,477	51,635,957	1,111
江湾区	58,150	53,149,400	914
彭浦区	17,327	13,584,464	784
殷行区	33,148	21,413,688	646
真如区	51,762	31,316,215	605
塘桥区	18,509	10,587,139	572
蒲淞区	118,611	55,272,830	466
漕泾区	40,773	14,860,048	414
陆行区	38,014	15,661,690	412
高行区	39,059	13,475,204	345
杨思区	23,679	7,956,180	336
高桥区	36,930	11,226,629	304
共计	647,130	922,898,974	1,426

　　上海市土地局的估价方法，系由该局指派熟悉各区地价情况的估价员，会同各区契约发行保管员，携图实地按各区各地段的地理位置、交通条件、土地利用方式等条件，参照市价进行估价。这种方法虽不太科学，但与市价颇为近似，因此，可视为较准确的地价资料。

　　根据表 8-7，华界地价以沪南区最高，平均每亩 8,262 元。这里是旧上海县城所在地，东临黄浦江，西北接法租界，交通便利，人口稠

---

① 实业部中国经济年鉴编辑委员会. 中国经济年鉴：第三编[M]. 北京：商务印书馆，1936：40-41.

密，传统商业兴盛。1931 年上海市土地局调查，区内的十六铺一带，1921 年每亩地价 2 万元，1931 年为 8 万元。[1]东门路、小东门、中华路、老西门一带，1933 年土地局代为估价，高者每亩价格达 12 万元以上，一般的也在三四万元之间。[2]

闸北区因紧靠公共租界，受其影响，工商业也较发达，平均地价仅次于沪南区。区内四川北路、虬江路一带，1921 年每亩地价为 1 万元，1931 年升至 4 万元。[3]1932 年"一·二八"事变，日军轰炸闸北，使地价下跌 30%—40%，影响波及整个华界。

法华区东临公共租界和法租界，因受租界越界筑路的影响，地价上升很快。洋泾区西滨黄浦江，成为重要码头和工厂堆栈区，交通条件优越，地价也升高不少，居华界第 4 位。吴淞区虽远离市中心，但扼黄浦江入海口，为上海之门户，又有新开辟的市场，地价亦呈上升趋势。

引翔区和江湾区在上海市政府"大上海建设规划"中处于市中心区，1930 年以后，建设工程开工，地价看涨。

其余各区农田占比重较大，地价水平偏低。特别是高桥、杨思、高行三区，几乎全是农地。整个华界面积 64.7 万余亩，真正的商业区和居住区只占一小部分。所以华界每亩平均估价只有 1,426 元。地价最高的沪南区与最低的高桥区相差 26 倍。

四、公共租界、法租界、华界地价比较

根据上述对公共租界、法租界、华界地价的分析，现在对这三个区域的平均估价做一比较，如表 8-8 所示。

从估价面积和估价总值来看：华界估价面积占全市 95%，而估价总值只占全市估价总值的 44.4%；法租界估价面积只占全市的 1.8%，而估价总值却占 15.5%；公共租界估价面积占全市总面积也只有 3.2%，却占全市估价总值的 40.1%。租界土地面积小而价值高，华界面积大

---

① 王季深. 上海之房地产业[M]. 上海：上海经济研究所，1944：64.

② 张辉. 上海市地价研究[M]. 南京：正中书局，1935：8.

③ 王季深. 上海之房地产业[M]. 上海：上海经济研究所，1944：64.

而价值低，形成鲜明对照。

表 8-8　1930 年上海公共租界、法租界、华界土地估价比较

单位：元/亩、%

区别	估价面积	%	估价总值	%	每亩平均估价	每亩最高估价	每亩最低估价
公共租界	22,131	3.2	835,305,121	40.1	37,743	447,552	2,117
法租界	11,963	1.8	323,176,002	15.5	27,015	220,979	4,895
华界	647,130	95	923,898,974	44.4	1,428	60,000	40
全市	681,224	100	2,082,380,097	100			

资料来源：根据张辉，《上海市地价研究》，正中书局 1935 年，第 32-34 页编制。

注：本表华界的"估价总值"和"每亩平均估价"与表 8-7 的数值有微小差别，可以忽略不计。

再从每亩平均估价来看：公共租界每亩平均估价比华界高 26 倍多，法租界比华界高 19 倍，公共租界比法租界仅高出 28%。这说明不同租界间地价水平接近，而租界与华界之间则相差悬殊，如图 8-2 所示。

单位：元、亩

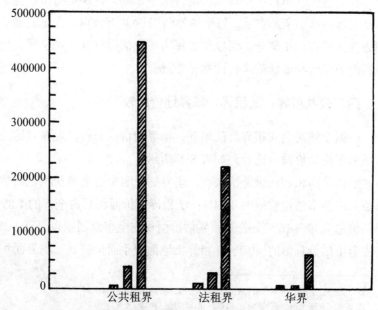

图 8-2　1930 年上海公共租界、法租界、华界最低、平均、最高地价比较

最后从每亩最高、最低估价来看：法租界最高最低地价之间相差 45 倍，公共租界相差 211 倍，华界相差 1,500 倍。三个区之间比较，公共租界每亩最高估价高于法租界 1 倍，高于华界 6 倍多，法租界每亩最高估价高于华界近 2.7 倍。每亩最低估价法租界比公共租界高 1 倍多，比华界高 120 倍之多，公共租界也比华界高 52 倍。这种落差的原因，是华界地价最低处为农地。如果以华界沪南区 1930 年最低估价每亩 800 元计算，仍比法租界低 5 倍，比公共租界低 1.6 倍。不过这样估计，与华界地价的实际水平相比，又有偏高之虞。

总之，无论是每亩平均估价，还是每亩最高最低估价，华界地价均处于极低地位。同在一个城市，租界与华界相差甚巨，而两个租界之间，也有高下之分。其中最显见的原因，是各区开发建设时间不同。公共租界中区与法租界旧区开发最早，历史最久，建设期长，各种设施完备，人员稳定，发展前途已经显而易见，因而对投资吸引力大，地价较高。公共租界其他地区后开发，地价相对低下，而法租界新区大部分地段是在 1914 年后才划为租界的，建设时间最短，法租界地价平均水平因此偏低。华界大部分为农地，当然地价最低。但沪南区旧上海县城一带早在租界开辟之前即为商业市镇，开发建设时间比租界更长，理应地价更高，然而情况正好相反。原因涉及政治、经济、文化、社会等诸多因素，第 9 章和其他章节都有论及。

第 3 节 天津地价评介

一、各国租界地价

天津历史上共有 9 国租界，1902 年美租界并入英租界。1917 年收回德租界、奥租界，列为天津市管辖的特别第一、二区。1924 年收回俄租界，1929 年收回比租界后，两处一并列为特别第三区。因此，特别一、二、三区的地价在华界地价中一并论述，这里仅介绍 1945 年以后收回的，存在时间较长的英、法、日、意四国租界地价。各国租界土地管辖方式不一致，资料又不成系统，加大了研究难度。

1. 法租界。法租界是天津商业中心所在地，在 20 世纪 30 年代以前，一直是各国租界中地价最高的区域。现存比较完整的土地估价资料，是 1928 年统计的，如表 8-9 所示。

北区是指海河以南，今南京路以北的范围，这里是开发最早、最繁华的地段。

表 8-9　1928 年法租界南京路以北土地估价[①]

单位：元/亩

地点	每亩最高估价	每亩最低估价
大沽路	15,750	11,250
长春道（大沽路东）	19,500	15,000
黑龙江路	16,500	11,250
滨江道北段	21,000	11,250
吉林路	18,000	12,000
哈尔滨道北段	22,500	11,250
解放北路	21,000	12,750
赤峰道（和平路北）	22,500	16,500
松江路	21,000	13,500
承德道（解放路北）	21,750	15,750
合江路	21,000	11,150
营口道	22,500	12,000
承德道（解放路南）	18,000	12,000
张自忠路	22,500	13,500
哈尔滨道（和平路北）	21,000	12,750
和平路	22,500	18,000
菜市街	15,000	14,250
兴安路	18,000	13,500
长春道南段	21,750	10,500
辽宁路	21,000	13,500
滨江道南段	22,500	12,000

---

① 王炳勋. 天津市地价概况，1938：3-9.

地点	每亩最高估价	每亩最低估价
新华路	15,000	12,750
丹东路北段	16,500	16,500
山东路	15,000	12,000
哈尔滨道南段	19,500	11,250
河北路	14,250	12,000
赤峰道南段	19,500	12,000
河南路	14,250	9,750
承德道（花园路）	16,500	13,500
山西路	12,750	10,500
丹东路南段	14,256	14,256
陕西路	16,500	13,500
南京路	12,000	10,500
花园路	16,500	13,500

注：为便于理解均采用现地名。

在一些特别看好的地段，买卖价格要比表 8-9 估价高出 3 倍以上，今和平路、滨江道十字路口处，1923 年高星桥购买今劝业场基地时，每亩约 22,000 两，1928 年为 52,000 两，1934 年高星桥之子高渤海购买渤海大楼基地时，每亩 75,000 两。[1]

中区和南区是指南京路以南至西康路一带，这里是 1903 年以后扩展的地区，靠近西开教堂一带地价比较高，最高每亩 8,000 元左右，最低 3,500 元左右。再向南大多为空旷低洼土地，地价为 1,000 元至 3,000 元不等。[2]

其中，靠近西开天主教堂的西宁道独山路口（今国际商场处），1913 年每亩为 200 两，1917 年 600 两，1937 年租界官方估价 5,000 两。24 年间增长 24 倍以上。附近的贵阳路与兰州道口，1912 年每亩 200 两，1926 年为 7,500 两。14 年间增长 36 倍。再向南的新兴路通城里，1924

---

[1] 根据天津档案馆存档，旧字 101-1-2248 推算。

[2] 王炳勋. 天津市地价概况，1938：8-9.

年每亩 200 元，1927 年则升至 800 元。①可见，20 世纪二三十年代法租界新辟地区地价上升速度很快。

2. 英租界。根据 1936 年英租界工部局为征税估算的地价，可对英租界地价水平做一全面的了解，如表 8-10 所示。

表 8-10　1936 年前后英租界工部局土地征税估价②

区别	地点	每亩最高估价（元）	每亩最低估价（元）
东北区	解放北路	20,800	15,000
	大同道	19,700	11,900
	大连道	20,800	12,000
	太原道	12,300	11,900
	泰安道北段	18,800	14,000
	彰德道	18,600	10,400
中区	大沽路	13,800	7,600
	台儿庄路	14,500	12,200
	建设路	8,700	5,200
	湖北路	7,300	5,300
	新华南路	6,500	4,400
	河北南路	6,300	4,700
	山西南路	5,300	4,700
	唐山道	13,300	5,500
	保定道	7,100	4,400
	烟台道	8,600	4,700
	泰安道南段	13,800	4,900
	曲阜道	13,500	5,900
	开封道	10,000	6,200
	徐州道	9,800	8,600
	济南道	6,700	6,200
	南京路	9,200	4,900

---

① 根据天津档案馆存档，旧字 101-1-2248 推算。

② 王炳勋. 天津市地价概况，1938：9-14.

区别	地点	每亩最高估价（元）	每亩最低估价（元）
东南区	睦南道	5,200	2,700
	大理道	5,500	2,400
	湖北路	5,600	4,000
	常德道	5,600	2,500
	香港路	6,500	4,000
	重庆道	5,900	2,500
	澳门路	5,900	4,000
	重庆道（河北路东）	6,500	3,600
	新华南路	6,500	3,600
	郑州道	5,900	4,000
	南海路	5,300	3,600
	洛阳道	5,800	4,400
	河北南路	5,900	4,200
	成都道	5,500	1,000
	湖南路	5,900	3,900
	西安道	5,000	3,000
	汉口道	4,400	3,400
	马场道	5,400	2,700
	贵州路	4,300	2,400
	昆明路	3,300	2,400
	沙市道	3,500	1,500
	汉阳道	3,900	1,600
	宜昌道	3,500	1,500
	云南路	3,900	3,200
	西康路	3,600	1,000
	桂林路	3,600	2,500
	柳州路	5,000	4,600
	长沙道	5,900	3,300
	广西路	4,000	3,900
	芷江路	4,400	3,300
	山西南路	5,300	3,600
	其他路段	6,500	1,200

对照天津市档案馆存当年地价调查材料，发现表 8-10 的估价与市价比较接近，只略微偏低。据王炳勋《天津市地价概况》提供的交易地价，1936 年左右英法租界中街（今解放北路）每亩约 4 万元至 5 万元，大沽路及海河沿岸每亩 2 万元至 3 万元，商业中心和平路滨江道十字路口处每亩高达 7 万元至 8 万元。

3. 日租界。1931 年"九·一八"事变后，日本人来津数量增多，加上战火临近，华界地价下降，而日租界地价反而上升，旭街（今和平路百货大楼以北）是日租界的商业中心，地价最高，沿海河一带稍次，海光寺一带最低。根据日本租界土地课的报告，将 1937 年抗战前夕地价列表如下，如表 8-11 所示。

表 8-11　1937 年抗战前夕天津日租界土地估价[①]

地点	每坪估价（元）	合每市亩估价（元）
旭街一带（今和平路）	约 200	36,600
河沿一带	约 180	32,940
租界中间地带	约 60	10,980
海光寺一带	约 40	7,320

日租界估价水平比英、法租界要高，与市价更为接近。据天津市档案馆存地价调查材料，多伦道益津里以及靠近河北路口一带，原为坑地，1913 年每亩仅 340 元，1933 年达到 7,500 元以上。和平路利津里 1926 年每亩 22,000 元。[②]

4. 意租界。意租界面积只有 700 亩，但紧邻海河、背靠火车站，交通条件比较优越，加上市政规划合理，地价并不低，最高的是大马路（今建国道），其次为花园一带（今第一工人文化宫）。抗日战争前每亩地价大约 4,000 元至 1 万元左右。[③]海河广场一带 1917 年每亩 2,000 余两，北安道、博爱道在 1924—1925 年已近 1 万元，民族路一块滩地，

① 王炳勋. 天津市地价概况，1938：14-15.
② 根据天津档案馆存档，旧字 101-1-2248 推算.
③ 王炳勋. 天津市地价概况，1938：15.

1920 年每亩 1,400 两，1934 年为 4,300 元以上。[1]

5. 英、法、日、意租界地价比较。

表 8-12 是根据本书引用的天津租界地价推算出来的。

表 8-12　1937 抗战前夕年天津英，法、日、意租界地价比较

单位：元/亩

租界国别	每亩最高估价		每亩最低估价		每亩平均估价
法租界	75,000 元	和平路南段	2,000 元	拉萨道	12,000 元
英租界	45,000 元	解放北路	1,500 元	西康路	8,000 元
日租界	36,000 元	和平路北段	6,300 元	沈阳道	10,000 元
意租界	15,000 元	建国道	4,500 元	六马路	7,000 元

资料来源：王炳勋《天津市地价概况》。天津市档案馆存天津市土地局、地政局档案，旧字 101-1-2247 至 2249 卷。

由表 8-12 可知：从每亩最高估价来看，法租界最高，英、日列后，意租界最低，这是符合实际情况的。从每亩最低地价来看，日、意租界要高于英、法租界，主要是因为英、法租界各有大面积扩充新界，因当时未开发完毕，地价水平偏低，而日、意租界面积较小，开发较早，地价自然相对新开发地区要高。同一因素对平均地价亦有影响，即将英、法租界平均地价拉低。日租界地价水平偏高的另一个原因是 1931 年"九·一八"事变后，进入日租界人口增多。

二、华界地价

天津华界地价资料不像租界的那么分散，特别是 30 年代初期房师文根据大量不动产转移登记材料，对天津华界地价作出估计，至今看来仍为可信。借助其研究成果，参照当时天津市土地局的统计资料，可以对民国初年至 1933 年天津华界地价状况做个了解。

天津华界 1928 年以前为天津县管辖，1928 年 6 月天津特别市成立后，将市区划分为 5 大警区和 3 个特别区，如图 8-3 所示。

---

[1] 根据天津档案馆存档，旧字 101-1-2248 推算。

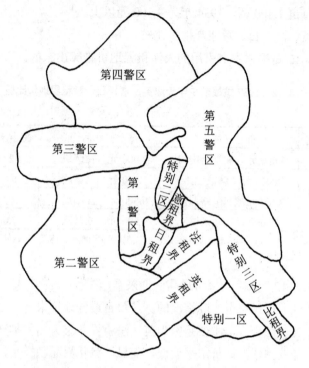

图 8-3　1929 年 5 月天津市区行政区划

资料来源：天津特别市土地局土地行政汇刊——统计类，第 2 页。

1. 华界地价的历史变迁。1860 年天津开埠以前，作为华北重镇的天津县城，虽为政治及商业中心，城内地价稍贵于乡间，但多数为自产自住，地价稳定。1860 年以后，随着天津成为对外开放的口岸，商务日趋繁忙，人口逐渐增多，近代工业出现。1900 年以后，拆除旧城墙，修成东西南北四条马路，加上"华界新区"大经路（今中山路）沿线的开辟，华界地价逐年上升。

1863 年宜兴埠村南每亩价值 18 两，1908 年为 200 两。1898 年河东郭庄子一带，每亩不过 10 两，至 1909 年即值 350 余两，11 年间增加 30 多倍。①

---

① 房师文. 天津市地价之研究. //萧铮. 民国二十年代中国大陆土地问题资料. 台北：成文出版有限公司，（美国）中国资料中心，1977：42954-42955.

1912—1933 年，华界地价上升速度明显加快，如表 8-13 所示。

表 8-13　1912—1933 年天津华界地价变动[①]

单位：元/亩

年份	每亩平均价（元）	增价指数（以 1912 年为 100）
1912	366.67	100.00
1913	501.96	136.89
1914	425.00	115.90
1915	500.00	136.36
1916	475.00	129.54
1917	1,331.27	363.07
1918	475.00	129.54
1919	600.00	163.63
1920	450.00	122.73
1921	800.00	218.18
1922	1,309.09	357.02
1923	1,633.33	445.45
1924	1,866.67	509.09
1925	1,790.00	488.18
1926	2,515.00	685.90
1927	2,940.00	801.81
1928	3,811.11	1,039.38
1929	3,245.12	885.02
1930	3,032.59	827.06
1931	3,195.57	871.51
1932	3,297.89	899.42
1933	3,553.31	969.08

1912—1933 年这 21 年间就地价变动规律，可分为 3 个时期：

1912—1928 年，是华界地价迅速上升时期，尤其是 1920 年以后，除 1925 年因奉系将领郭松龄倒戈，战端几起，导致地价短时下降外，

① 房师文. 天津市地价之研究. //萧铮. 民国二十年代中国大陆土地问题资料. 台北：成文出版有限公司，（美国）中国资料中心，1977：42976-42979.

几乎是直线上升，主要原因是：第一次世界大战期间，天津工商业一度极为繁荣；20 年代初军阀混战，东北军队入关，北伐军节节胜利，一般官僚旦夕不保，为作后计，纷纷在天津租界内外购置产业，造成土地投机日盛，地价上升不已，至 1928 年达到第一次高峰。

　　1929—1931 年"九·一八"事变前，为华界地价波动下降时期。1927 年国民政府成立，政治中心从北京南迁，这一事件，对天津地价影响很大，土地投机活动渐渐降温，被人为地抬高的地价跌落下来。

　　1931 年"九·一八"事变，日本侵占东北三省，造成天津人心恐慌，工商业停顿。因此，至 1933 年，天津租界及临近租界的华界地价又呈上升趋势，而其余华界地价一时陷于跌势。后随大批东北人入关，对华界地价下跌起到缓冲作用。待局势稍稳，地价有所回升，至抗战前又呈缓缓上升趋势。

　　2. 华界各区地价比较。1930—1933 年，天津华界五大警区及三个特别区最高、最低、平均地价如表 8-14 所示。

表 8-14　1930—1933 年天津华界最高、最低、平均地价比较[①]

单位：元/亩

区别	每亩最高价格				每亩最低价格				每亩平均价格			
	1930	1931	1932	1933	1930	1931	1932	1933	1930	1931	1932	1933
第一警区	62,780	16,025	30,303	50,000	600	180	110	600	7,262	5,602	4,736	7,174
第二警区	13,700	10,257	20,000	50,000	100	50	325	389	2,993	3,847	4,471	4,454
第三警区	35,000	20,000	144,859	25,725	150	446	672	386	3,207	3,186	3,917	3,994
第四警区	4,000	6,612	3,033	3,947	20	125	75	105	1,295	2,077	1,176	1,810
第五警区	5,000	6,834	4,000	8,120	79	67	159	284	1,211	1,071	1,474	1,776

---

　　① 房师文. 天津市地价之研究. //萧铮. 民国二十年代中国大陆土地问题资料. 台北：成文出版有限公司，（美国）中国资料中心，1977：43013-43017.

区别	每亩最高价格				每亩最低价格				每亩平均价格			
	1930	1931	1932	1933	1930	1931	1932	1933	1930	1931	1932	1933
特别一区	5,000	5,500	6,500	6,350	1,650	2,713	2,009	1,629	3,580	3,932	4,273	3,922
特别二区	7,000	8,946	8,100	9,615	1,200	726	1,700	1,000	3,060	3,601	4,953	4,528
特别三区	2,734	2,015	2,250	2,403	672	671	671	671	1,857	1,459	1,379	1,404

　　根据表 8-14，4 年期间，第一警区地价最高，特别一区和特别二区先后为第二位，二、三、四警区居中，特别三区与第五警区最低。各区地价高低的原因，主要是因为所处区位及商业繁荣程度不同。第一警区内的东马路、东北角、大胡同、官银号、东南角、南市以及宫南宫北大街、望海楼、金家窑一带，是历史上天津城的发祥地，人口密集，商店林立，又与租界相连接，是华界最繁华的中心地带，地价自然最高。特别一区内虽没有什么商店，但作为高级住宅区，有德租界收回前建设的基础，地价也不算低。特别二区水陆交通便利，为中外商人货栈集中地。第二警区在今南开区范围之内，北马路、西马路、南马路一带商店较多，地价相对较高，而八里台一带则地价很低。第三警区相当于今红桥区范围，其中，针市街、估衣街、洋货街是旧天津华商业集中地。第四警区在今河北区一带，中山路附近机关较多，地价稍高。特别三区及第五警区大体上是今河北区、河东区范围，如小树林、李公楼、唐家口、凤林村、大王庄等，地处荒僻，多为贫民聚集区，地价最低。

三、各国租界与华界地价比较

1933 年天津租界与各国租界地价比较，如表 8-15 所示。

表 8-15   1933 年天津租界华界土地估价比较

单位：元/亩、%

区别	面积	占总面积%	每亩平均估价	每亩最高估价	每亩最低估价
法租界	2,836	3.4%	12,000	75,000	2,000
英租界	6,149	7.3%	8,000	45,000	1,500
日租界	2,150	2.6%	10,000	36,000	6,300
意租界	771	0.9%	7,000	15,000	4,500
华界	72,045	85.8%	3,553	50,000	100
共计	83,951	100%			

资料来源：各租界面积见本书第 1 章第 4 节。

华界面积：王炳勋《天津市地价概况》，1934 年统计，第 1 页。

华界地价：房师文《天津市地价之研究》，第 42978、43016 页。

由表 8-15 显示，从占地面积来看，华界占全市面积 85.8%，而 4 国租界面积总共只占 14.2%，其中法、英两租界共占 10.7%。从平均地价水平来看，法租界相当于华界地价的 3.4 倍，英租界相当于华界的 2.25 倍，相差并不太大。

从每亩最高估价来看，华界仅次于法租界，而日、意租界明显低于华界。

从每亩最低估价来看，差别就显示出来了：日租界相当于华界的 63 倍，意租界相当于华界 45 倍，法租界相当于华界 20 倍，英租界相当于华界 15 倍。这说明租界最低地价远远高于华界，而华界最低地价几乎与农地价格相等。因为根据天津县实业局调查，1925 年天津县属农地（1934 年划入市区范围）每亩平均地价：八里台 130 元；土城 85 元；丁字沽 120 元；大直沽 91 元；佟家楼 115 元。[①]

从各区内的地价差别来看，法租界内地价高低相差 37 倍，英租界内相差 30 倍，日租界内相差 5.7 倍，意租界只差 3.3 倍，而华界相差 500 倍，说明华界内地价水平最为悬殊。英租界与法租界之所以比日、意租界高低差额大得多，是因为这两区内均有大面积新开辟地区，有的地段尚为坑地，意租界面积最小，土地使用单一，基本是高级住宅

---

① 天津县实业局调查处. 天津县实业调查报告. 不详，1925.

区，所以地价分布也最均匀。

总之，天津地价的分布状况呈马鞍形，即从华界大胡同、东马路、日租界旭街（今和平路）到法租界劝业场一带为一条高地价山脉，地处这条山脉两端的大胡同、东北角一带和滨江道、劝业场一带为两个高峰。全市地价由这一山脉和两峰向四边逐渐降低。沿海河一带、解放路、大沽路也是一条次高峰带，与和平路、东马路走势相同。天津地价高峰地带均为租界、华界商业最繁华地区，其特点为分布地点集中，只占全市极小地区；华界与租界最高地价区相毗连，价格相近；而华界与租界最低地价相差很大。

从天津地价变动趋势看，1927 年左右为第一次高峰，1936 年形成第二次高峰，形成两次高峰虽有军阀官僚抢购土地等特殊因素作用，但城市经济的自然增长和市政建设的日趋完善仍为最根本原因。

第 4 节　汉口地价评介

一、地价分布状况

汉口地理位置十分重要，扼全国水陆交通中枢，素称"九省通衢"，为中国五大商埠之一，明代崇祯八年，通判袁焻筑堤防水，居民渐渐沿堤聚集，形成今天的旧市区，当时所筑的堤坝也就成为旧市区中心的堤街。1860 年辟为通商口岸后，沿长江依次设有英、俄、法、德、日五国租界，逐步成为地位显赫的开放城市，土地骤然增值。

1926 年，汉口市政府成立，将全市划分为八个行政区，后来又将已收回的德租界划为第一特别区，俄租界为第二特别区，英租界为第三特别区。通过表 8-16 至表 8-21[①]，对 1933 年各区地价进行分述。

如表 8-16 所示，第一区内中山路与江汉路交叉口地价最高，其次为中山路沿线，离中山路越远，地价越低。

---

① 梅光复. 汉口市地价之研究. //萧铮. 民国二十年代中国大陆土地问题资料. 台北：成文出版有限公司，（美国）中国资料中心，1977：44536-44588.

表 8-16   1933 年汉口市第一区地价

单位：元/方丈

地段		每方丈地价	
		最高	最低
中山路以南地区	正街	560	64
	河街	432	37
	中街	342	37
	堤街	216	31
	后花楼街	520	201
中山路以北地区	中山路—府南一路	800	80
	中山路—新基路	150	40
	中山路—平汉路	80	40
	府南一路—府北一路	330	80
	府北一路—平汉路	180	80
	新基路—平汉路	100	20

表 8-17   1933 年汉口市第二区地价

单位：元/方丈

地　段	每方丈地价	
	最高	最低
保华街—华商街	800	200
大智街—保华街	350	200
立强街—友益街	300	200
平汉路—华商街	300	180
平汉路—大智街	250	160
平汉路—法界及友益街	220	180
平汉路—汉景街法界	220	120
平汉路—汉景街	160	40
沿江路—兴隆街	120	60

　　如表 8-17 所示，第二区内保华街与江汉路交叉口地价最高，其次为保华街沿线，其他街道更次之。

　　如表 8-18 所示，第三区至第八区内绝大部分土地为农地，其中少

数地区如码头、跑马场、铁路公路沿线及村庄地价较高，湖荡草坞地
价最低。

表 8-18　1933 年汉口市第三至第八区地价

单位：元/方丈

地　段	每方丈地价	
	最高	最低
第三区	60	1.5
第四区	80	0.6
第五区	10	0.3
第六区	4	0.3
第七区	8	0.3
第八区	25	0.3

　　综观第一至第八区地价分布，以一、二两区为最高，其中两区交
界处的江汉路一带为地价高峰。第三、四区地价居中，第五、六、七、
八区基本为农地，地价最低。

　　第一特别区原为德租界，1917 年 3 月收回。表 8-19 的地价是 1933
年估定的。

表 8-19　1933 年汉口市第一特别区（原德租界）地价

单位：元/方丈

地段	每方丈地价	
	最高	最低
一德街	340	200
两仪街	250	200
三教街	220	200
四民街	200	175
五族街	200	200
兰陵路	250	150
黄陂路	250	150
界限路	200	150
南皮路	250	250

第二特别区原为俄租界，1925 年 3 月收回。表 8-20 的地价是收回前估定的。

表 8-20　1925 年以前汉口市第二特别区（原俄租界）地价

单位：元/方丈

地　段	每方丈地价	
	最高	最低
一元路	175	125
二曜路	150	125
三阳路	145	140
四维路	150	125
五福路	140	135
六合里	140	125
江汉街	220	170
汉江街	200	150
汉中街	157	135
汉景街	150	135

第三特别区原为英租界，1927 年 3 月收回，是地价水平最高的一个区。表 8-21 的地价是 1923 年由英国工部局按地段估定的，此后多年很少发生地价争议诉讼，因此一直沿用到 30 年代初。

表 8-21　1923 汉口市第三特别区（原英租界）地价

单位：元/方丈

地段号	每方丈地价	
	最高	最低
1—10	420	200
11—20	380	200
21—30	220	200
31—40	240	200
41—50	220	200
51—60	220	180
61—70	220	180
71—80	850	180
81—90	445	160
91—100	875	150
101—110	550	140
111—116	350	150

由于缺少汉口日租界、法租界的地价资料，三个特别区的地价状况，实际代表了汉口租界的地价水平。其特点与其他城市租界地价完全一致：租界内地价总水平普遍高于华界，最高最低价之间差价小，地价水平均衡。

二、各区地价比较

表 8-22 是根据前述各区地价综合编制的，换算成每亩价格，便于在全国范围内比较。

表 8-22　汉口市各区地价比较

单位：元、两/方丈、亩

区别	每方丈地价（单位：1—8 区为元，3 个特别区为银两）				
	最高	最低	高低相差倍数	平均	折合每亩地价
第一区	800	20	40	130	7,800
第二区	800	40	20	217	13,020
第三区	60	1.5	40	13.2	792
第四区	80	0.6	133	13.3	798
第五区	10	0.3	33	2	120
第六区	4	0.3	13	1.4	84
第七区	8	0.3	27	1.5	90
第八区	25	0.3	83	3.6	216
第一特别区	340	150	2.27	148	8,880
第二特别区	220	125	1.76	233	13,980
第三特别区	875	140	6.25	256	15,360

从最高价看，第三特别区与第一、二两区不相上下，第一、二特别区居中，而其余三至八区则大大偏低，其中第一区与第六区最高地价相差 200 倍。从每方丈最低价看，三个特别区则居高临下，第一、二区居中，第五、六、七、八区最低地价与特二区比竟差 416 倍。主要是因为这些区内有大量湖荡荒地。第一区最低价与特二区最低价相比，差 6.25 倍，完全是市地之内租界与非租界的差别。说明汉口各区地价高低差别十分悬殊。华界与租界之间尤为突出。

从最高最低地价相差倍数看，第一至八区相差明显，在十几倍到几十倍之间，三个特别区之间相差较少，最多为 6 倍，最少为 0.76 倍。说明汉口华界各区地价水平远不如租界区地价水平均衡。

从平均地价看，第三特别区最高，第二特别区次之，第二区又次之，第一特别区为第四位，第一区为第五位，第三至八区则相差甚远。

总之，汉口地价较高的五个区，地理位置都很优越，三个特别区因有特权保护，商业发达、市政设施完善等优势，地价差别小，平均水平高。第二区由于靠近租界，地价居华界各区之首。第一区因历史悠久，人口稠密，地价也高于其他各区。

三、地价变动趋势

汉口地价，自开埠以后至 1930 年，为上升时期，原因是城市发展和租界建设的影响。1931 年以后，受水灾、世界经济危机、日本侵华以及地权管理不善等因素的影响，地价逐渐下降。

华界情况以第一区为例：1911 年熊家巷每方丈售价 265 两，1916 年为 399 两；鲍家巷 1867 年每方丈 43 两，1904 年为 272 银元，1925 年每方丈 952 两，1931 年降为 330 元；小夹街 1925 年每方丈 277 两，1929 年降为 240 两；张美之巷在同期也由每方丈 852 两降为 675 两，如表 8-23 所示。

表 8-23　汉口市第一区中山路以南地价变动①

单位：元 / 方丈

地名	1926 年		1930 年		1933 年	
	最高	最低	最高	最低	最高	最低
正街	700	100	560	60	560	64
河街	480	60	660	40	432	33
中街	380	60	240	60	342	37
堤街	240	50	420	50	216	31
后花楼街	650	360	600	350	520	201

从表 8-23 可以看出，地价波动并不太大，最低价变化更小。但这

---

① 高尚智，陈德炎. 武汉房地产简史[M]. 武汉：武汉大学出版社，1987：23-24.

是估价，市价的变化会更明显。

汉口租界地价变动的资料只有俄租界即第二特别区的一份，如表 8-24 所示。

表 8-24 不仅反映第二特别区地价普遍上升，而且表明等级低的地段地价上升幅度更大。

表 8-24　汉口市第二特别区地价变动

单位：银两、方丈、%

年份	地价等级						
	一等	二等	三等	四等	五等	六等	七等
1924	340	300	240	190	160	140	120
1928	不详	不详	250	220	200	175	150
增价额			10	30	40	35	30
增价率			4	14	20	20	20

第 5 节　厦门地价评介

一、地价分布状况

厦门于 1935 年正式设市，面积约 43.3 平方公里，就其岛屿天然地势，分为八个行政区，其中第五、六、七区隶属同安县，不在本书研究范围。

第一区位于厦门市区东北方向，思明南北路以东，思明东路以南。第二区位于厦门市区西北方向，开元路、思明东路以北，鹭江路及思明北路以东。第三区东界思明南北路，西临鹭江，南界宏汉路，北界开元路。第四区西临鹭江，南接第三区，北与第一、三两区分界。鼓浪屿划为第八区，是一个与厦门市区隔海相望的小岛，全岛面积不过 3.88 平方公里，人口 35,000 人，1902 年辟为公共租界，由工部局管理。

厦门市在 20 世纪 20—30 年代进行过大规模的市政建设，其经费主要靠出售已开发的土地，所以市政府对于地价非常重视，曾选派熟悉市区的几十人，作为地价调查员，专门从事地价调查，之后进行评定。现将调查价格与评定价格一并列出，以便相互参照，如表 8-25 所示。

表 8-25　20 世纪 30 年代中期厦门各区地价①

单位：元／方丈

区名	路　名	调查价格	评定价格
第一区	思明东路（傅厝墓一段）	450	300
	思明东路（月眉池口一段）	300	300
	思明东路（霞溪仔口一段）	700	400
	民国路（西庵官一段）	300	220
	民国路（街仔口一段）	300	220
	民国路（司令部中府后一段）	450	220
	民国路（仙殿后一段）	380	160
	民国路（石路街一段）	350	160
	民国路（靖山头口一段）	260	240
	公园南路（马房口一段）	300	240
	公园南路（北门马路一段）	300	240
	公园南路（道台街一段）	250	220
	公园南路（同安内口一段）	250	220
	公园东路（蓼花溪尾一段）	220	170
	公园东路（妙释寺街一段）	180	140
	公园东路（角仔境一段）	180	140
	公园北路（东岳前一段）	160	120
	公园西路（东岳街一段）	180	150
	公园西路（北应殿一段）	180	150
	公园西路（古城边一段）	450	400
	公园西路（桥亭街一段）	450	420
	第一市场	450	400
	南寿巷	180	150
	南寿巷（北门城边一段）	200	160
	古城东路（东门城边一段）	200	160
	古城东路（仙殿后一段）	180	150
	靖山路	90	70
	同安路	90	70
	古城西路（直街一段）	180	150

---

① 厦门市房地产志编纂委员会. 厦门市房地产志[M]. 厦门：厦门大学出版社，1988：71-73.

续表

区名	路　　名	调查价格	评定价格
第一区	古城西路（雨伞王一段）	140	120
	先锋营街	160	90
	第七市场	200	300
	思明东路横巷	350	240
	百家村	90	50
	模范村	90	50
	蓼花路	100	60
	虎园路	100	80
	第二市场	110	80
	溪岸路	110	80
	妙香路	300	300
	第五市场	300	300
	中华路（衙口街一段）	450	350
	仙园新区	70	40
	仙园路	70	40
	白鹤岭新区	50	40
	水磨坑新区	60	40
第二区	外海滩新区	70	60
	内海滩新区	70	70
	开禾路（开禾路一段）	310	300
	开禾路（典宝街一段）	420	350
	开禾路（竹树脚一段）	350	300
	开平路（前街仔一段）	220	200
	开平路（堆头巷一段）	220	200
	开平路（大王前一段）	350	200
	开平路（八卦埕一段）	150	150
	开平路（小打铁一段）	300	120
	外王路（外王路一段）	150	100
	外王路（大王后一段）	160	100
	鹭江道（第一段）	280	450
	鹭江道（第二段）	1400	1300
	鹭江道（第三段）	1000	1000-200

续表

区名	路　　名	调查价格	评定价格
第二区	故宫路	220	170
	龙关礁巷	400	400
	卢山路	400	400
	海滨路	400	400
	营平路	350	300
	第八市场	420	400
	古营路	350	300
	道平路（箭道）	220	180
	道平路（八卦埕）	150	140
	厦禾路（担水巷至竹树脚口一段）	500	350
	厦禾路（竹树脚口至大王十五岐一段）	300	280
	厦禾路（大王十五岐尾起至佑福宫尾一段）	400	250
	思明北路（饔菜河一段）	500	450
	思明北路（关仔内一段）	400	400
	思明北路（锅炉一段）	340	280
	开元路（开平路口至浮屿一段）	400	300
	开元路（开元路头至开禾路一段）	800	500
	开元路（开禾路口至开平路口一段）	560	350
第三区	中山路（桥亭街口一段）	450	450
	中山路（仁安街口一段）	700	600
	中山路（黄厝河口一段）	700	600
	中山路（田仔兜口一段）	700	600
	中山路（局口街口一段）	700	600
	中山路（十九桐一段）	800	900
	中山路（大走马路一段）	900	900
	中山路（崎头宫一段）	900	900
	中山路（和风宫一段）	1000	1000
	中山路（岛美街一段）	1400	1000
	中山路（岛美街头一段）	2000	1300
	大同路（观音亭一段）	350	250
	大同路（朝天宫一段）	350	250
	大同路（关仔内一段）	500	400

续表

区名	路　　名	调查价格	评定价格
第三区	大同路（风仪宫一段）	500	450
	大同路（火烧街一段）	500	800
	太平路	170	150
	二舍庙巷	150	130
	大中路	800	700
	升平路	1200	1000
	镇邦路	1200	800
	镇邦路（石埕街口一段）	500	1300~900
	镇邦路（关帝庙一段）	600	1300
	镇邦路（外厝埋口一段）	600	1300
	镇邦路（庙前街口一段）	700	1000
	镇邦路（太史巷口一段）	1500	1200
	思明南路（甕菜河一段）	500	450
	思明南路（二舍庙一段）	380	320
	思明南路（青墓口一段）	300	200
	思明西路（局口中一段）	900	700
	思明西路（山仔顶口一段）	700	600
	思明西路（山仔顶一段）	850	750
	第六市场	320	400
	水仙路	400	500
	晨光路	400	400
	宏汉路	100	100
	南羲和路	100	50
	横竹路	600	800
	第四市场	350	300
	永安巷	320	250
	开元路	800	500
	海后路	1400	800
第四区	思明南路（面线埕口一段）	300	200
	思明南路（竹子河口一段）	300	180
	思明南路（鸿山寺一段）	240	150
	思明南路（镇南关即大生里一段）	240	150

续表

区名	路　　名	调查价格	评定价格
第四区	思明南路（大帅墓一段）	200	150
	思明南路（思明县前一段）	180	120
	思明南路（蜂巢山一段）	150	60
	同义路（虎头山脚一段）	500	250
	同义路（上帝宫一段）	500	250
	同义路（同文脚一段）	600	300
	同义路（寮仔后一段）	550	360
	虎头山路	260	100
	寿山路	100	80
	碧山路	100	100
	民生路	110	80
	大学路	80	50
	虎头山新区	150	80
	洗布山新区	80	50
	麒麟山新区	80	40
	大南新区	30	16
	第三市场	85	80
	东边社	30	15
	民族路	240	100
	寿碧路	100	80
	镇北关	35	15
	南普陀路	60	30
第八区（即鼓浪屿）		最高价格（元）	最低价格（元）
	龙头路	700	200
	中路	330	220
	乌棣中	150	120
	岩仔脚	150	120
	乌棣角	150	120
	田尾	130	100
	工部局口	120	100
	港仔后	105	95
	内厝沃	80	40

一般认为，调查价格多为当初购买价格，而评定价格则接近评定年份的地价水平。因厦门地价在 30 年代后有下降趋势，所以评定价格普遍低于调查价格。

表 8-26 为全市各区最高、最低、平均地价。厦门市地价以第三区为最高，第二区次之，鼓浪屿第三，第一区第四，第四区最低。在第三区里，尤以中山路、大同路为高，每方丈达 1,300 元以上，若按调查价格，则高达 1,500—2,000 元，为全市地价之冠。其次是升平路、镇邦路和海后路，每方丈亦在 1,000 元上下。

表 8-26　30 年代中期厦门各区评定地价比较

单位：元/方丈

区别	每方丈评定价格（元）				
	最高	最低	相差倍数	平均	合每亩价
第一区	420	40	10.5	120	7,200
第二区	1,000	60	16.6	300	18,000
第三区	1,300	50	26	450	27,000
第四区	360	15	24	80	4,800
鼓浪屿	700	40	17.5	125	7,500
全市	1,300	15	86.7	215	12,900

资料来源：依照表 8-25 各区评定价格一栏推算。平均地价一项取自各区中等水平地价，全市平均价按各区加权平均数计算。

厦门市第三区地价之所以最高，原因是：第一，第三区是厦门市金融、商业中心，中山路、大同路两侧集中了重要的中外贸易公司和大型批发及零售商店，升平路、镇邦路和海后路则是中外各大银行、钱庄汇集地。第二，该区居厦门市中心，地理位置优越，交通极为方便，其余各区无不以这里为汇集场所和交通枢纽。

鼓浪屿作为公共租界，并不像上海、天津、汉口租界地价那样高。因为鼓浪屿是一小岛，与厦门市交通不十分便利，因而不能成为商业中心，仅以风景优美的住宅区而著称。

厦门市各区内地价高低差别比较一致，除第三区略高外，都在十几倍左右。各区最低地价基本相近，说明都有农地存在。然而厦门市区范围较小，农地对全市地价平均水平影响不大。

二、地价变动趋势

1930 年前，厦门市各地段的地价，随着市区的开发与经济的繁荣不断变化，呈上涨趋势。如在旧城改建之始，开元路是市区唯一的马路，是厦门商业中心，地价昂贵，售至每市方丈 800 银元。但 1927 年后路政处继续开辟马路，建筑住宅、堤岸、公园，商业中心移至中山路、大同路，于是开元路的地价逐步下跌，每方丈仅值 400 元。而中山路、大同路，开辟前因街道狭小，商店稀少，房屋简陋，地价不及开元路的 50%。开辟后，洋行、商店鳞次栉比，商业兴盛，地价不断上涨，每方丈售价达 3,000 银元，甚至一度高达 5,000 银元。

1931 年以后，厦门市地价开始下跌，直到抗战后再未能恢复至 1931 年前的水平。地价下降原因首先是世界经济危机的影响，东南亚商业萧条，侨汇剧减；其次是日本侵华战争，继 "九·一八" "一·二八" 事变之后，华南战云密布，局势动荡，房地产投资者持观望态度。而土地又不断开发，供过于求。部分地产经营者，缺少雄厚资金，大都是购买地皮后立即转手抵押兑换现金，然后再购买第二块土地。如一旦无人承购、承押、承租土地，则只得降价出售。1932 年前，闽南军阀陈国辉曾出价 40 万银元，购买大同路仁记店楼 1 排 10 个店面（今大同路 44 号至 62 号），因中介人索取 2 万元佣金而未成交；到 1935 年业主拟以 18 万元出售，竟无人问津。[①]1930 年，商业用地平均每亩 53,335 银元，宅基地 3,507 银元，园圃地 4,116 银元，农地 5,665 银元，此后逐年下降，到 1934 年，商业地平均每亩地价降为 36,998 银元，宅基地降为 2,117 银元，园圃地降为 3,006 银元，农地降为 3,630 银元，下降率分别为 31%、40%、27%、36%。[②]

---

① 林传沧. 福州厦门地价之研究. //萧铮. 民国二十年代中国大陆土地问题资料. 台北：成文出版有限公司，（美国）中文资料中心，1977：43608-43613.

② 据土地委员会福建省研究报告第七章编制，不包括鼓浪屿在内。

第 6 节 广州地价评介

广州是近代开埠最早的城市，是华南政治、经济、文化中心，重要的国际贸易口岸。因此，广州地价水平在全国名列前茅。

一、地价分布状况

《中国经济年鉴》1936 年版第三编里，有一份关于 30 年代初期广州地价分布表，清楚地概括了广州地价等级状况，如表 8-27 所示。

表 8-27　20 世纪 30 年代初广州市地价分布状况[①]

单位：元 / 方丈

地价区段	范　围	每方丈价格	备注
1	太平南路、西堤大街、二马路、仁济大街、十三行马路、一德路、浆栏路、兴隆马路等	2500—3000	全市商业中心，交通枢纽，金融、商业、娱乐中心
2	十七甫、十八甫、拱日东路等	2000—2500	旧西关、传统商业区、银业、钱庄、店铺集中
3	海珠、长堤、油栏门、石室前及财政厅前爱惠中路	1500—2000	旅店、零售商店、戏院、长途汽车中心、文化中心
4	六二三路、陈塘一带	1300—1500	面临沙面租界、洋行、米行、酒楼林立
5	天宗码头、南关一带	1100—1300	市场兴旺，机关集中
6	靖海路、泰康路以及高第路等	1000—1100	连接珠江铁桥，为两岸交通要道，商业兴盛
7	长泰路、上九甫、下九甫等	900—1000	商业繁盛，人口稠密
8	宝华路、十一甫、十二甫、逢源大街等	800—900	市场兴旺，兼为高级住宅区

---

① 实业部中国经济年鉴编辑委员会. 中国经济年鉴：第三编[M]. 北京：商务印书馆，1936：43-44.

续表

地价区段	范 围	每方丈价格	备 注
9	惠福西路、四牌楼、大新路等	700—800	商店林立，住宅亦多
10	黄沙及光塔街、纸行街一带	600—700	转运业及小商业集中
11	西关、排南、文明路、文德路、河南洲头嘴、洪德路	500—600	住宅、学校、机关居多，河南商业中心
12	光孝寺附近	400—500	连接北门，与郊外马路相通，住宅区
13	第二、五甫，东堤以东，小北、海幢寺	350—400	小商业区及住宅区
14	东山猫儿岗、竹丝岗、署前街、大沙头空地	300—350	郊外住宅区
15	海幢寺后至怡安街一带	250—300	住宅区
16	前舰街沿广九路一带、大石街、天香街一带	200—250	地处僻静，住宅区
17	市郊各处	150—200	远离市区，住宅不多
18	农田、新填地	100—150	未辟
19	农田	50—100	未辟
20	农田、荒地	10—30	中山大学校新建校舍于石牌

由表 8-27 分析，20 世纪 30 年代初期，广州每方丈 900—3,000元的高地价区，主要集中在沙面以南到海珠桥之间珠江北岸，这里紧邻沙面租界，又有多处码头，是广州对内对外贸易、金融和娱乐中心。每方丈 200—900 元的地区多为学校、机关及住宅区，分散在上述高地价地区周围。每方丈 200 元以下的多为荒僻农地，正待开发。全市最高与最低地价相差 300 倍。如果折算成市亩，最高地价每亩 18 万元，最低地价每亩 600 元，平均地价每方丈 500 元以上，相当于 3 万元 1亩。广州地价高居全国第二位，仅次于上海。

二、地价变动趋势

1912 年以前，广州没有系统的地价统计。1912—1928 年，全市11 个警区对区内每方丈土地的买卖价格记录汇总，逐区平均再推算出全市平均地价。由此可见其 16 年间变动趋势，如表 8-28 所示。

表 8-28 1912—1928 年广州市平均地价变动[①]

单位：元 / 方丈、亩

年份	每方丈平均价	折合每亩价	年份	每方丈平均价	折合每亩价
1912	123.90	7,434	1920	154.66	9,279
1913	130.44	7,826	1921	178.81	10,728
1914	180.56	10,833	1922	197.67	11,860
1915	141.31	8,478	1923	187.76	11,265
1916	134.74	8,084	1924	173.29	10,397
1917	164.35	9,861	1925	201.24	12,074
1918	148.69	8,921	1926	182.15	10,929
1919	149.86	8,991	1927	171.05	10,263
			1928	177.86	10,671

　　表 8-28 说明，广州市地价在 1912—1928 年之间稳定上升，其间出现两个高峰：一是 1914 年，比 1912 年提高了 32%；二是 1925 年，在 1914 年的基础上又提高了 12%，比 1912 年提高了 39%。两次高峰的出现均以当时广州政治形势为背景，如图 8-4 所示。

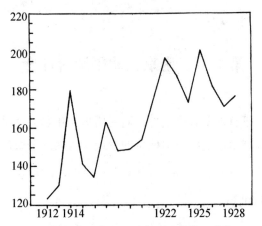

图 8-4 1912—1928 年广州市平均地价变动趋势（单位：元 / 方丈）

资料来源：实业部中国经济年鉴编辑委员会. 中国经济年鉴：第三编[M].北京：商务印书馆，1936：42-43.

---

① 实业部中国经济年鉴编辑委员会. 中国经济年鉴：第三编[M]. 北京：商务印书馆，1936：42-43.

然而，这个估价有很大局限性。第一，统计范围包括大量农地，导致市区地价水平下降；第二，业主买地后向政府申报地价时为了避税往往从低报价；第三，没有反映市中心位置优越的个别地区地价猛增的情况。

1932 年 12 月 2 日《中央日报》载有对广州地价上升速度的调查："以广州现时之市价而论，较于二十二年前（1910 年），其增长固已不止十倍，即以比之已开辟马路之地，距数年之前，其价亦突涨至四五倍，例如数年之前，普通之马路，如惠爱路、丰宁路，一德路等临马路而作商店用地，每井（与平方丈面积相等）最高不过值银五百元左右。较僻之马路，则值三四百元……距今之数年间，地价突飞猛进，其增进之速度竟至出乎一般意料之外，降至现在，几有寸土寸金之势……凡面临马路之地，放低限度，每井可值一千元，地位较优可作商店之用者，则每井地可值二三千元；繁华马路之商店地位，则非每井五千元以上不可得。"

两个资料相互参照，不难看出广州地价在抗战前 20 多年间的上升趋势。

第 7 节 南京、北平地价评介

南京和北平有许多共同之处，同为历史文化名城，民国以后，又交替作为首都城市，这种政治地位的变迁，成为两个城市地价波动的特殊因素。

一、南京地价

南京作为一座历史悠久的文化古都，土地价格变化并不显著。但自 1927 年定为国都后，地价上升速度为世人瞩目。

1. 南京地价分布

1927 年以前，南京以下关地区（即第七区）最为繁华，江对岸是浦口，津浦、沪宁铁路在这里衔接，下关又是水运码头所在地，水陆交通枢纽，南京门户。1929 年，商埠街、鲜鱼巷、河街每方丈地价达120 元以上，沪宁车站前，新马路、惠民桥北每方丈 650 元。因此，下关地区地价平均水平居全市第一。

其次是中区，以新街口为中心（即第一区）。这里是二三十年代，特别是在建都后迅速发展起来的繁华商业区，平均地价虽低于下关地区，但全市最高地价出自于此。1931 年新街口以东的中山东路，每方丈售价达 714 元，新街口 620 余元。

再次为南区（即第三区），即中华路、三山街一带，邻近秦淮河沿岸的旧城区，1932 年每方丈售价亦有 660 元。地价最低地区在城内如九华山、颜家巷每方丈仅 5 元；城外地区如水西门外，中华门外每方丈尚不足 5 元。[①]

1927—1932 年，南京行政区划发生几次变动，由最初的东、西、南、北、中、下关六区，变为后来的一至八区。有两点说明：（1）第八区浦口没有统计资料，本书范围为市内 7 个区。（2）现有估价、评价与申报地价三种资料，申报地价与市价最为接近。因此，以下论证以申报地价为依据，如表 8-29 所示。

表 8-29　1931 年南京土地交易申报地价[②]

单位：元/方丈

区地	地名	每方丈买卖申报地价		
		最高	最低	平均
第一区	大行宫	180	70	118
	学堂巷	70	40	55
	刘军师桥	230	16	77
	中山东路	714	110	396
	唱经楼	100	80	90
	新街口	622	100	352
	吉祥街	540	60	255
	破布营	82	33	53

① 高信. 南京市之地价与地价税[M]. 南京：正中书局，1935：7.
② 根据资料编制. 高信. 南京市之地价与地价税[M]. 南京：正中书局，1935：8-20.

区地	地名	每方丈买卖申报地价		
		最高	最低	平均
第二区	太平街	254	33	126
	太平路	500	60	290
	门帘桥	480	120	268
	马路街	48	35	42
	三条巷	45	12	42
	常府街	140	25	77
第三区	三山街	416		
	府东街	180	40	93
	益仁巷	125	121	123
	饮虹园	30	13	21
	弓箭坊	66	50	58
第四区	窑湾	60	50	55
	扫帚巷	143	87	117
	信府河	58	24	41
	小油坊巷	48	11	30
	来凤街	13	10	12
	小西湖	55	11	26
第五区	双石鼓	212	30	111
	老米桥	410	50	223
	水西门大街	100	51	76
	富民场	160	24	71
	牌楼巷	80	11	30
	清凉山	10	9	9.5
	石桥街	30	20	25
第六区	中山北路	118	45	82
	阴阳营	24	10	18
	玄武门	56	9	23
	挹江门内	30	26	28
	黄泥岗	110	12	61
	成贤街	73	22	45
	新家桥	40	30	20

续表

区地	地名	每方丈买卖申报地价		
		最高	最低	平均
第七区（下关）	商埠街	90	57	75
	热河路	450	75	263
	河街	200	100	150
	兴中门驴子巷	20	10	15
	盐仓街	15	10	13

表 8-29 的数字是选编的。为了反映全面情况，用表 8-30 作为补充。

表 8-30　1931 年南京各区土地交易申报价格比较[①]

单位：元 / 方丈、亩

区别	最高	最低	相差倍数	平均	折合每亩价
第一区	714	4.5	158	88	5.280
第二区	500	12	41	76	4,560
第三区	416	8	52	58	3,480
第四区	143	4	35	34	2,040
第五区	410	3	136	41	2,460
第六区	118	3	39	24	1,440
第七区	450	10	45	104	6,240
全市	714	3	238	61	3,660

表 8-30 说明，南京市以第一区地价最高，第二区次之，第七区、第三区、第五区再次之，第四区与第六区最低。各区内最高与最低地价相差 35 倍至 158 倍，全市最高与最低地价相差 238 倍。全市平均地价最高与最低只差 3 倍多。总之，南京市平均地价水平不算很高。虽然作为都城，但建设时间毕竟较短。

---

① 高信. 南京市之地价与地价税[M]. 南京：正中书局，1935：41.

2. 南京地价变动趋势

表 8-31 说明，全市平均地价变动，以 1931 年为最高，1931 年以后有所下降，原因是：第一，1932 年上海"一·二八"事变，日本舰队集于南京下关，战事行将爆发，居民纷纷外逃，一时地价大跌，尤其以新街口一带最甚。第二，受经济危机影响，购买力下降，抗战前夕有所回升。

表 8-31　1928—1934 年南京地价变动[①]

单位：元 / 方丈、亩

年份	最高价	最低价	平均价	折合每亩价
1928	220	2	24	1,440
1930	400	3	28	1,680
1931	714	3	61	3,660
1932	600	3	59	3,540
1934	300	5	40	2,400

从市区各地点看，地价上升幅度最大的是新形成的中心商业区，如新街口、太平路、中山东路、中山北路、鼓楼一带，这些地区一跃成为市中心，地价增高数十倍以上。1922 年新街口每方丈地价仅 20元，1926 年为 85 元，1930 年升至 400 元，1931 年高达 620 元。[②]新形成的机关所在地及高级住宅区如大方巷、山西路、傅厚岗等地区，地价持续上升，而 1927 年以前地价较高地区，如夫子庙、三山街、花牌楼、中正街、唱经楼、鱼市街、下关大马路等处，地价上升幅度并不太大，如表 8-32 所示。

① 陈岳麟. 南京市实习调查日记. //萧铮. 民国二十年代中国大陆土地问题资料. 台北：成文出版有限公司，（美国）中文资料中心，1977：53848-53852. 其中 1928、1930 年为调查价格，1931、1932 年为买卖申报价格，1934 年为估价。

② 高信. 南京市之地价与地价税[M]. 南京：正中书局，1935：44.

表 8-32　1928—1934 年南京地价中心点价格涨落调查表[①]

单位：元/方丈

地名	年份						
	1928	1929	1930	1931	1932	1933	1934
新街口		150	400	700	400	280	520
太平路	50	100	150	480	300	350	450
中华路中段		250	420	500	300	350	400
中华路北段		120	200	355	300	420	500
夫子庙		100	120	150	130	100	120
唱经楼、鱼市街	50	70	80	180	180	150	125
大方巷、山西路	15	20	25	36	44	50	45
傅厚岗	20	21	22	40	40	42	50
三牌楼	14	20	22	29	42	36	50
下关大马路	140	160	200	200	180	160	180

　　图 8-5 虽然简单，却显示出带有普遍规律的内容。以新街口为代表的新型商业中心，地价上升速度最快，土地投机活动往往最为集中，但受政治、经济动荡的打击也最为显著，波动幅度最大；以傅厚岗为代表的新型住宅区因起点地价低，土地供求关系不太紧张，地价呈稳步上升状态；以夫子庙为代表的旧城传统商业中心，因土地占用已经饱和，交易活动少，地价变化幅度很小。南京新商业中心、新住宅区及传统商业中心地价变动的规律，在一些中等城市中也有所体现。

---

　　① 陈岳麟. 南京市实习调查日记. //萧铮. 民国二十年代中国大陆土地问题资料. 台北：成文出版有限公司，（美国）中文资料中心，1977：53848-53852.

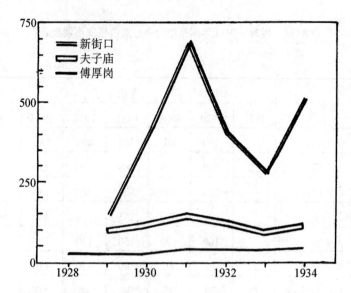

图 8-5　南京市 3 个典型地段地价变动趋势（单位：元／方丈）

资料来源：陈岳麟. 南京市实习调查日记.//萧铮. 民国二十年代中国大陆土地问题资料. 台北：成文出版有限公司，（美国）中文资料中心，1977：53848-53852.

二、北平地价

北平的地价与南京恰成映照。作为近代政治中心，1912—1924 年，是北平房地产业的黄金时代。由于兼做政治文化中心，又是联结东北、西北、华南的北宁、平绥、平汉 3 条铁路的枢纽，北平人口聚集，地价、房租亦逐步增高，其中 1914—1915 年增长最快，1912—1913 年市内商业繁荣地区每亩地价约 1,000—2,000 元，1914—1915 年约 5,000—6,000 元，到 1928 年达到 1 万元以上。[①] 1927 年以后，政府南迁，东三省沦陷，使北平的政治地位与交通优势丧失，仅靠文化教育和旅游业维持，各个行业一落千丈，在新都南京地价倍增的同时，北平地价一跌再跌，至抗战前再没有恢复 1928 年前后的水平。

1928 年以后北平市划分为市内 11 个区和市外 4 个郊区。[②] 市内最

---

① 实业部中国经济年鉴编辑委员会. 中国经济年鉴：第三编[M]. 北京：商务印书馆，1936：54.
② 魏树东. 北平市之地价、地租、房租与税收.//萧铮. 民国二十年代中国大陆土地问题资料. 台北：成文出版有限公司，（美国）中文资料中心，1977：40463-40464.

繁盛的商业中心是前门大栅栏、西单、东单 3 处。北平向有"东贵西富、南城禽鱼花鸟、中城珠玉锦绣"之说，东贵是指豪门贵族、官绅大户多半居住在东城，如几大王府等；中城是指前门商业中心；城南指天桥一带的下层平民居住区；西城一般是中上层人士居住区。王府井大街商业区的形成是近几十年的事。

1929 年，北平市政府公布了全市的地价等级标准。全市土地分为宅地、园地、旱田、水田 4 类。其中宅地一类，城区分为 11 等，郊区分为 6 等，每等内再分 1—3 级。以市区宅地为例，一等包括西交民巷、前门大街、大栅栏、王府井大街、珠宝市等商业最繁华地区，每亩 1,500—2,000 元。末等包括东便门、广渠门、左安门、永定门、右安门、广安门至西便门一带，每亩 75—100 元。郊区宅地每亩 50—150 元。

有人根据 1931 年 7、8、12 月及 1933 年 10—12 月全市房地产买卖案 1,376 件，以市区 11 个行政区和 4 个郊区为单位，参考 1929 年估价，得出各区最高、最低及平均地价，基本与 1929 年的估价相吻合，如表 8-33 所示。

显然，外一区、外二区、内一区、内二区最高地价相同，平均地价也接近，居全市之首，尤以前两区为最。因为外一区、外二区所在地正是前门大街北段、前门火车站及大栅栏一带的商业中心，而内一区有东单、王府井大街，内二区又有西单、西四牌楼等地。因此，这 4 个区地价高主要是靠交通和商业优势。全市最高与最低宅地地价相差 66 倍。全市平均地价每亩 790 元。整个北平市地价水平偏低。

表 8-33　30 年代初北平市各区地价比较[①]

单位：元／亩

区别	最高价	最低价	高低相差（倍）	平均价
内一区	2000	250	8	939
内二区	2000	250	8	1108

① 魏树东. 北平市之地价、地租、房租与税收. //萧铮. 民国二十年代中国大陆土地问题资料. 台北：成文出版有限公司，（美国）中文资料中心，1977：40463-40464，40478-40479.

区别	最高价	最低价	高低相差（倍）	平均价
内三区	1250	75	16.6	687
内四区	1250	75	16.6	776
内五区	1250	450	2.7	742
内六区	1000	450	2.2	880
外一区	2000	600	3.3	1194
外二区	2000	750	2.6	1114
外三区	1250	900	1.3	579
外四区	1000	250	4	346
外五区	1250	150	8.3	736
四郊	150	30	5	98
全市	2000	30	66	790

可见，都城的政治地位对地价的影响之大。关于这一点，在第9章进一步分析。

第8节　杭州、福州地价评介

以上对开放较早、受租界影响较大的几个通商大埠及首都城市地价状况进行了评介。下面就一般传统型城市在近代开放后地价情况以杭州、福州两市为例，做一分析。

一、杭州地价

杭州市政府于1929年4月举办全市土地陈报，由业主将土地面积、四至、地价等报于政府。现根据此次陈报资料，选择重要街道地段，汇成表8-34，以明晰杭州市地价分布。

表 8-34 1929 年杭州重要街区申报地价[①]

单位：元 / 亩

地名	最高价	最低价	平均价
清河坊	40,000	2,500	8,080
保佑坊	25,000	5,000	9,503
水漾桥	30,000	8,000	23,855
羊坝头	20,000	5,000	12,476
西河坊巷	15,000	1,500	3,270
新民路	10,000	8,000	2,841
荐桥街	20,000	1,000	3,889
三元坊	30,000	4,000	7,815
迎紫路	10,000	3,000	5,699
延龄路	30,000	4,000	5,045
南星大街	9,000	2,000	4,341
龙舌嘴	27,000	1,500	4,615
海月桥塘上	16,800	800	4,384
卖鱼桥	9,000	200	2,073
拱埠段	5,000	200	1,265
武林门大街	4,000	72	1,224

表 8-34 所列的地区，均为杭州市商业中心、水陆交通枢纽等地价较高地区，其平均价格也是以市地范围而论，若将市郊农地包括在内，平均地价水平当在 1,000 元以下。因为根据 1929 年陈报地价推算，全市共有土地 288,626 亩，其中每亩价格 100 元以下的占 86.8%，100—1000 元的占 8.5%，1,000—10,000 元的占 4.5%，10,000 元以上的仅有 87 亩，占 0.03%。[②]

杭州地价在 1920—1931 年之间增长最快，不同地点上升幅度不

---

① 周源久. 杭州市办理地价税之研究. //萧铮. 民国二十年代中国大陆土地问题资料. 台北：成文出版有限公司，（美国）中文资料中心，1977：40080-40084.

实业部中国经济年鉴编辑委员会. 中国经济年鉴：第三编[M]. 北京：商务印书馆，1936：44-45.

② 实业部中国经济年鉴编辑委员会. 中国经济年鉴：第三编[M]. 北京：商务印书馆，1936：45.

一，以新开辟的街区上升最快，如新市场一带，1913 年每亩 3001,000—10,0001,500 元，到 1926 年上升 81,000—10,00010 倍；新民路一带，1923 年每亩最高 2,000 余元，1931 年升至 1 万元上下。地价上升的原因并无特别之处，无非是人口增加，交通改善，社会投资向房地产集中。1931 年以后，杭州市地价随其他大城市一起有所下降。

二、福州地价

福州占地不大，呈南北走向的一条狭长地带，最北端为屏山，南端过台江进入仓山区，从北至南划分为五个行政区。第一区位于市区西北端，第二区位于东北端，第三、四区地处市区中部，三区在西侧，四区在东侧，第五区在市区南端的南台岛北部，即今仓山区。

根据 1936 年的统计，福州地价最高的地区不在旧城中心繁华的鼓楼一带，而是在第四区中亭路南段、台江泛以及 20 年代新填垫的台江泛新填地三个地段，每方丈地价 250—500 元。这三处是福州商业中心，临近闽江水运码头，又设有通达市内外的公共汽车站，是全市水陆交通枢纽。其次是第二区上南路，第三区上杭路、下杭路、小桥路，第四区苍霞洲中平路，第五区中洲路、观井路等靠近闽江大桥南北的地段，每方丈价格 150—200 元。再次为第一区宣政路，第二区安泰路、东街路，第三区延平路、大庙路、三保路、谭尾路等，每方丈 1001,000—10,000150 元。全市最低地价在第一区西洪路，由于地处冷僻，交通不便，每方丈仅 2—5 元。与全市地价最高的中亭路、台江路相比，竟差 100 倍。[①]

福州是福建省政治文化中心、省会所在地，基本保持了古城风貌，近代建筑很少，房地产业并不发达，地价高低分布主要以商业与交通条件为转移。地价最高的第四区，正是省会机关、商业批发零售中心、水陆交通枢纽所在地，台江泛填垫后，商业中心从上杭、下杭路向台江路一带转移，形成新的商业中心区，也是地价高峰区，如表 8-35 所示。

---

① 林传沧. 福州厦门地价之研究. //萧铮. 民国二十年代中国大陆土地问题资料. 台北：成文出版有限公司，（美国）中文资料中心，1977：43533-43534.

表 8-35 1936 年福州各区土地估价比较①

单位：元／方丈

区别	最高价	最低价	平均价	合每亩价
第一区	150	20	60	3,600
第二区	200	20	80	4,800
第三区	200	5	100	6,000
第四区	500	5	120	7,200
第五区	200	20	80	4,800
全市	500	5	88	5,280

注：此表根据福建省政府统计重估计地价表制成。此时为最低地价期，估价可能偏低。但此表不包括大范围农地，与其他城市相比，平均地价又有偏高之嫌。

福州地价以 1930 年为最高。1931 年以后，外有世界经济危机的波及，内有福建省几次兵变的干扰，商业萧条，地价下跌，直至抗战，没有回升。现将 1932 年与 1936 年福建省建设厅对市区各段估价相对比，以观察地价变动幅度，如表 8-36 所示。

表 8-36 1932 与 1936 年福州市区土地估价比较②

单位：元/方丈

地 段	1932年估价	1936年估价
鼓楼至安泰桥（零售商业区、高级住宅区）	300—400	150—200
大桥头、台江泛新填地（批发、零售商业中心、码头区）	300—700	250—500
上杭、下杭、中洲、观井路（旧商业中心区）	300—400	150—200

总之，杭州和福州地价水平与变动趋势较为接近。杭州地处江南，交通便利，经济发达；而福州地处沿海，与内地交通不便，又有厦门口岸竞争，经济水平相对落后于杭州，但从两市最高地价来看，1930年前后均在每亩 4 万元左右，从平均地价来看，杭州低于福州。主要是计算范围不同造成的。杭州的统计中包括了大量的低价农地，而福州以市地为主。

① 林传沧. 福州厦门地价之研究. //萧铮. 民国二十年代中国大陆土地问题资料. 台北：成文出版有限公司，（美国）中文资料中心，1977：43567.

② 林传沧. 福州厦门地价之研究. //萧铮. 民国二十年代中国大陆土地问题资料. 台北：成文出版有限公司，（美国）中文资料中心，1977：43660-43602.

第9节　重庆、昆明地价评介

重庆、昆明为西南重镇，经济水平不如沿海城市，房地产以自产自用为主，交易并不活跃。但由于人口密集，传统商业区的地价亦不算低。抗战爆发后，大批机关、学校、工商业及避难民众迁入，使这两个城市的地价迅速上升。

一、重庆地价

重庆对外交通较为便利，倚仗嘉陵江、长江水运枢纽成为四川省交通要塞。然而，重庆为一山城，市内交通极为不方便，对房地产业发展有直接影响。1926年后，社会治安稳定，各地区物资、税收汇集于此，加上军政人员消费集中，四乡避难人流涌入，使零售业、房地产业日趋兴旺。加之市区交通干道的开辟，形成了新的商业中心，地价上升很快，除1934年因政局不稳，导致地价暂时下跌外，基本处于上升势头，如表8-37所示。

因篇幅所限，表8-37舍去最高价、最低价，只留下平均地价一项，而且，数字的来源及推算方法也不一致，但总体上能够反映出重庆各段地区地价变动的不同特点。虽然全市地价普遍上升，但不同街区有明显区别：以下都邮街为代表的新商业中心区，因交通干道的开辟，地价上升最早，上升速度最快，地价水平在全市最高。通远门外七星岗等新辟市区地价起点虽低，也呈持续上升状。以陕西街为代表的旧商业中心区未及开辟干道，受到新商业中心的竞争，地价上升速度一开始较缓慢，抗战前后加快了速度。住宅区如中营街、米花街等地地价在抗战后上升速度最猛。

1936年是重庆地价在正常状况下的顶峰时期，全市最高地价在下都邮街，每方丈1,195元，合每亩71,700元；最低为市郊农地，如大溪沟、化龙桥一带，每方丈仅2元，合每亩120元；全市平均地价大约每方丈122元，合每亩7,320元。最高与最低地价相差近600倍。[①]

---

① 董国祥. 重庆地价与房租之研究. //萧铮. 民国二十年代中国大陆土地问题资料. 台北: 成文出版有限公司, (美国) 中文资料中心, 1977: 41284-41323.

　　总之，1926—1938 年重庆地价上升的主要动因是市内交通改善、商业兴盛以及抗战后人口激增；下降的原因，与其说是世界经济危机的影响，不如说是由于四川省内政治动荡不宁所致更为直接和明显一些。

表 8-37　1926—1938 年重庆主要地段平均地价变动趋势[①]

单位：元／方丈

地段		年份												
		1926	1927	1928	1929	1930	1931	1932	1933	1934	1935	1936	1937	1938
新中心区	下都邮街	32	95	225		430		593	685	600	818	848	961	1,187
	关庙街	31								605		885	915	980
	三层土地	36		76				189	143		260	313	395	
旧中心区	陕西街	160		203	230			328	310	381	430	503	643	
	绣壁街	108	123			129			141	180	206	236	296	
	麦子市街	46		47			49	57		108	138	167	229	
住宅区	走马街	38	52				57		88	71	93	110	160	210
	中营街	65			80			102		118		159	242	409
	米花街	66		74		94				114	125	163	253	454
	江家巷	39			59			84	95	80		123	154	216
	上行街	54		65				78	91	99		139	164	226
通远门外	七星岗	7	14	23	34	52	72	91	113	105	145			
	成渝公路车站		4	7	21	28	44	56	71	70	96	120		

二、昆明地价

　　昆明分为 6 个行政区，市区地价在统计上分为商业用地与住宅用地。

　　通过表 8-38，对 1938 年全市各街区地价一目了然，无须逐一赘述。各区比较，除农地外，商业、住宅用地地价均以第一区最高，第二、五两区次之，第三、六区更次之，第四区最低。

　　在全市 6 个区总面积中，各区面积所占比例为：一、二两区只占 3.7%，显然是人口密集，商业发达的地区；三、四两区共占 77.8%，

---

　　① 董国祥. 重庆地价与房租之研究. //萧铮. 民国二十年代中国大陆土地问题资料. 台北：成文出版有限公司，（美国）中文资料中心，1977：41284-41323.

　　邢长铭. 重庆市一年来地价之变动. //萧铮. 民国二十年代中国大陆土地问题资料. 台北：成文出版有限公司，（美国）中文资料中心，1977：44315-44374. 编制. 其中 1926-1936 年地价是根据旧契证和房地产经纪人介绍情况减去房价求得的，1936-1938 年地价是作者实地调查，并参照银行报价推算的。

其中有大量农地；而五、六两区共占 18.5%，[①]属住宅为主的一般市区。

表 8-38　1938 年昆明各区商业、住宅用地估价[②]

单位：元 / 方丈

地价	第一区	第二区	第三区	第四区	第五区	第六区
商业用地						
最高 1,300—1,600	南大街 三牌坊	马市口 长春坊			金马大街	
次高 1,000—1,300	光华街 威远街	东门正街 土主庙街 武庙街 西药街 劝业场			珠市桥 顺城街 东寺街	
中等 700—1,000	景星街 庆云街 高山铺 绣衣街 甘公祠 象眼街	迎恩街 小西正街 华山街 卖线街	青云街 北门街 小东正街 螺蜂街 钱局街	风翥街 大观街	云漳街 护国街 三布街 同仁街 三义铺 毡子街	聚奎街 三元街
次低 400—700	庸道街 市府东街	兴华街 洪化桥	大西正街 圆通街	龙翔街	巡津街 崇仁街 云津市场	桃源街 金牛街
最低 100—400			文林街	长耳街		福德街 灵官寺街 尚义街
住宅用地						
最高 400—700	沙腊巷 启文街	大富春街 小富春街 中和巷 如安街 四吉堆	翠湖南路 皇城角		崇善巷 巡津街	
中等 200—400	南城脚		左哨街 圆通公园 南部	潘家湾 庆丰街 胜因寺 大观楼南北	东寺塔	溥润桥 尚义街
最低 50—200				胜因寺	新桥村	水晶村 福德桥

注：地价以法币元计算。

① 王盘. 昆明市房屋问题. //萧铮. 民国二十年代中国大陆土地问题资料. 台北：成文出版有限公司，（美国）中文资料中心，1977：49349.

② 董国祥. 重庆地价与房租之研究. //萧铮. 民国二十年代中国大陆土地问题资料. 台北：成文出版有限公司，（美国）中文资料中心，1977：49403-49404.

昆明地价变动趋势可分为四个阶段：1912—1926 年，滇省政局不稳，地价平滞；1927—1931 年，社会稳定繁荣，地价上涨；1932—1937年，受世界经济危机及国内农村经济衰落的影响，地价下跌；1937—1938 年全面抗战后，地价暴涨。

如表 8-39 所示，1927—1931 年地价比 1927 年前普遍上升 1 倍左右，商业用地上升幅度大于住宅用地，按区划分，第一、二、五三区地价上升最明显。1932—1936 年比上一阶段地价下跌了 1/5 至 1/4，跌幅仍以商业用地为大，第一、二、五、三区最多。1938 年地价比 1936年又回升 2 倍，而且住宅用地增价率大于商业用地。

表 8-39　1912—1938 年昆明商业、住宅用地平均地价变动[①]

单位：元／方丈

年份	第一区		第二区		第三区		第四区		第五区		第六区	
	商业	住宅	商业	住宅	商业	住宅	商业	住宅	商业	住宅	商业	住宅
1912—1926	280	100	260	90	80	50	70	35	240	90	65	30
1927—1931	700	230	580	150	150	70	120	60	600	150	110	40
1932—1936	500	180	400	140	100	60	100	50	400	70	75	30
1937—1938	400	550	1,200	500	300	140	260	180	1,200	350	210	100

资料来源：（1）1936 年度昆明市市政统计。
（2）地政科历次征地发价报告。
（3）财政科管理公地负责人谈话记录。

为了简单明了，表 8-39 将最高与最低地价略去，只取平均地价。从商业用地的最高地价来看，上述四个时期分别为 400 元、800 元、600 元、1,600 元，折合每亩地价分别为 24,000 元、48,000 元、36,000元、96,000 元。推知昆明市抗战前的 1936 年最高地价每亩 36,000 元，1938 年达到 96,000 元。

重庆、昆明 20 世纪二三十年代地价变动规律与其他城市地价相对照，具有普遍意义，从中可见，经济增长与经济危机对商业用地需求影响最大，住宅用地次之，而战争后人口激增，住宅用地需求明显大

① 王盘. 昆明市房屋问题. //萧铮. 民国二十年代中国大陆土地问题资料. 台北：成文出版有限公司，（美国）中文资料中心，1977：49398-49399.

于商业用地需求。这种供求变化在地价上的反映是：经济普遍增长时期，商业用地地价增长快于住宅用地；反之，经济萧条时期，其下跌速度也快于住宅用地。而避难人口的增加，使住宅用地地价增长快于商业用地。

第 10 节　11 城市地价比较

经过繁复而又必不可少的地价评介，接着必须要做的是将 11 个城市地价进行综合比较和分析。

比较的标准应该是一致的，即在同等条件下，如同一年份、同种地价、用同样的统计方法。但这些最起码的条件，在近代中国地价统计上是完全不具备的，只好尽可能选择时间接近，价格一致且可比的数字。

进行比较的项目是各城市最高地价和平均地价。各城市最低地价基本都是农地价格，一般每亩 100 元至 300 元上下，没有比较的必要，但农地价格的意义在于它是市地价格的起点，它与市地价格之间的差额，是研究城市土地价格增长率的重要依据。

最高地价的比较是研究的主要内容，各城市的最高地价虽带有偶然因素，不具备普遍意义，但它有两个特点：第一，代表一个城市地价的最高水平，这种最高水平是以该市的整个地价水平为基础的，往往既是历史上的最高水平，又是某一时期全市空间分布上的最高水平。第二，最接近市价，大多数最高地价来源于市价而不是估价，因此具有相对真实性。由于这两个特点，最高地价的比较能够成为了解各城市地价相对地位的重要依据。

关于比较的时间，本书选择 1930 年前后，因为大多数城市地价资料，集中于 1928 年至 1936 年之间，其中 30 年代初年的材料更为集中。

表 8-40 中广州与厦门地价相同，广州的是估价。考虑到估价一般低于市价，其实际价格应该高于 18 万元，所以将广州列于厦门之前。福州与昆明地价相同，年份不同，估计福州地价到 1936 年会超过 1930

年价格，所以将福州列在昆明之前。汉口的地价显得略低，而厦门略高，但没有其他资料来更正，只好如此。总之，表 8-40 基本反映了各城市地价最高水平及其在国内的相对地位。

表 8-40　20—30 年代 11 城市最高地价比较

单位：万元 / 亩、%

地价高低次序	城市	最高地价	相当于上海的百分比	地点	地价种类	年代
1	上海	45	100	外滩汇丰银行行址	估价	1933
2	广州	18	40	西堤、太平南路一带	估价	30 年代初
3	厦门	18	40	中山路、大同路一带	市价	30 年代初
4	天津	7.5	17	和平路、滨江道口	市价	1934
5	重庆	7.17	16	下都邮街	调查价	1936
6	汉口	5.25	12	江汉路	估价	30 年代初
7	南京	4.28	9	中山东路	申报价	1931
8	杭州	4	9	清河坊	申报价	1929
9	福州	3.6	8	大桥头	市价	1930
10	昆明	3.6	8	南大街	估价	1936
11	北平	1	2	前门大街、王府井大街	市价	1928

资料来源：根据本章 2—9 节数据编制。

　　平均地价的比较，是最棘手的一项。第一，在推算各市平均地价过程中，除直接引用资料中已有的平均地价外，本章根据城市地价分布特点，选择了"众数"作为平均数字的依据。因此平均地价的准确性是相对的，推算的层次越多，准确性就越低。第二，各市市区范围的划分大不相同，含农地多的，平均地价就低，反之则高，往往不能准确反映出地价的一般水平。但是，平均地价作为一个城市地价水准的标志，是进行学术研究必不可少的依据。故推算表 8-41，以供参考。

表 8-41　20—30 年代 11 城市平均地价比较

单位：元/亩、%

地价高低次序	城市	平均地价	相当于上海的百分比	年代
1	上海	22,062	100	1930
2	厦门	12,900	58	30 年代初
3	广州	10,671	48	1928
4	汉口	10,271	46	1933
5	天津	8,110	36	30 年代初
6	重庆	7,320	33	1936
7	福州	5,280	24	1936
8	南京	3,660	16	1931
9	杭州	3,000	13	1929
10	昆明	3,000	13	1936
11	北平	790	3	1929

资料来源：根据本章 2—9 节数据编制。

　　表 8-41 对上海、汉口、天津 3 个城市平均地价的推算，采用了算术平均数的方法，即在各国租界平均地价与华界平均地价基础上再平均。因为通过比较，只有这种方法能够减少 3 个城市，尤其是上海和汉口过多农地在平均地价中造成的误差。

　　11 个城市最高地价之间差额十分悬殊。列第二位的广州最高地价相当于上海的 40%，而天津相当于上海的 17%，南京仅相当于上海的9%，北平与上海最高地价则差 44 倍之多。

　　各市平均地价之间的差额比较接近。厦门、广州、汉口都相当于上海平均地价的 1/2 左右，天津相当于上海的 1/3，福州相当于 1/4，南京相当于 1/6，而北平只相当于上海的 3%。上海与北平的平均地价相差 27 倍。

　　在上海、天津、汉口 3 个城市里，外国租界占有重要地位。而租界的平均地价，远远超过华界，如表 8-42 所示。

表 8-42　上海、天津、汉口租界与华界平均地价比较

单位：元 / 亩

市名	租界地价				华界地价	年代
上海	公共租界 37,743		法租界 27,015		1,428	1930
天津	英租界 8,000	法租界 12,000	意租界 7,000	日租界 10,000	3,553	30 年代初
汉口	第一特别区（原德租界）8,880	第二特别区（原俄租界）13,980	第三特别区（原英租界）15,360		2,865	30 年代初

资料来源：根据本章 2—4 节数据编制。

　　需要说明两点：一是表 8-42 中上海华界平均地价低于汉口和天津，因为上海华界各区面积很大，包括大量郊区农地，造成平均数偏低，实际上海华界最高地价达到 6 万元，而天津华界最高为 5 万元。二是没有将厦门和鼓浪屿公共租界列入表内。鼓浪屿租界平均地价已达 7,500 元，虽不及厦门华界平均地价，但作为住宅区，已接近天津意租界地价水平。

　　1840 年开辟的上海公共租界和法租界，地价水平在全国租界中遥遥领先，而在其后 20 年开辟的天津租界和汉口租界，地价水平与上海租界有明显差距。天津租界地价略低于汉口的原因是天津租界面积较大，尚有大量正在开发的土地；汉口租界面积小，市政建设就绪的缘故。

　　如果将 11 个城市地价变动的趋势相比较，发现其一致性十分明显。这种变化可划分为 5 个时期：1840 年至第一次世界大战前夕为缓慢增长时期；第一次世界大战爆发之后至 1931 年为迅速上升时期，并在 1931 年左右达到第一个高峰；1932—1934 年受世界经济危机与日本侵华影响，形成地价跌落时期；1935—1937 年抗战前夕为恢复时期和第二个高峰时期；抗战后至 1949 年为不稳定时期，战时租界和重庆、昆明等个别地区和城市地价畸形上升，其他大多数城市地价猛跌。

　　总而言之，通过对 11 个城市最高地价、平均地价、3 个城市租界华界地价，以及 11 个城市地价变动趋势的比较，得出以下结论：

　　第一，各城市地价水平的分布很不平衡。这种不平衡正是近代中

国社会经济发展水平不平衡在城市土地价格上的反映。各城市的地价水平及其在全国的地位，与该市经济发展水平及地位基本吻合。

第二，各市乃至全国城市地价变动规律，正好与近代中国社会经济发展规律相符合。以对外开放为起点，两次世界大战之间为迅速增长期。这与近代中国房地产业的发展规律也是一致的。在 11 个城市中，地价最高的上海、广州、厦门，都是在 1840 年第一次鸦片战争以后被迫开放的，而天津、汉口、重庆在第二次鸦片战争即 1860 年以后陆续开放，地价水平明显低于前三者。

第三，在租界面积较大、发展比较完备的上海、天津、汉口 3 个城市中，租界地价水平高于华界。上海租界地价又较天津、汉口遥遥领先。上海公共租界地价为全国地价之巅峰。

关于造成地价区位差与时间差的诸因素，在第 9 章论述。

第 9 章　影响地价的主要因素

像所有的商品一样，近代中国土地价格主要受供求关系的影响而波动。人口与投资的增加扩大了对土地的需求；而特殊区位土地数量的有限性，又制约着土地的供给；各种经济与非经济因素作用的结果无非是供求关系的改变。

第 1 节　人口与地价

一、一般人口与地价

人口对土地的需求，是造成地价上升的最直接、最基本的因素。

城市是经济活动高度集中的场所，人口密度大大高于周围地区。单是人口的集中，就会导致地价上涨。城市化起步时期，人口集中的同时是技术与资金的聚集，结果产生了城市特有的"聚集经济效益"。这种效益使城市土地的预期收益大大提高，因而加快了土地的升值。在人口向城市转移的历史过程中，家庭结构也在发生变化。传统的几世同堂、已婚弟兄聚族而居的复式家庭结构开始分化，向只有夫妇两人及其未婚子女为一独立单位的核心家庭结构转化。这一变化的直接结果是增加对住宅的需求，间接刺激地价上升。

美国芝加哥人口与地价变动趋势证明，地价与人口数量的变动方向是相同的，地价的变动大于人口的变动。1840—1894 年的 54 年间，芝加哥人口增加 334 倍，而每 1/4 英亩地价增加 832 倍。[①]

上海公共租界人口增加与南京路每亩地价上涨的对比，也说明同样的规律：1869—1927 年的 58 年间，公共租界人口增加了 8.4 倍，而南京路地价增加了 45 倍。[②]

天津华界（5 大警区与 3 个特别区）的人口与每亩平均地价变动比例是：1912—1933 年，22 年间人口增加了 1.1 倍，平均地价增加了 8.7 倍，如图 9-1 所示。

以上是对人口与地价关系的纵向考察。从横向考察来看，即为人口密度与地价的关系，结果也是毫无二致：人口密度越大，地价越高。华界的地价最能说明这一规律，因为华界许多高地价区的主要优势就是人口密度。例如：

天津华界各区中，第一区（即东马路、东北角、南市一带传统商业中心）人口密度最高，1933 年平均每亩 37 人，平均地价也最高，每亩 7,174 元；而特别第三区（即旧俄租界）人口密度最低，平均每亩仅 5 人，平均地价也是全市最低，每亩 1,404 元。[③]

汉口第一、第二区为华界中心所在地。1934 年两区面积共占全市面积的 8%，而人口占全市人口的 66%。在华界的 8 个区内，第一、二区平均地价最高，每亩约 5,000 元，第三至八区每亩平均地价只有 100—500 元。[④]

上述各例说明两点：第一，人口与地价的关系，无论纵向或横向来看，人口与地价的关系均为正相关关系。第二，地价的上升速度大大快于人口增长速度，其间必然有其他因素，需要做更加深入的分析。

---

① Scheftal. The Taxation of Land Value. 转引自房师文. 天津市地价之研究. //萧铮. 民国二十年代中国大陆土地问题资料. 台北：成文出版有限公司，（美国）中文资料中心，1977：43081-43082.

② 自张辉. 上海市地价研究[M]. 南京：正中书局，1935：37-38.

③ 房师文. 天津市地价之研究. //萧铮. 民国二十年代中国大陆土地问题资料. 台北：成文出版有限公司，（美国）中文资料中心，1977：43087-43088.

④ 梅光复. 汉口市地价之研究. //萧铮. 民国二十年代中国大陆土地问题资料. 台北：成文出版有限公司，（美国）中国资料中心，1977：44596-44597.

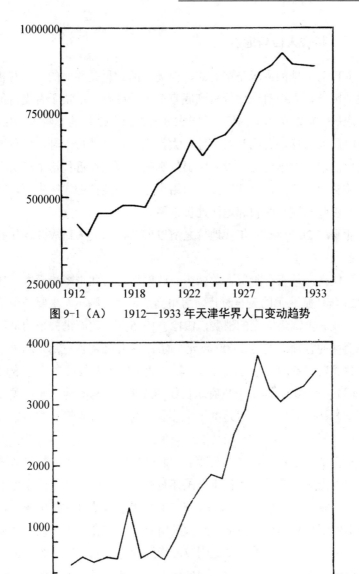

图 9-1（A）　1912—1933 年天津华界人口变动趋势

图 9-1（B）　1912—1933 年天津华界平均地价变动趋势（单位：元／亩）

资料来源：房师文. 天津市地价之研究. //萧铮. 民国二十年代中国大陆土地问题资料. 台北：成文出版有限公司，（美国）中文资料中心，1977：43083-43085.

二、特殊人口与地价

人口对土地的需求是绝对的，但需求的数量是相对的，具有极大弹性。因此，人口对土地价格到底有多大的影响，取决于有支付能力的需求——即购买力的高低。不同成分的人口对地价的影响大不相同。富有阶层人口增加会因其对房地产大量投资致使地价上升，而贫困阶层人口的增加对地价上升没有明显的影响，因为在近代这个阶层不但无力购买房地产，而且往往无力租用房屋，只能在棚户区生存，其作用甚至引起与棚户区相邻地区地价下降。

北平在 20 世纪 30 年代地价之所以偏低，与其人口成分变化有直接关系。

变化之一是富有阶层人数减少。政府南迁对北平影响极大。1912—1925 年，是北平的黄金时代。房租高涨，地价腾飞，主要是由于政府机关及大批高级官吏的消费。1912—1925 年，政府机关平均每年在北平消耗的各项经费达 2,000 万元，而 1928 年政府南迁后，北平市政府机关经费只有 450 万元。1914 年，北平官吏人数最多，达 33,297人；而 1928 年后，北平市政府职员仅 500 余人，与其他政府机关职员合计不过 2,000 人，[①]而且这些人大多数职位低，收入仅够维持家人最低生活水平，其购买力不能与旧时官僚阶层同日而语。

变化之二是贫困阶层人数增多。北平居民以满族为多数。清朝时中上层人士靠世袭爵禄，各旗平民亦月有粮、年有俸，无须靠劳动谋生。清朝灭亡后，粮俸停止。10 年之后中上层家庭开始借债维持，继而典卖古董珍藏糊口，中下层则倾其所有换取衣食。这些人成为贫困阶层的来源之一。来源之二是因政府南迁而失业的一般公职人员。其中职位较高的不难再谋职业，职低薪少的，昔日已感生活拮据，一旦经济来源断绝，立即沦为贫民。北平施粥厂逐年增多，1927 年为 65个，到 1932 年为 150 个，这也从另一个角度证实了北平贫民阶层人数

---

① 魏树东. 北平市之地价、地租、房租与税收.//萧铮. 民国二十年代中国大陆土地问题资料. 台北：成文出版有限公司，（美国）中文资料中心，1977：40528-40536.

的增加。1931 年 4 月北平市公安局调查，全市贫民 168,442 人，占全市总人口的 1/8。[①]

　　如此众多的城市贫民构成极大的社会问题，不能不对房地产业产生消极影响，1928 年后空房增多，房租地价下跌，便不足为奇了。

　　北平所失，即南京所得。1928 年后北平地价的跌落与南京地价的上升恰成反照，同出一理。依此类推，也不难理解 1937 年以后陪都重庆地价上升速度快于昆明的原因。不过战时机关迁入、人口增加属暂时性原因，在房地产方面投资大多数为短期行为，租房多，建房少。因此往往由房租上升间接引起地价上升，而不是像和平年代地价与房租交互影响同时上升。

　　此外，1928 年以前政府官员在天津租界、华界大量抢购房地产，引起土地投机，地价激增；而 30 年代初福建省破产农民流入福州、厦门，从事小商贩、人力车夫等社会下层职业，福州、厦门人口激增而地价并未同步上升，都证明了不同阶层人口对地价的不同影响。

　　上海地价之所以最高，人口成分的构成是一个重要因素。携资而入的移民浪潮不仅带来了附近农村的资金，而且汇进了全国大、中、小城市的部分资金，形成了强大的投资能力，冲击着城市土地市场。

　　总之，贫困阶层人口的增加，对地价的影响不大，甚至会出现负相关。一般平民人口的增加往往通过房租的上涨来间接影响地价。富有阶层人口的增加对地价上升的关系最为直接。因为这一阶层对土地的购买力最高，他们不仅把土地作为消费对象，而且作为投资对象来看待。

　　① 魏树东. 北平市之地价、地租、房租与税收. //萧铮. 民国二十年代中国大陆土地问题资料. 台北：成文出版有限公司，（美国）中文资料中心，1977：40559-40560.

第 2 节   区位与地价

土地具有三个自然特性：不动性、耐久性以及肥沃程度和位置优劣的差异。肥沃程度对农地至关重要，而对于市地价值来说，位置是决定性因素。"市地的首要特点，就是它的位置的极端重要性……事实上，位置是市地的租金和价值的关键。"①

市地的位置可以从两个角度分析，即城市的位置与市内不同地段的位置。前者影响城市之间地价的差别，后者决定同一城市内部不同地段之间地价的差别。

一、城市选址

说是选址，其实绝大多数城市的地址，并不是人为选定的，而是自然聚落的结果。几乎所有的聚集处都有一个共同的特点，即水陆交通枢纽点。因此，城市的发展首先是由对外交通的便利程度决定的。

初到上海外滩的人，无不为黄浦江宽阔的水面、轮船进出汽笛声声形成的气势所震慑。港口离市中心那么近，甚至在南京路上逛商店时，抬头可见货轮上的起重吊杆。

上海在地理位置上具有的优越条件是无与伦比的。它地处中国大陆海岸线的中间点，"黄金水道"——长江的入海口，对内通过内河、长江、沿海与国内大多数省份相连，对外为太平洋西环航线的要冲，位置适中，与西欧、北美一些重要港口的距离几乎相等。1865—1930年，上海外贸总额增长了 13 倍，内贸总额增长了 30 倍。②1930 年，上海港的进出口船只数占全国的 1/7，总吨位数占 1/4 左右，成为中国最大的港口城市。从 1928 年各港口进口净吨位数看，上海已跻身于世界大港之列，如表 9-1 所示。

---

① 伊利，莫尔豪斯. 土地经济学原理[M]. 滕维藻，译. 北京：商务印书馆，1982：74-75.
② 张辉. 上海市地价研究[M]. 南京：正中书局，1935：52-53.

表 9-1　1928 年世界 14 大港口进口净吨位数比较[①]

单位：万吨

港口	吨位数	港口	吨位数
伦敦	2,711	门　司	2,068
安特卫普	2,360	鹿特丹	2,067
横滨	2,243	纽约	2,059
汉堡	2,150	蒙特利尔	1,923
洛杉矶	2,100	香港	1,881
大阪	2,098	旧金山	1,811
利物浦	2,070	上海	1,730

　　天津作为北方第一大港，处在航海和铁路交通的衔接点，地理位置亦属难得。但是与上海相比，天津有一些不利之处，制约了天津经济的发展。首先，海河水道吃水浅，河道狭窄，淤塞严重，虽经开埠后几十年的修整疏浚，2,000 吨以上的轮船仍很难进入市区码头，大量物资只能靠驳船辗转 74 公里从大沽口运进。后来不得不放弃市区港口，在 50 公里外另建塘沽新港，大大增加了运输成本。其次，天津背靠三北地区，其腹地也不如上海所在的江浙一带繁荣富庶。

　　因此，20 世纪 30 年代初期，天津地价与上海地价相比，最高地价相差 5 倍，平均地价相差 1.7 倍，地理位置的影响是一个重要因素。

　　广州在 1840 年以前"一口通商"时期，独揽全国对外贸易。这种优势很大成分不是由于地理位置造成的，而是特权赋予的。1840 年以后，由于上海开埠，广州失去了原属于它的长江中下游平原的广大腹地，地位有所下降，但是珠江三角洲的繁荣和广州对外贸易的便利条件，使广州仍不失为华南第一港口城市。广州的地价水平在全国也一直遥遥领先。

　　厦门的优势几乎全在沿海交通方面。福建省对内交通极为不便，使厦门的经济腹地颇受局限，始终是一个入超口岸。

　　杭州、南京、汉口、重庆既有广阔富饶的腹地作为依托，又有内

---

　　① 上海市地方志办公室. 上海研究论丛：第 1 辑[M]. 上海：上海社会科学院出版社，1988：107.

河交通网和长江水道的天然运输条件，在闭关锁国的岁月里，它们的地位比上海要显赫得多。1840年中国被迫开放以后，从国际贸易的需要来看，它们都因远离海岸无法接纳远洋巨轮而失去部分光彩，其地价水平也显然落在沿海城市之后。

20世纪初，在铁路建设的高潮中，出现了一批因铁路交通而兴起的城市。二三十年代的公路建设，也使许多城市对外交通有所改善，这些因素当然会在城市地价上有所反映。然而，国际贸易的主要运输手段是海运，与铁路枢纽城市相比，港口城市经济增长的有利因素更为突出，如表9-2所示。

表9-2　1923年、1927年、1932年中国五大港口贸易总额比较[1]

单位：百万元

港口	年份		
	1923	1927	1932
上海	1,108	1,357	1,778
天津	371	514	441
汉口	374	314	261
广州	343	270	296
青岛	167	224	250

美国学者米尔斯在他所著的《城市经济学》中指出："19世纪初铁路轮船等交通上的革命，迫使城市发生了很大变化。"[2]这种变化在中国也十分明显。

1840年后，中国城市贸易活动的范围由国内转向国际，运输工具由木船转向轮船。结果，运河城市首先衰落了，沿长江城市面临挑战，沿海城市因天时地利而迅速崛起。这种自然地理和经济地理位置，对各个城市发展的态势，构成了深远的影响。其地价水平的等级差别，也就根据各个城市不同的预期经济效益，自然区分开来，形成以沿海

---

[1] 房师文. 天津市地价之研究. //萧铮. 民国二十年代中国大陆土地问题资料. 台北：成文出版有限公司，（美国）中文资料中心，1977：43180.

[2] Edwin S. Mills. (1984). Urban Economics(Third Edition). London： Foresman and Company, P20.

城市为最高，沿江城市与铁路枢纽城市居中，内陆城市普遍偏低的区域地价分布规律。

二、市地区位

与城市选址的规律相同，市内最佳区位也在交通最便利，人流、物流、资金流最为集中的地点。因为在这样的地点投资能够减少运输费用，增加盈利机遇，带来最佳经济效益。

各城市地价的高点，正是在这样的区位上——即轮运码头和火车站附近的金融区和商业区。上海的南京路外滩一带，天津的和平路、滨江道一带，广州沿珠江的西堤大街、南太平路一带，汉口的江汉路、沿江大马路，厦门的中山路、大同路一带，以及北平的王府井、前门等，就是在这样的区位。

在这些商业中心区，沿干道的地价比一般道路要高，转角地比一般街面地价要高，著名的天津劝业场正是坐落在和平路与滨江道的交叉口上，而成为天津地价高点。

市中心确定以后，其他地区的地价往往因为与市中心距离远近而异。相似的建筑，建在不同的区位上，租金大不相同。其差价不在于建房成本，而在于地价。上海的锦江饭店、衡山宾馆、上海大厦等著名建筑，造价、质量与沙逊大厦并无较大差异，只因为建在离中心区较远的地点，地价就大不一样，沙逊大厦地基每亩估价 36 万两（1933 年），比上海大厦、锦江饭店、衡山宾馆的地价分别高出 3.5 倍、7 倍和 18 倍。

一般认为区位质量最差的是市区边缘的农地，这些农地因远离市中心，投资效益低，供给量虽大，但缺乏需求，地价低廉，与市中心相差甚远。上海全市最高地价即外滩汇丰银行基地，每亩 45 万两白银，与华界沪南区最低价每亩 800 元相比较，仅隔几华里的距离，地价竟相差 560 倍以上。天津劝业场基地每亩 75,000 元，与全市最低价如南开大学所在地八里台一带每亩 200 元相比，相差 374 倍。福州市中心区台江路地价每方丈 500 元，与地处最偏僻的西洪路地价每方丈 5 元之间，也相差 100 倍。

　　无论从理论上还是从史实上分析，都可以看出：农地价格是市地价格的起点，城市越发达，农地价格与市地最高价的差别越大。商业中心区地价是市地价格的顶点，以此为中心，地价向四周下降。区位的概念，就是在这个格局中的特定位置。

　　值得注意的是，在由传统社会向现代社会转变的过程中，多数开埠城市的格局都经历了一次历史性的调整——市中心从旧城的传统商业区转移到与现代交通枢纽相衔接的新型商业区。例如，上海，从城隍庙到南京路；天津，从旧城北大关到和平路和东马路；汉口，从堤街到与英租界毗邻的江汉路；厦门，从开元路到中山路；重庆，从下半城的陕西街到上半城的上、下都邮街；南京，从夫子庙到新街口，等等。新的格局一直沿用至今。

　　总之，特定区位的形成是由多种因素构成的，是历史的积淀，由于建筑的耐久性和人们心理、习惯转变的惰性，使其一旦形成便不易更改。这些位置土地供给的稀缺性和较高经济效益，是其价格居高不下的原因。

第 3 节　交通与地价

　　交通与区位是密切相关的，所谓良好的区位，首先是指良好的交通条件。交通条件的改善，能够增加客流量，缩短与市中心的相对距离，提高区位的质量和效益，增加优质土地的供给。因此，交通状况是与地价直接相关的因素。

一、道路交通

　　道路条件对地价影响最为直接。以道路问题最为突出的山城重庆为例。重庆市区坐落在一个三面临江的半岛形成的小山峰上，水上交通便利，而陆上交通异常困难。旧式街道三步一坎，五步一坡，交通工具以肩舆（即轿子）为主，车辆根本无法通行。全市分为上半城和下半城两部分，传统商业中心区集中在下半城，靠近江边，以减少运输难度。1927 年以后，市政府着手修建道路，改善城市交通条件。截至 1936 年底，全市修成道路总长度 16 公里。[①]现在看来，16 公里对于一个城市交通网的需要来说实在太少了，可是在当时的重庆，道路竣工后短短 10 年间便引起了巨大变化。在新修的路面上，汽车、摩托车、脚踏车、人力车取代了肩舆，改善的程度是惊人的。因此，商业中心迅速从下半城移至新筑道路集中的上半城，关庙街、下都邮街从冷僻地段一跃成为全市最繁华的地区，1926—1936 年，关庙街的最高地价由每方丈 60 元增至每方丈 1,200 元，下都邮街由每方丈 58 元增至 1,195 元，都上升了 20 倍左右。而尚未修路的旧市中心金融区陕西街的地价同期从 235 元增至 685 元，只上升了 2 倍。[②]因此，重庆地价的大幅度提高，基本是在修筑道路以后。第 8 章对重庆地价的分析已经证实了这一点。

广州地价增高与交通也有直接关系。20 世纪 20 年代末，以开辟道路为中心的广州市政改革随着地方经济的起飞，出现了前所未有的规模，截至 1934 年 1 月，市区道路总长度已达 140 公里。[③]交通线路纵横拓展，大大提高了土地的利用率，也刺激了地价的上升。如“河南尾一带，昔日地价甚低贱，自珠江铁桥通车后，交通便利……现在地价平均每井（与方丈等同）约值三四百元”。[④]

1927 年以前，厦门的开元路是市区唯一的马路，人口密集，商业兴旺，沿街土地每方丈售价达 800 元之巨。1927 年厦门海军司令部设立路政处，积极开辟道路。过去中山路、大同路所在街道狭窄，屋宇破旧，店铺稀疏，人口稀少。道路修成后，形势突变，高楼大厦比肩而起，各类商店星罗棋布，人口激增前所未有。商业中心转移至此，

① 董国祥. 重庆地价与房租之研究. //萧铮. 民国二十年代中国大陆土地问题资料. 台北：成文出版有限公司，（美国）中文资料中心，1977：41282.

② 董国祥. 重庆地价与房租之研究. //萧铮. 民国二十年代中国大陆土地问题资料. 台北：成文出版有限公司，（美国）中文资料中心，1977：41282.

③ 广州年鉴编纂委员会. 广州年鉴·交通[M]. 奇文印务公司，1935.

④ 广州年鉴编纂委员会. 广州年鉴·土地[M]. 奇文印务公司，1935.

每方丈地价最高时竟售至 3,000 元。[①]

高信在《南京市之地价与地价税》一书中，专门论及交通对南京地价的影响。"近来市政府开辟马路，影响地价更大。譬如新街口未开马路时，每亩仅值洋四五百元（折合每方丈 70—80 元左右），一经中正、中山两路开辟以后，则立涨而为每方（即方丈）六百余元；白下路中南银行一带，与未开辟马路之中正街，虽同为一路，已筑成马路一段，较未筑成马路者，其价之差，几达两倍。又中央路未开辟时，高门楼靠中央路两旁之地价，每方丈只二三十元，现已涨至五六十元，两年之间，几涨一倍，可知交通影响地价之巨。"[②]1928—1934 年，短短 7 年间，南京新辟各种道路总长度 102 公里。[③]1928—1936 年，全市行驶的汽车数量由 144 辆增加到 2,026 辆；脚踏车由 590 辆增加到 8,944 辆，从另一侧面说明交通状况的改善。[④]

此外，如杭州、福州、汉口等城市也在二三十年代进行了市政建设，其中道路的修筑对地价影响最明显。

道路网最密集的仍是上海，20 年代末全市道路总长度已有 610 公里，其中公共租界面积仅占全市的 3.2%，而道路长度占全市的 46%，共计 283 公里，几乎是全市的一半，无怪有人抱怨公共租界道路太密，占用了过多的土地，却没看到由此换来了更多的临街地和转角地等高价值地段。

从上海租界、华界历年发放的车辆牌照看，公共租界马车增加速度逐年降低，汽车增加最快，1915 年仅有 539 辆，1930 年达到 6,896 辆。1930 年全市机动车辆数共计 17,829 辆。[⑤]但华界人力车在全市比重仍占很大，原因是华界道路差，公共交通落后，多靠人力车代步。

从路面质量看，起初最好的路面为碎石铺成。20 世纪 20 年代，

---

① 林传沧. 福州厦门地价之研究. //萧铮. 民国二十年代中国大陆土地问题资料. 台北：成文出版有限公司，（美国）中文资料中心，1977：43607-43608.

② 高信. 南京市之地价与地价税[M]. 南京：正中书局，1935：56.

③ 高信. 南京市之地价与地价税[M]. 南京：正中书局，1935：56.

④ 陈岳麟. 南京市之住宅问题. //萧铮. 民国二十年代中国大陆土地问题资料. 台北：成文出版有限公司，（美国）中文资料中心，1977：47829-47830.

⑤ 根据资料推算. 张辉. 上海市地价研究[M]. 南京：正中书局，1935：65-66.

大城市的主干道开始采用柏油路面和混凝土路面，上海、天津、汉口租界几乎全部改为柏油路，华界多数干道仍以碎石路面为主，甚至还有不少煤屑路和土路。

将上述城市的道路总长度比较如下：上海 610 公里（1930 年），广州 140 公里（1934 年），南京 102 公里（1936 年），重庆 16 公里（1936年）。上海道路总长度是广州的 4.3 倍，南京的 5.9 倍，重庆的 38 倍。

二、公共交通

天津是国内第一个建立现代公共交通的城市。1906 年 6 月，比商世昌洋行在天津修建的有轨电车开始运行。这不仅是国内首创，而且比起德国和日本的有轨电车起步也不算晚（汉堡始自 19 世纪末 20 世纪初，日本始自 1903 年）。最先通车的是环旧天津城而行的白牌电车路线，1908 年开辟了北大关—东北角—金汤桥—东站之间的红牌线路，北大关—东北角—劝业场—东站之间的蓝牌线路，北大关—东北角—劝业场—海关之间的黄牌线路，1918 年修建了劝业场至老西开的绿牌线路，1927 年又开辟了东北角—东南角—劝业场—海大道的紫牌路线。

至此，天津全市共有电车线路 6 条，营运路线 23.2 公里，车辆 162辆，其中机车 77 辆，拖车 85 辆。每天收入票款中的铜元，即占全市铜元流通量的 50%—60%，成为天津最大的铜元汇集处，足见其营业兴旺。二三十年代天津市中心地价上升，与电车的开通很有关系，沿线地段全部成为繁华商业区。租界内劝业场一带姑且不论，华界最明显的是东、南、西、北四条环城马路，通车后均成为商业区。6 条线路中有 5 条经过东马路和东北角，在这里形成了华界地价最高点，平均每亩 5—7 万元，几乎能与法租界地价最高的劝业场一带抗衡。

天津电车问世两年后，上海的第一辆有轨电车出现在南京路上。1908 年 3 月，上海第一条有轨电车线路——南京路外滩至西藏路段建成通车。通车那天，沿路人山人海，从此，南京路地价比其他街道又高一等。上海公共交通最为便利，截至抗战前，上海公共租界共有有轨、无轨电车线路 16 条，汽车线路 5 条；法租界有电车线 9 条，汽车线 2 条；华界有电车线路 4 条，汽车线 10 条。租界内公共交通几乎无处不到，华界的电车则仅限于市区，汽车大部分为郊县长途，可见，上海租界与华界公共交通水平有很大差别。

总之，近代中国城市公共交通刚刚起步，市内公共交通往往比长途汽车交通更落后，只有上海、天津、北平等极少数城市设有轨电车，公共汽车大多数在 20 年代末才陆续开办，无轨电车只有上海才有。因此，公共交通对地价的影响就显得更加突出。

概括道路、车辆及公共交通状况，总的结论是，地价随道路及公共交通的改善变化十分显著，各城市在交通水平上的差异与其地价水平的差异基本吻合。由此可见，修路是提高地价最直接、最有效的手段。

第 4 节　社会政治因素

19 世纪德国著名的经济学家弗里德里希·李斯特（Friedrich List）在他的著作《政治经济学的国民体系》中指出："土地价值的高低，是测验国家繁荣程度的最可靠标准，这方面的波动和恐慌，应该认为是能够降临到一个国家的、毁灭性最大的灾害之一。"[①]他的话精辟地概括出地价在反映一个国家政治、经济状况方面显示出来的敏感性与强烈程度。大量地价资料的分析表明，地价变动的最深厚、最本质的原因，源自整个社会的政治、经济因素。

社会经济发展水平对地价的影响之大，是毋庸置疑的。因为土地商品化本身就是经济发展到一定阶段的产物。被迫开放后的中国已经与世界资本主义经济融为一体，因此，国内与国外的经济趋势在地价上均有所反映。如果细细阅读第 8 章对各城市地价的分析，就不难发现这种规律，即近代中国经济增长最快的年份，也是城市地价稳步上

[①] 弗里德里希·李斯特. 政治经济学的国民体系[M]. 陈万煦，译. 北京：商务印书馆，1961：208.

涨的年份。抗战前，全国城市地价最普遍、最严重的一次下跌，就是
来自 30 年代初世界经济危机的打击。但是，第一，由于社会经济对地
价以及房地产业的影响与其对其他行业的影响并无二致，本书不拟专
门论述。第二，近代中国社会背景十分复杂，政治、经济因素往往互
为因果，交织在一起，因此，分析政治因素对地价影响的同时，对涉
及的经济因素一并论述。

众所周知，1840 年至 1949 年，中国经历了历史上政治动荡最为
频繁的一页。其不安定的程度，为几千年历史所罕见。遭受的外来侵
略有两次鸦片战争、甲午战争、八国联军入侵以及日本侵华引起的东
北"九·一八"事变、上海"一·二八"事变、卢沟桥"七·七"事
变等；与此同时，来自国内的动荡因素有小刀会起义、太平天国运动、
义和团运动、辛亥革命、各系军阀混战、北伐战争、政府机构频频更
迭，国共两党分裂，红军与国民党军队的内战，以及各地区恶势力的
袭扰。如此等等，使得整个中国内外战争不绝，处于极端紊乱之中。
仅以湖北宜昌为例：1911 年辛亥革命使宜昌市一度动荡；1920 年 10
月 19 日、1921 年 4 月 28 日，又发生两次兵变，全城洗劫一空，工商
业停业；1923 年因北伐军与川军作战，略受损失；1927 年南京发生惨
案，反帝运动，风靡全国；红军壮大，占据鄂西，市面大受损失；1929
年，围剿红军的战事又起；1931 年万宝山案件发生，影响所及，市面
更衰，一直到 1936 年，国共两党合作，市面稍事安定；1937 年，抗日
战争全面爆发。从 1911 年至 1937 年的 35 年间，大小动荡从未间断。[①]

房地产不像黄金那样可以随时转移，它不可移动性、投资量大、
周转期长的特点使之对环境安全有特殊要求。一旦发生动荡，地价的
波动最为显著。林传沧曾专门论及政局对福州、厦门地价的影响。"福
建自民国成立以来，历经四次之政变：第一次为民十一（1922 年）粤
军之入闽，第二次为民二十（1931 年）刘卢之战争，第三次为民二十
一（1932 年）红军之攻陷漳州，第四次为民二十二（1933 年）'人民

---

① 陈家鼎. 宜昌沙市之地价研究. //萧铮. 民国二十年代中国大陆土地问题资料. 台北：成文
出版有限公司，（美国）中文资料中心，1977：42089-42090.

政府'之叛变。在此四个混乱时期，福厦人民迁徙避难之唯恐不及，奚暇顾及土地哉？……未投资土地者，裹足不前，已投资者，纷纷脱售……一方面心理恐慌引起资本之逃避，民二十一（1932年）华侨由厦门提款去香港或南洋者，据说有二千万元之多，民二十二（1933年）之'闽变'亦赶走几百万元之存款；另一方面，因治安之不靖，招致资本之逃避与商业之倒闭，使旺盛一时之地产市场，亦遭受无情之打击，房地产无人过问，地价一落千丈……"。[①]

　　四川省自辛亥革命后，有大小四百余次战事，各次战事无不以重庆为争夺目标，直至1926年，刘湘率领21军，战败其他派系，一军独占重庆多年，重庆治安方才稳定，开始建设，地价逐年增高。1934年红军大败21军主力，占据川北，突破嘉陵江，全蜀震动，惶惶不安，引起地价一时性下跌。

　　天津华界地价在1925年的一次下降，也是由于奉系将领郭松龄倒戈引起的恐慌导致。

　　社会政治因素对地价的影响在租界与华界之间表现得最为突出。租界地价普遍高于华界的一个重要因素，就是投资安全的保障。由于上海、天津、汉口租界当局依仗不平等条约赋予的各项权利，将其租界置于中国政治、法律权力之外，成为国中之国，可以免受中方任何袭击和干涉。在动荡不安的岁月里，这些租界便成为人们求之不得的避难所，一有战事，就有大批人口涌入租界。因此，华界地价下降的同时，往往是租界地价上升。这已成为一种规律。

　　回看近代中国房地产业史，正是1853年小刀会起义及1851—1864年的太平天国运动引起大批人口避入租界，成为上海租界房地产业萌发的契机。1911年清政府的倒台和20年代前后的政府更迭，亦为天津租界带来了大批官僚房地产投资。1912年，袁世凯指使曹锟发动"壬子兵变"洗劫了天津华界商业中心北大关和宫北大街一带。1920年的直皖战争、1922年和1924年两次直奉战争，又使这一带刚刚复苏的

　　① 林传沧. 福州厦门地价之研究. //萧铮. 民国二十年代中国大陆土地问题资料. 台北：成文出版有限公司，（美国）中文资料中心，1977：43617-43620.

商业连遭兵燹掳掠。为求安全，华界商业中心开始向租界迁移，促成法租界劝业场商业中心区的形成。

1860—1941 年，上海公共租界和法租界在动荡的社会环境中，基本保持了一个稳定的政治局面，这是它能吸引投资的重要原因，也为房地产业正常发展提供了最起码的社会保障。1932 年 1 月 28 日爆发的日军袭击闸北的"一·二八"事变以及抗战后租界成为沦陷区中的孤岛，均造成了租界地价上升，华界地价下跌的局面。在第 8 章第 2 节，已分析了上海公共租界与法租界、华界地价的差异。同在上海市，同临黄浦江，地理位置没什么差别的情况下，华界与租界地价差别之大，社会安定是一个重要因素。因此，中国社会政治混乱，导致的投资不均衡是促成租界畸形繁荣的主要原因。

如果说租界地价高于华界还有许多其他因素使然，那么越界筑路使地价升高的原因，主要就是在于安全上的保障。越界筑路，顾名思义，就是越出租界修筑道路，这是对中国主权的进一步侵犯。天津、上海租界都有这种现象，以上海最为多见。1900—1925 年，公共租界越界筑路共 39 条，总长度 150 华里。[①]起初，沿路人民普遍反对，后来则变成欢迎，唯恐路线不经过自家的土地。因为道路一通，租界警权即到，沿线地区治安改善，地价上升。沿路土地虽未划入租界，却能享受租界治安保障。这是越界筑路后地价上升的主要原因。

总之，近代中国社会政治的动荡是房地产业发展的一个致命障碍，也是影响地价的最主要因素。西方学者认为对地价有决定性影响的，第一是区位、第二是区位、第三还是区位。在中国，还有比区位更重要的，那就是社会安定的保障。

在城市化过程中发展起来的现代城市形态，是各个历史时期各种力量共同作用的结果，从任何一个单一的原因来追溯某一个城市地价的演变，都是人为的和荒谬的。由于篇幅所限，本章只列举了影响地价的四个最直接的因素。

---

①上海市政协文史资料研究委员会. 旧上海的房地产经营[M]. 上海：上海人民出版社，1990：164.

概括全章可以看出，决定地价的最深刻、最基本的因素，是城市宏观经济环境。具体表现在：

第一，城市总就业水平与收入水平直接决定城市土地总需求和土地利用的经济价值，凡是收入与就业水平高的地区，对土地的有效需求就高，土地利用价值就大。

第二，区位要素是城市土地最重要的要素。影响区位要素的原因，主要是特定位置上的经济增长水平。增长率越高，土地竞争力就越强，对投资吸引力就越大，从而现在和将来预期的价值就越高。

第三，改善交通状况是改变宏观经济环境，提高区位质量的有效手段。无论是对外交通还是市内交通条件的改善，都会使土地增值。

第四，动荡的社会政治因素是破坏这种宏观经济环境，从而改变城市土地市场供求关系的非经济力量。在近代中国，非经济因素对地价的影响甚至超出了经济因素本身。这可视为考察中国房地产业时不可忽略的国情。

第 10 章 看不见的手——地价的作用

第 1 节 均质性与邻里效益

一、地价与土地利用

土地市场的价格体系是决定和调节土地利用的经济机制之一。在自由竞争条件下，地价通过价值规律的作用，自发完成对城市功能区域的划分。在人为的城市规划极端薄弱的近代中国，这只"看不见的手"，客观上起到了城市规划师的作用。

在土地交易频繁的新市区，价值规律的自发作用比在传统的旧市区更为明显。在土地价格产生的同时，城市的格局也就被决定了。

首先，城市土地价格在交易中形成了多层次的等级差别[①]（以上海公共租界 1925 年地价为例）：

外滩头等地产每亩 25—35 万两

头等洋行地产每亩 14—25 万两

中区大商店地产每亩 7—15 万两

普通店地产每亩 2—13 万两

外国住宅每亩 0.45—2.5 万两

最远至码头沿浦等地每亩 0.5—2.5 万两

头等工厂地产每亩 0.5—1.8 万两

普通工厂地产每亩 0.2—0.6 万两

界外田地每亩 0.02—0.3 万两

---

①《总商会月报》，第 6 卷，第 4 号，1926 年 4 月，转引自张仲礼. 近代上海城市研究[M]. 上海：上海人民出版社，1990：456.

　　各城市的地价都能列出这样一份等级表。这份等级表同时也是一份土地使用的分类表。不同价格的土地适用于不同的用途。企业和个人向土地投资时，则根据自己的支付能力与需要，选择不同价格等级，同时也是不同使用功能的地段。地价的差别迫使土地利用集约程度高的企业向高级地价区集中，集约程度低的则向边远地区疏散。

　　最初城市选址时，往往聚集在交通最方便处，谈不上功能区域的划分。随着城市的扩大，首先是工业区从中心区分离出来，其次是高级住宅区，最后基本形成商业、金融中心区——一般商业住宅区—高级住宅区—工业区及棚户区—农田的用地格局和功能区域。不过，这些等级在地域平面上的分布往往不是环状，而是块状，其中奥秘将在本节后半部分阐述。由于建筑的固定性和耐久性，格局一旦形成，就会长久保持，对土地利用产生深远影响。

　　首先从市中心分离出来的是工业区。

　　19 世纪 60 年代，上海英租界外滩已经是洋行、码头林立，地价比 10 年前增长 200 倍。于是，外商开始到北边的虹口地区和南边法租界外滩地价低一些的地段修建新码头。虹口区在 1863 年并入英租界之后，由于交通改善，地价较低，吸引了大批企业，成为上海最大的工业区。杨树浦水厂选址时，考虑到地价因素，放弃了在英租界中区建厂的计划，在杨树浦购地 111 亩，于 1883 年建立了自来水厂。上海自来水公司初建于市中心的汉口路，后来在泥城河购地 14.8 亩，另建新厂，从成本角度看，也是因为地价的原因。

　　工业区分布在租界的边缘。除了杨树浦一带外，沪西苏州河沿岸和法租界南面肇家浜一带，也是重要的工业区。棚户区一般紧靠租界外边缘，集中在工业区和码头、车站、铁道附近。一般性住宅和小型工厂散布在市内各处。

　　上海法租界花园住宅区的形成也是受地价的影响。20 世纪初，住在外滩南京路附近市中心的中外高薪阶层越来越迫切地要求扩大居住空间和改善居住环境，而这在地价高昂的中心商业区是不可能的。1914 年新扩充的法租界西部广大地区，地价低廉，环境清幽，远离工业区，就自然成为理想的高档住宅用地。

1936 年，上海功能区域的划分已经十分清晰了，如图 10-1 所示，这个格局至今仍是上海城市规划的基础。

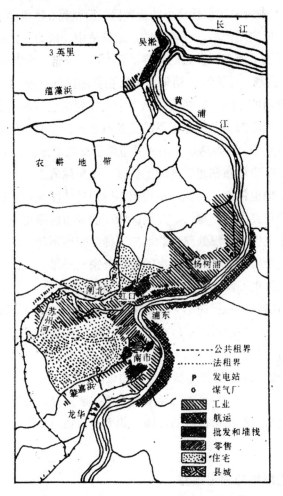

图 10-1　1936 年上海城市土地利用状况①

天津因租界国别太多，各自为政，土地利用难免出现比较紊乱的状况。但细细分析，不难看出，由于地价的作用而形成的功能区域的划分，居然打破了租界的界限。

① 罗兹·墨菲. 上海——现代中国的钥匙[M]. 上海社会科学院历史研究所，译. 上海：上海人民出版社，1987：21.

根据第 8 章第 3 节对天津地价的分析，法租界与英租界旧区和日租界一部分地段位置最好，成为全市商业中心。临近海河码头的中街（今解放路）成为中外银行集中的金融区。意租界、德租界不在商业中心区之内，但交通便利，环境舒适，地价适中，成为高档住宅区。英租界后来向墙子河南岸扩充的新界"五大道"一带（重庆道、常德道、大理道、睦南道、马场道），恰似上海法租界西区的功能，因地价便宜，可以占有宽敞的绿地，富裕阶层从市中心迁到这里，形成了天津的花园住宅区。天津的工业区除华界的三条石之外，在河东的俄租界和比租界也比较集中，因为这是 9 国租界里地价最低的地区。同上海一样，天津的棚户区也散布在租界外的工业区、火车站周围。

汉口土地也依地价高低，呈现出不同的功能区域：洋行和银行集中在沿江的租界区内，第一、二两区所在的旧市区是历史上形成的商业、普通住宅区。平汉铁路以北地广人稀，交通不便，地价很低，一直作为农地使用。而临汉水江岸的硚口及宗庙一带，人口稀少，但交通便利，地价也不高，故工厂林立，成为工业区。

重庆的商业中心已在第 8、9 章中提到过，在重庆市的嘉陵江北岸，即江北地区，因与江对岸市区交通不便，地价偏低，只能发展为工业用地，因而在刘家台、相国寺一带，形成了工业区。

在传统的古城，受封建城市格局的束缚，"看不见的手"的作用一开始并不十分显著。一旦现代经济大规模扩展开来，必然呈现地价决定土地利用结构的不可抗拒的规律。北平、南京、福州、杭州就是如此。

二、均质性与邻里效益

由于地价影响而形成的城市功能区域，还有一个特性，就是这些功能区域内部的均质性——即保持等质、排斥异质的特性。商业区、住宅区、工业区就是由均质性而造就的均质区域。本节前半部分提到城市功能区域不是环状，而是呈块状分布，主要是因为均质性的规律所致。当然，在均质地域内，绝对的纯净是不可能的。

第一，均质性的保持及其对异质性的排斥，是由于土地价格的作用而自发产生的。均质区域首先是地价相对均等，由此决定了区域的功能。试想，在寸土寸金的南京路上建一座住宅或工厂，成本之大，难以想象。对个人、企业和社会来说，都是不经济的。

第二，均质地域的形成对土地利用来说，是一种巨大的社会节约。金融区的集中便利了商人交易；商业区的集中，缩短了购物距离和时间；住宅区的集中，不仅宁静宜人，还能提高配套的学校、零售商店等服务设施的效率；工业区的集中，可以共享电力、水源以及交通运输的便利，避免污染的扩散。违反这一规律，就会降低土地的功效，从而降低土地价格。

近代中国，在大城市中，均质区域正在形成。贯穿天津英、法、德三国租界的中街（今解放路北段）是北方金融中心所在地，沿街众多的中外著名银行建筑气势雄浑，比肩耸立，素有"天津华尔街"之称。但 1927 年国民政府南迁之后，金融中心向上海转移，这里的地价便逐渐低于劝业场商业中心地带。

上海地价最高的地区同纽约一样，都在金融区。外滩是上海的"曼哈顿"，银行、钱庄、保险公司汇集在外滩及周围的四川路、江西路、宁波路、天津路一带。到 1943 年，这里共有银行 250 多家，加上钱庄达 500 家左右，无愧于"远东金融中心"之誉。直到临近上海解放时，还剩下银行 140 家，钱庄 80 家，外加 200 余家银号和保险公司，[①]全部集聚在这块方圆几华里的土地上。

商业区集中的过程更为迅速。1933 年上半年，广州新开业的商店就达 3,646 家，比上年同期增加了 930 家。同年，广州商店总间数达 22,178 家，资本总额 40,461,455 元。当时商业繁荣的长堤、太平路、一德路、上下九路一带，商家人口占辖区总人口的 30%。[②]

天津法租界劝业场一带不仅是商业中心，还是娱乐中心，在极盛时期，除劝业场、天祥、泰康等大型百货商场和其他星罗棋布的各类商店外，还有近 60 家影剧院、饭馆、舞厅。商业、娱乐业的集中程度，

① 张仲礼. 近代上海城市研究[M]. 上海：上海人民出版社，1990：456.
② 林金枝，庄为玑. 近代华侨投资国内企业史资料选辑：广东卷[M]. 福州：福建人民出版社，1989：695.

为当时国内其他大城市所罕见。

上海的南京东路、金陵东路、四川北路、西藏中路、淮海中路、福州路等商业街区在二三十年代已经形成。南京东路集中了大批"名店"，闻名海内外的四大百货公司：先施公司、永安公司、新新公司、大新公司竟集中在不足 200 米长的路段上。由于地价昂贵，在这条寸土寸金、人流如潮的大街上，竞争是十分激烈的，门庭若市的餐馆因巨额收入仍不敷地租或房租支出而倒闭的事屡见不鲜。经济效益低的行业根本无法立足。

各城市工业区有一个共同特点，即一旦形成，地价就再难提高。因为工业区占地大，往往聚集在地价较低的地区。工业区带来的污染使其周围地带不适宜作高档住宅区，也不会伴生高档商业区。相反，与工业区伴生的常常是工人居住的棚户区，由于工人购买力低下，住房简陋，地价也随之下降。因此，上述几种功能区域中，工业区对地价影响最小。

居住是城市最基本的职能之一。在城市的土地利用结构中，住宅区所占的面积最大，一般能达到市区用地总面积的 45%—60%。值得注意的是，均质性的住宅区能够产生一种"邻里效益"。

城市经济学认为，生活质量的好坏在很大程度上取决于邻里。"所谓环境宜人者，就是说，有优美的风景，有爽心悦目的环境，有意气相投的邻里，以及其他一切增加生活愉快和舒适的因素"。[①]相同阶层的人往往聚居一处，以求安全感、社交的便利和一种共同的文化氛围。这是城市文明的组成部分，是一种精神财富，并能通过局部地价的提高而转化为物质财富。在现代社会，地价与收入的差别自然而然地把居民划入了不同等级的居住区，客观上却带来了这种邻里效益。漫步在天津的"五大道"、厦门的鼓浪屿、广州的沙面以及上海的沪西花园住宅区，至今仍可感受到一种与众不同的氛围。

---

① 伊利，莫尔豪斯. 土地经济学原理[M]. 滕维藻，译. 北京：商务印书馆，1982：74-75.

第 2 节　20 世纪初的"建筑革命"

一、地价对建筑的影响

地价不仅影响建筑的布局，甚至影响建筑的材质、高度甚至内在结构。

因为地价的高昂，自然迫使人们集约利用土地。集约利用的结果之一，就是建筑向上空发展，传统中式建筑的造型和建材均已无法适应，必然引起建筑设计、施工技术和建筑材料的一场重大变革。

20 世纪初，在沿海城市的高地价带，建筑物普遍增高。天津的商业区建筑一般为 3—5 层，劝业场和中原公司（今百货大楼）6—7 层，渤海大楼、利华大楼等为天津当时最高建筑，达 9—10 层。广州的商业建筑比天津还要高，最高的爱群大厦已达 15 层。30 年代上海 10 层以上的高层建筑有 28 幢。金融机构、商业建筑以及高级公寓也加入了高层建筑的行列。最高的是 1934 年在上海落成的国际饭店，共 24 层（其中地下两层），总高度为 83.8 米，成为当时远东最高建筑。

高楼层和大跨度建筑离不开钢筋混凝土结构和电梯设备，传统中式砖木结构房屋退出了地价高昂区域。1902 年外滩华俄道胜银行大楼（今华胜大楼）、1906 年南京路汇中饭店（今和平饭店南楼）最早安装了从英国进口的电梯。20 世纪 30 年代，诞生在美国的这种设备，已大量安装在新崛起的高层建筑中。1934 年 11 月 19 日破土动工的上海大新公司（现第一百货商店），在国内首次采用了两座轮带式自动扶梯，成为南京路商业一景，另有 8 座美国奥的斯自平式快速电梯，从地下室可迅速直升 10 层顶楼。

表 10-1 显示的是 1922—1931 年水泥在中国的消费量。

除此之外，冷暖气设备、高档洁具、自动灭火装置以及内外装修的新式材料和工艺，也为这一时期的建筑大量采用。沙逊大厦 9 层墙身使用花岗石砌筑，整体采用钢框架结构；外滩东方汇理银行大楼采用铁框大玻璃屋顶，国际饭店大厦采用蒸汽机打桩，在深入地下 39.8 米的桩基上，矗立起了"远东第一楼"。

表 10-1　1922—1931 年中国水泥消费统计[①]

单位：桶

年份	消费量	年份	消费量
1922	2,729,388	1927	3,553,378
1923	2,584,190	1928	4,203,106
1924	2,590,254	1929	5,133,082
1925	2,849,932	1930	4,895,691
1926	3,426,005	1931	5,177,250

注：每桶＝380 磅。因统计数据不完整，此表数字可能偏低。另据国外统计，30 年代初国内每年消费水泥约 700 万桶，人均约合 6 磅。

可以断言，西方建筑的新观念、新材料、新设备、新技术的引进，在 19—20 世纪之交引起过一次中国建筑的急骤变革，也书写了近代中国建筑史上最为繁荣的一页。在雨后春笋般出现的建筑群落背后，隐然有着一只"看不见的手"——地价无所不在地起着操纵作用。

经过对十几个城市的实地调研与观察，不难看出这样一个规律：凡是建筑物高耸密集的地区，必然是过去的高地价区，是一番激烈角逐的结果。所以，观察一座城市遗留下来的建筑，就能对这座城市地价和房地产业发展水平有个大致估计。

只要留心就能看出，商品房与传统建筑在设计与占地上大有区别。最能说明问题的是民居。民用住宅是城市建筑的主体，也是房地产业提供商品房的主要内容。1949 年以前上海 10 层以上的建筑物有 28 幢，但里弄住宅却有近 20 万幢，因此有"没见过里弄，就没到过上海"之说。这类成排成片"成批生产"的建筑，是一座城市房地产业发达与否的标志之一。

商品化住宅有许多档次，但共同特点是经济实惠。1840 年以后，在人多地狭的上海，产生了一种独特的民居——石库门里弄建筑。它

---

① 方显廷，谷源田. 中国水泥工业之鸟瞰[A]. 中国经济研究[M]. 北京：商务印书馆，1938：659-660.

的单体平面结构，是从中国传统的四合院蜕变而来。总体布局采用欧洲联排式格局，2 至 3 层，既节约用地，又能满足一般市民独门独户的居住要求。这一中西合璧的建筑形式，经历了几个阶段的变化，成为上海建筑的一大特色。1986 年中国邮政总局发行了一套名为"中国民居"的邮票，其中"上海民居"那一枚的画面就是典型的石库门里弄建筑。上海房地产商主要是靠建造大量的里弄盈利的。

天津地价不像上海那么昂贵，因此，天津的里弄以平房为主，租界和华界都建有不少，成片地供人租用。这些平房建筑也有中西各种档次，简单而紧凑，与传统四合院大不相同。中外房地产商在天津里弄住宅的投资量约占各类建筑投资总量的 2/3 以上。[①]

单是观察北京的建筑，就可以断定近代房地产业在这里没有多大的发展。四合院占地较多，民居以自产自用为主，或兼做出租，很少有成批生产的商品房屋。北平在 11 个城市里地价最低（见第 8 章第 10 节），也是一个佐证，说明地价越低的城市，建筑的变化越慢。

在住宅建筑中，有一种为数不多但极富生命力的形式——公寓住宅楼，早在二三十年代即在天津、上海、汉口等大城市出现。这种建筑往往选址在环境优美、交通方便、地价适中的区位，建筑特点为独立单元式，一幢大楼由众多单元构成，既节约占地，又能满足一家一个单元的生活标准。如天津的民园大楼、香港大楼，汉口的景明大楼、立兴大楼，都属多层高档公寓住宅。30 年代上海已出现了 10 层以上的高层公寓，如衡山路 16 层的毕卡第公寓（现衡山宾馆）、复兴西路 13 层的会乐公寓、淮海路 13 层盖司康公寓等。这些公寓当时属高档住宅，体力劳动者无法问津，但它代表的城市住宅的发展方向，已被后来的历史证实。

在所有的开放城市中，无一例外地存在着大片的棚户区，而且，城市经济增长越快，需要的劳动力越多，棚户区的规模也就越大。棚户区属非法建筑，选址大多在荒地，不属房地产业经营范畴。生活在社会最底层的体力劳动者聚居在这里。棚户区里蚊蝇孳生，瘟疫流行，

---

① 《今晚报》1992 年 6 月 27 日。

境况悲惨，与众多的高楼别墅恰成反照，成为近代城市的特殊景观。各类建筑不仅把地价的差别，同时也把收入的差别、等级的差别、贫富的差别鲜明地镌刻在城市的面孔上。

二、建筑对地价的反作用

地价的增高，使建筑发生了巨大的变化，而高质量的建筑又会使所在地点的地价增高，并对周围地价有连带影响，从而引起新一轮地价增长。所以，一般城市建筑规则，往往规定建筑费用最低限度，并限制房屋的使用性质，禁止在高楼边建简陋房屋，以避免对城市观瞻以及对土地价值的不良影响。

马克思的地租理论就曾概括了这种规律。他指出在土地经济运行中，不仅好的位置能够增加收益（级差地租 I），而且在一块土地上连续投资也能带来收益（级差地租 II）。

天津租界内高级住宅建筑区的形成即能说明问题。随租界的设立，如影随形的就是住宅建设热：红瓦陡坡屋顶的日耳曼式建筑，拱门券窗塔楼的意大利罗曼式建筑，高楼耸峙上具穹顶的俄罗斯建筑，双层券廊的古罗马建筑……这些与传统民居风格迥异的西方住宅，汇聚了欧美各国建筑风格，折射出古典主义、折衷主义、现代派等流派的影响，色彩纷呈，赏心悦目，使这座渤海湾边的城市博得"世界建筑博物馆"的美誉。以"五大道"为中心的高档住宅区，对富裕阶层产生了投资引力。这里的花园别墅鳞次栉比，空间的集约利用也就是资金的密集吸聚，很快成为天津的一块地价"高地"。由此可见建筑物，尤其是高档次的建筑，作为对土地的追加投资所产生的级差效益。

反之亦然。厦门、福州同在福建沿海，厦门得开放风气之先，楼宇高大，街道整齐，地价趋高；福州房屋则以旧式为主，甚至有大量的木板房，既不美观，也不坚固，且极易发生火灾。有人说，"一根火柴就能点燃半个福州城"，虽为夸张，但从其建筑上观察，也不无根据。这样的情况，势必使房地产投资者畏惧不前，其地价低于厦门自不待言。

结　论

100 多年前，在中国房地产业的发祥地上海租界，有位最早称霸南京路的英籍房地产商史密斯声称："只要能发一笔大财，以后上海化为灰烬或沉入海底又与我何干！"

100 多年过去了。上海没有沉没，反而在古老县城外荒寂的黄浦滩边崛起了一座称雄亚洲的现代化工商业都市，中国房地产业也以此为开端，从滨海临江的上海、天津、广州、汉口等地迅速发展，为近代中国留下了一笔巨大的社会财富。

回溯中国房地产的百年行业史，已经清楚地看到，现代房地产市场在中国传统社会诞生，需要一个历史的契机，而这一契机正是同租界如影随形而来的。不仅如此，中国房地产业的发展也是与租界的示范效应直接相关的。毫无疑问，租界是中华民族的耻辱，是殖民主义者的罪恶渊薮，租界的发展是用血与火的文字载入中国近代史的，每个中国人都不会忘记这一点。但是，当今世界历史学的一大进步，就在于它已经超越民族感情的羁绊，把研究的重点转入了对各个国家和地区乃至全球社会历史发展规律的探讨。从这一视角透析租界，客观分析这种产生在半殖民地中国的历史现象，对恩格斯阐发的观点会有更深刻的理解。他认为："恶是历史发展的动力借以表现出来的形式"。"正是人的恶劣的情欲——贪欲和权势欲成了历史发展的杠杆，关于这方面，例如封建制度和资产阶级的历史就是一个独一无二的持续不断的证明。"①主观上，来中国开拓新式房地产业的西方冒险家是贪婪而自私的；客观上，他们却推动了中国房地产业的发展，充当了不自觉的拓荒人和建设者。

---

① 马克思，恩格斯. 马克思恩格斯选集：第 4 卷[M]. 北京：人民出版社，1973：233.

这就是在一个世纪后的今天，对租界在中国房地产业史上的特殊地位给予应有评价的原因。以此为开端，前述各章已分别从地价、房租、经营方式、政府干预与市场经济的双重作用、金融业与房地产业的关系以及影响地价的诸种因素等各个方面，做出了尽可能详尽的分析。下一个问题就是：应当如何估计近代中国房地产业的发展水平及其在国民经济中的地位？这也是本书结论中所面对的问题。

在中国近代经济史学领域中，还未有人专门研究过这一问题。依据迄今见到的有关资料，只能从以下几个相关的角度做出粗略估计。

巫宝三对 20 世纪 30 年代的国民所得做过估算。如结论表 1 所示。

结论表 1　1933 年各业净产值、百分比及生产所得[①]

单位：百万元、%

项目	净产值	百分比
农业	12,271	61.0
矿冶业	238	1.2
制造业	1,838	9.1
营造业	221	1.1
运输交通业	922	4.6
商业	2,541	12.6
金融业	200	1.0
住宅	934	4.6
自由职业	312	1.6
公共行政	642	3.2
总计	20,119	100.0
减项	173	
总计	19,946	

结论表 1 中，与房地产业有直接关系的营造业与住宅，两项相加仅为 5.7%。而且，营造业不等同于房地产业，其中仅有一部分建筑业务与房地产业相关。住宅一项是按全国城乡全部住宅折算，其中城市

---

① 巫宝三. 中国国民所得[M]. 上海：中华书局，1947：12.

住宅只占一少半，城市住宅中进入市场的也仅有一半左右。当然，其他行业，如商业、金融业等也均有房地产投资，但总体推论，近代中国房地产业的国民所得（含个体出租者所得）约占当时全国国民所得的 3%，最多不超过 5%，与支柱产业相距甚远。

从发展时期看，大多数城市房地产业的发展主要集中在二三十年代，还没有经过充分发展便被中断，行业发展的时间对于很多城市来说都不算长。

从地域分布看，房地产业过于集中在少数沿海沿江大城市，特别是几个对外开放的有租界的城市，全国发展极不平衡。

从行业组织形式看，专业化的企业数量不多，而且主要为外商垄断，华商方面虽也有二三十年代出现的中小型公司，但更普遍的还是以各种房地产业主的身份从事个体经营活动，说明这一行业发育还不够成熟，带有转轨期的特点和痕迹。

从遗留下来的建筑看，除了几个大城市外，新式建筑并不多见，真正作为商品建造的房屋还是有限的。绝大部分商品房，是由传统民宅通过出租的方式转化而来的。

综上所述，可以认为，对近代中国房地产业发展水平的估价不可过高。近代史上的中国毕竟还是一个农业国，城市化的进程仅在沿海沿江局部地区刚刚展开，房地产业的发展水平是受社会环境和整体发展水平制约的，是与整个中国半封建半殖民地经济的落后状况相一致的。

如果再拓宽眼界，从世界范围的横向比较中来评价这段行业史，对这一点看得会更清晰些。

1931 年，近代中国房地产业发展到鼎盛时期，上海的普益地产公司，将世界 24 个大城市按照最高地价排序，上海仅居第 22 位。如结论表 2 所示。

结论表 2　1931 年世界 24 个大城市最高地价比较[①]

单位：外币、上海规元/亩

	城市	每亩最高地价	汇率	合上海规元（两）
1	纽约	美金 5,445,000 元	31	16,900,000
2	芝加哥	美金 3,630,000 元	31	11,700,000
3	费城	美金 3,630,000 元	31	11,700,000
4	波士顿	美金 2,500,000 元	31	8,050,000
5	印第安纳	美金 1,520,000 元	31	4,900,000
6	蒙特利尔	美金 1,450,000 元	31	4,675,000
7	洛杉矶	美金 1,240,000 元	31	4,000,000
8	利物浦	英镑 240,000 镑	1/3.25	3,780,000
9	伦敦	英镑 217,000 镑	1/3.25	3,430,000
10	东京	日洋 2,000,000 元	160	3,200,000
11	巴黎	法金 16,800,000 法郎	785	2,140,000
12	悉尼	英镑 116,160 镑	1/3.25	1,828,000
13	柏林	德金 2,000,000 马克	130	1,540,000
14	罗马	意金 7,350,000 里拉	5.9	1,250,000
15	新加坡	坡洋 650,000 元	183.5	1,200,000
16	马尼拉	菲金 540,000 配沙	62	870,000
17	马赛	法金 6,705,000 法郎	785	860,000
18	开普敦	英镑 108,900 镑	1/3.25	820,000
19	孟买	印金 650,000 罗比	85	765,000
20	曼彻斯特	英镑 45,000 镑	1/3.25	710,000
21	布宜诺斯艾利斯	阿金 670,000 配沙	100	670,000
22	上海	国币 699,300 元	715	500,000
23	香港	港洋 575,000 元	78	450,000
24	广州	粤洋 300,000 元	70	210,000

　　从上海这座地价最高的城市在世界的排位，可以看出当时中国房地产业的发展水平在国际上尚属落后。

　　但这仅仅是问题的一面。另一方面，也说明在中国这一行业还蕴

---

① 陈炎林. 上海地产大全[M]. 上海：上海地产研究所，1933：68-70.

藏着极大的潜力，存在着不容轻视的发展余地。因为根据土地价格增值的规律，城市土地价格在不同阶段增幅不同。城市化初期，土地由生地到熟地的过程中，是地价增长最迅猛的时期，但是经过相当长的发展之后，地价的增长趋于平缓，如纽约、伦敦就属于这类城市。

越是新兴城市，特别是对外开放、经济活跃的沿海城市，如上海、广州等地，地价都呈翻番增长趋势。1844 年至 1933 年，上海黄浦滩地价从每亩 42 两上升到 36 万两白银，90 年间增长 8,570 倍。可惜，由于战乱等诸多原因，这一发展进程被迫中断。而同时发展起来的一些国家和地区，房地产业却进入突飞猛进的增长阶段。

据日本不动产研究所调查，以 1936 年的地价为基数，1936—1980 年，45 年间日本市街地价约涨 9,000 多倍，而普通农田价格也约涨 1,900 倍之多。[①]

发展经济学家做过这样的论断：对贫穷国家来说，土地是最重要的财富。可以预测，随着对外开放和经济的持续发展，在今后几十年内，中国的地价会出现较大的增幅，房地产业本身也终将成为带动国民经济发展的重要产业。

---

① 张跃庆，张连城. 城市土地经济问题[M]. 北京：光明日报出版社，1990：54.

参考文献

1. 萧铮. 民国二十年代中国大陆土地问题资料[M]. 台北：成文出版有限公司，（美国）中文资料中心，1977.

2. 中国驻屯军司令部. 二十世纪初的天津概况[M]. 侯振彤，译. 天津：天津市地方史志编修委员会总编辑室，1986.

3. 广州市土地局. 广州市土地局年刊（民国十七年）[M]. 广州：广州市土地局，1929.

4. 天津市土地局. 天津特别市土地局土地行政汇刊[M]. 天津：天津特别市土地局，1930.

5. 上海市土地局. 上海市土地年刊：1931年前期[M]. 上海：上海土地局，1931.

6. 上海市土地局. 上海市土地年刊：1931年后期[M]. 上海：上海土地局，1931.

7. 上海市土地局. 上海市土地年刊：1932年前期[M]. 上海：上海土地局，1932.

8. 上海市土地局. 上海市土地年刊：1932年后期[M]. 上海：上海土地局，1932.

9. 上海市年鉴委员会. 上海市年鉴（民国廿四年（1935年））[M]. 上海：上海市通志馆，1935.

10. 实业部中国经济年鉴编辑委员会. 中国经济年鉴[M]. 北京：商务印书馆，1935.

11. 实业部中国经济年鉴编辑委员会. 中国经济年鉴[M]. 北京：商务印书馆，1936.

12. 中国银行经济研究室. 中华民国二十六年全国银行年鉴[M]. 中国银行经济研究室，1937.

13．王铁崖. 中外旧约章汇编：第 1 册[M]. 北京：生活·读书·新知三联书店，1957.

14．王铁崖. 中外旧约章汇编：第 2 册[M]. 北京：生活·读书·新知三联书店，1959.

15．王铁崖. 中外旧约章汇编：第 3 册[M]. 北京：生活·读书·新知三联书店，1962.

16．章有义. 中国近代农业史资料[M]. 北京：生活·读书·新知三联书店，1957.

17．同济大学城市规划教研室. 中国城市建设史[M]. 北京：中国建筑工业出版社，1982.

18．同济大学建筑系. 外国近现代建筑史[M]. 北京：中国建筑工业出版社，1982.

19．中国人民银行上海分行金融研究室. 金城银行史料[M]. 上海：上海人民出版社，1983.

20．上海通社. 上海研究资料[M]. 上海：上海书店，1984.

21．上海市文史馆,上海市人民政府参事室文史资料工作委员会. 上海地方史资料：（一）[M]. 上海：上海社会科学院出版社，1982.

22．上海市文史馆,上海市人民政府参事室文史资料工作委员会. 上海地方史资料：（二）[M]. 上海：上海社会科学院出版社，1983.

23．上海市文史馆,上海市人民政府参事室文史资料工作委员会. 上海地方史资料：（三）[M]. 上海：上海社会科学院出版社，1984.

24．谯枢铭. 上海史研究：第 1 编[M]. 上海：学林出版社，1984.

25．唐振常. 上海史研究：第 2 编[M]. 上海：学林出版社，1988.

26．济南市房管局编志办公室. 济南市房地产资料：第 1 辑[M]. 济南：济南市房管局编志办公室，1983.

27．济南市房管局编志办公室. 济南市房地产资料：第 2 辑[M]. 济南：济南市房管局编志办公室，1985.

28．济南市房管局编志办公室. 济南市房地产资料：第 3 辑[M]. 济南：济南市房管局编志办公室，1985.

29．天津市文史研究馆. 天津文史丛刊：第 4 辑[M]. 天津：天津文史研究馆，1985.

30．天津市民建工商联. 天津工商史料丛刊：第 1 辑[M]. 天津：天津市民建工商联，1983.

31．天津市民建工商联. 天津工商史料丛刊：第 2 辑[M]. 天津：天津市民建工商联，1984.

32．天津市民建工商联. 天津工商史料丛刊：第 3 辑[M]. 天津：天津市民建工商联，1985.

33．天津市民建工商联. 天津工商史料丛刊：第 4 辑[M]. 天津：天津市民建工商联，1986.

34．天津市政协文史资料研究委员会. 天津租界[M]. 天津：天津人民出版社，1986.

35．当代天津城市建设编辑室. 当代天津城市建设[M]. 天津：天津人民出版社，1987.

36．天津市政协文史资料研究委员会. 天津的洋行与买办[M]. 天津：天津人民出版社，1987.

37．天津社会科学院历史研究所. 天津简史[M]. 天津：天津人民出版社，1987.

38．上海市地方志办公室. 上海研究论丛：第 1 辑[M]. 上海：上海社会科学院出版社，1988.

39．上海市地方志办公室. 上海研究论丛：第 2 辑[M]. 上海：上海社会科学院出版社，1989.

40．厦门市房地产志编纂委员会. 厦门市房地产志[M]. 厦门：厦门大学出版社，1988.

41．林金枝，庄为玑. 近代华侨投资国内企业资料选辑：广东卷[M]. 福州：福建人民出版社，1989.

42．马洪，孙尚清. 金融知识百科全书 [M]. 北京：中国发展出版社，1990.

43．上海市政协文史资料研究委员会. 旧上海的房地产经营[M]. 上海：上海人民出版社，1990.

44．天津市政协文史资料研究委员会. 天津——一个城市的崛起[M]. 天津：天津人民出版社，1990.

45．广州市房地产管理局. 广州房地产志[M]. 广州：广东科技出版社，1990.

46．《当代中国》丛书编辑部. 当代中国的城市建设[M]. 北京：中国社会科学出版社，1990.

47．上海、天津、辽宁、广东、青岛、厦门、广州、武汉政协文史资料委员会. 列强在中国的租界[M]. 北京：中国文史出版社，1992.

48．中国人民政治协商会议上海市委员会文史资料委员会编. 上海文史资料选辑：第60辑[M]. 上海：上海人民出版社,1988.

49．中国人民政治协商会议上海市委员会文史资料委员会编. 上海文史资料选辑：第63辑[M]. 上海：上海人民出版社,1989.

50．中国人民政治协商会议天津市委员会文史资料研究委员. 天津文史资料选辑：第9辑[M]. 天津：天津人民出版社，1980.

51．中国人民政治协商会议天津市委员会文史资料研究委员. 天津文史资料选辑：第10辑[M]. 天津：天津人民出版社，1981.

52．中国人民政治协商会议天津市委员会文史资料研究委员. 天津文史资料选辑：第16辑[M]. 天津：天津人民出版社，1981.

53．中国人民政治协商会议天津市委员会文史资料研究委员. 天津文史资料选辑：第31辑[M]. 天津：天津人民出版社，1985.

54．中国人民政治协商会议天津市委员会文史资料研究委员. 天津文史资料选辑：第24辑[M]. 天津：天津人民出版社，1983.

55．中国人民政治协商会议天津市委员会文史资料研究委员. 天津文史资料选辑：第25辑[M]. 天津：天津人民出版社，1983.

56．中国人民政治协商会议天津市委员会文史资料研究委员. 天津文史资料选辑：第27辑[M]. 天津：天津人民出版社，1984.

57．中国人民政治协商会议天津市委员会文史资料研究委员. 天津文史资料选辑：第28辑[M]. 天津：天津人民出版社，1984.

58．中国人民政治协商会议天津市委员会文史资料研究委员. 天津文史资料选辑：第34辑[M]. 天津：天津人民出版社，1985.

59．中国人民政治协商会议天津市委员会文史资料研究委员. 天津文史资料选辑：第 53 辑[M]. 天津：天津人民出版社，1991.

　　60．天津市历史研究所. 天津历史资料：第 2 辑[M]. 天津：天津市历史研究所，1964.

　　61．天津市历史研究所. 天津历史资料：第 3 辑[M]. 天津：天津市历史研究所，1965.

　　62．天津市历史研究所. 天津历史资料：第 4 辑[M]. 天津：天津市历史研究所，1965.

　　63．天津社会科学院历史研究所. 天津历史资料：第 5 辑[M]. 天津：天津市社会科学院历史研究所，1980.

　　64．天津社会科学院历史研究所. 天津历史资料：第 10 辑[M]. 天津：天津社会科学院历史研究所，1981.

　　65．王先强. 中国地价税问题[M]. 上海：神州国光社，1931.

　　66．宋蕴璞. 天津志略[M]. 天津：天津协成印刷局，1931.

　　67．陈炎林. 上海地产大全[M]. 上海：上海地产研究所，1933.

　　68．王志莘. 中国之储蓄银行史[M]. 北京：新华信托储蓄银行印行，1934.

　　69．张辉. 上海市地价研究[M]. 南京：正中书局，1935.

　　70．高信. 南京市之地价与地价税[M]. 南京：正中书局，1935.

　　71．章乃器. 中国货币金融问题[M]. 上海：生活书店，1936.

　　72．陈佩真. 厦门指南[M]. 厦门：新民出版社，1936.

　　73．巫宝三. 中国国民所得[M]. 上海：中华书局，1947.

　　74．王季深. 上海之房地产业[M]. 上海：上海经济研究所，1944.

　　75．吴雅纯. 厦门大观[M]. 厦门：新绿书店，1947.

　　76．吴承明. 帝国主义在旧中国的投资[M]. 北京：人民出版社，1955.

　　77．张郁兰. 中国银行业发展史[M]. 上海：上海人民出版社，1957.

　　78．弗里德里希·李斯特. 政治经济学的国民体系[M]. 陈万煦，译. 北京：商务印书馆，1961.

　　79．伊利，莫尔豪斯. 土地经济学原理[M]. 滕维藻，译. 北京：

商务印书馆，1982.

80．来璋．台北市地价问题研究[M]．北京：商务印书馆，1982.

81．林金枝，庄为玑．近代华侨投资国内企业史资料选辑：广东卷[M]．福州：福建人民出版社，1983.

82．杨法运，赵筠秋．北京经济史话[M]．北京：北京出版社，1984.

83．石毓符．中国货币金融史略[M]．天津：天津人民出版社，1984.

84．蒯世勋．上海公共租界史稿[M]．上海：上海人民出版社，1984.

85．R E Bredon，H E Hobson，H F Merrill，E. Gorden Lowder，L H Layford．上海近代社会经济发展概况（1882—1931）[M]．徐雪筠，译．上海：上海社会科学出版社，1985.

86．张仲礼，陈曾年．沙逊集团在旧中国[M]．北京：人民出版社，1985.

87．K. J. 巴顿．城市经济学[M]．上海社会科学院部门经济研究所城市经济研究室，译．北京：商务印书馆，1986.

88．杰弗里·巴勒克拉夫．当代史学主要趋势[M]．杨豫，译．上海：上海译文出版社，1987.

89．罗兹·墨菲．上海——现代中国的钥匙[M]．上海社会科学院历史研究所，译．上海：上海人民出版社，1987.

90．高尚智，陈德炎．武汉房地产简史[M]．武汉：武汉大学出版社，1987.

91．胡兆量，等．经济地理学导论[M]．北京：商务印书馆，1987.

92．张熏华，俞健．土地经济学[M]．上海：上海人民出版社，1987.

93．郑祖安．上海地名小志[M]．上海：上海社科院出版社，1988.

94．周诚．土地经济学[M]．北京：农业出版社，1989.

95．姚松鹤．上海闲话[M]．上海：上海古籍出版社，1989.

96．洪葭管．近代上海金融市场[M]．上海：上海人民出版社，1989.

97．孙德常，周祖常．天津近代经济史[M]．天津：天津社会科学院出版社，1990.

98．李竞能．天津人口史[M]．天津：南开大学出版社，1990.

99．蔡孝箴，郭鸿懋．社会主义城市经济学[M]．天津：南开大学出版社，1990.

100．张仲礼．近代上海城市研究[M]．上海：上海人民出版社，1990.

101．许绍基．广州房地产业的崛起[M]．广州：广东人民出版社，1990.

102．彭强华．国内外住宅金融业研究[M]．桂林：广西师范大学出版社，1990.

103．张跃庆，杨小泽．中国房地产市场[M]．北京：中国经济出版社，1990.

104．桑荣林．城市住房与房地产业改革[M]．上海：上海人民出版社，1991.

105．张毓癸等．房地产金融[M]．北京：中国建筑工业出版社，1991.

106．费成康．中国租界史[M]．上海：上海社会科学院出版社，1991.

107．曹均伟．近代中国利用外资[M]．上海：上海社科院出版社，1991.

108．山田浩之．城市经济学[M]．魏浩光，崔培文，蔡纪良，译．大连：东北财经大学出版社，1991.

109．《北洋财政旬报》1911 年卷。

110．《申报》1928 年、1931—1936 年、1946 年合订本。

111．《社会月刊》1929 年、1931 年、1941 年各卷。

112．《南开双周》1930 年 3 月第 5 卷。

113．《地政月刊》，南京中国地政学会，1933—1937 年各期。

114. 《地政通讯》，南京中国地政学会，1933—1937 年各期。

115. 《北辰杂志》1934 年第 6、第 9 卷。

116. 《北洋周刊》1936 年 10 月第 125-126 期。

117. 《商业经济周刊》1939 年 1-8 期。

118. 《统计年刊》1943 年 3 月。

119. 《直接税月刊》1946 年 1 卷 1 期。

120. 《征信新闻》1946 年第 40-60 卷。

121. 《工商周刊》1946 年 3 月 1 卷 1 期。

122. 《中国房地产》（建设部）创刊—1992 年全部。

123. 《社会科学与现代化》1984 年第 1 期。

124. 《上海房地》1989—1990 全年合订本。

125. 《天津房地产史料》1987—1988 年各期。

126. 《南方房地产》（广州）1988—1991 年。

127. 《中国城镇》1985—1987 年。

128. 《房地信息》（长春）1990—1992 年。

129. 《湖南房地产》1990—1992 年。

130. 《北京房地产》1991 年全年。

后　记

　　本书作为国家青年社会科学基金研究课题（原名"中国城市地价变动规律研究"），是在我的博士论文基础上修改完成的。

　　我是在郭士浩教授的指导下完成学业的。这位著名经济史学家为人正直，治学严谨，富有中国知识分子的良知，给我的影响甚大。能遇到这样一位导师，是我的幸运。在我论文手稿上，还有他抱病审阅时留下的字迹娟秀的批语。他曾说："学生答辩的那天，是我最高兴的日子。"

　　然而，就在文稿输入电脑打印之际，他却溘然辞世，终未能等到我通过答辩。为此，我深感遗憾。

　　在这本书即将付印的时候，我想起了曾经帮助过我的许多师长、同学和朋友。借此机会，我要感谢指点、评阅过拙作的专家教授们，他们是吴承明、魏埙、周诚、宓汝成、蔡孝箴、郭鸿懋、康天锦、代鲁、孙德常、丁长清、曹振良。刘佛丁导师不辞辛苦，代郭先生主持了我的论文答辩事宜，天津、上海、南京、武汉、厦门、广州、福州等地区房地产管理局、社会科学院的朋友在资料收集过程中也给过我很大帮助，在此一并致以诚挚的谢意。

　　这本书出版之时，最感欣慰的应该是我的父母亲了。我的父亲赵和言、母亲李淑文，都是从事医务工作的高级知识分子。他们几十年如一日的敬业精神，以及对子女的殷殷期望，每每令我自勉发奋，不敢懈怠。一份博士学位证书，当是我所能奉献给他们晚年最好的礼物了。

赵　津

1993 年 12 月 8 日于南开园

再版后记

一篇博士论文，发表二十多年后，还有再版的必要，并不多见。

1989年，在博士论文选题时，我提笔写下了这个书名。当时的中国经济史学会会长吴承明先生得知后说："赵津的题目太难做了。"后来常有人问我：你太有远见了，90年代初房地产才刚起步，怎么就预见到这个题目的价值？其实吴老和他们都不知道，我选这个题目完全是出于兴趣，满足一份童年的好奇。

我出生在天津，童年和青少年时代都是在租界里度过的。不知为什么，我从小就对租界里的房子着迷。九国租界号称西方建筑博览会，风格迥异、匠心独具。亲戚、朋友、同学住在各式各样的房子里，学校、机关也置身于这些建筑中。从小到大，我兴致盎然地穿行其间，心中的愿望越来越强烈——什么时候能获得一种身份，走进这些美丽的房屋，去了解其中的秘密呢？

我为此等待了很多年，直到面临南开大学经济学院的博士论文选题，我才终于得到了机会。

然而，那年做这个题目，确实有点超前。谁都不知你到底应该写什么，我自己也是一样，连"房地产"的概念都不清楚，最初的工作就是从有这三个字的纸片收集起。那时我并不知道，本书的写作将是一段不堪回首的艰难过程。

天津"五大道"保留下来的"美丽的房屋"，都有殖民时代的建筑风格，建在外国租界里。这样的租界集中分布在上海、青岛、厦门、广州、武汉等沿海沿江城市。我满怀兴奋地只身走上了到沿海沿江这些城市的调研之路。一路上我才发现，资料的匮乏难以想象，有的城市连一片纸的资料都找不到。我就实地踏勘，结合地价知识，用经济史学的换算办法获得了宝贵的第一手数据。那些天，我把刚满周岁的孩子留在家里，频繁出差。我穿行在上海高大的银行建筑之间，行走在福州老城区一米宽的巷子。我用手触摸、用眼观察、用心领会。不仅用实物史料弥补了纸质史料的缺憾，而且练就了单凭观察建筑形式和街区布局，就能评估该城市房地产业和地价水平的眼力。

地价是一座城市、一个国家经济的晴雨表，从而又是城市的天然规划师——这只看不见的手，划分了近代城市的功能区域，形成了沿用至 20 世纪 90 年代的建筑格局。房地产业史料是用砖瓦水泥书写的。实地走过这些城市，我触摸到了那个时代真实的历史，并把它记述下来。1999 年 1 月，我发表在《改革》杂志的文章《地价是城市的天然规划师》，得到著名经济学家吴敬琏的首肯。

幸亏在当年咬牙做了这件事。27 年后的今天，我走过的那些租界老城区，已经被拆得面目全非，许多标志性建筑和街区荡然无存。

但是，就在这短短的 27 年，历史在我们眼前重演了一遍，而且翻篇儿的速度，令人炫目！

不是吗？地籍整理、土地立法、地价评估、股份制房地产公司、抵押贷款、代租代售、基础设施建设先行、二房东、高尚社区、政府干预——所有这些在 1993 年还是全新的话题，如今已经司空见惯，有目共睹；而且比历史上出现的更完备、更成熟。唯一还没有再现的，就是不动产税收了。

然而，关于地价上升的空间，应该远远没有饱和。上海沙逊大厦的地基，1844—1933 年的 90 年间曾经上涨 8570 倍，今天呢？

南开大学出版社前副总编辑纪益员，是本书初版责编，这次再版，她不辞辛苦，再次敦促落实；策划编辑王冰、责任编辑童颖和封面设计周桐宇老师严谨细致，精益求精，他们的工作为本书添彩增色。南开大学经济学系龚关老师及李顺毅、李健英、李娟、陈建伟、刘凤华博士，在核查资料、校对文字和数据等方面不厌其烦地做了大量工作。在此，一并致以深深的谢意。

感恩来自父亲赵和言、母亲李淑文始终如一的榜样力量，他们 80 高龄坚持工作的敬业精神，时时鞭策着我们姐弟三人。继我之后，妹妹赵平建、弟弟赵维民分别在美国、法国获得博士学位。

赵津

2020 年 10 月于北京